JN102244

民法総則

〔改題補訂版〕

髙森 八四郎

法律文化社

改題補訂版はしがき

　本書の出版意図は初版の「はしがき」のとおりである。しかし、毎年講義のために本書を用いるうちに、自分自身の考え方や表現方法に若干の変化があった。加えて、この間に以下のような大きな改正があった。

　平成11（1999）年に「能力」の部分に法定後見制度が導入され、平成16（2004）年、17（2005）年には口語化の改正があり、若干の重要な語句の改正も付加された。そして平成29（2017）年の法律第44号による債権法の大幅改正である。それに伴って民法総則にも重要な部分の改正、例えば、民法95条の錯誤の規定、ならびに時効の部分では短期消滅時効がなくなり、「時効の中断」や「時効の停止」という用語も使用されなくなった。

　改正のたびに補訂を重ねてきたが、初版刊行の平成8（1996）年から四半世紀がたち、この度の改題補訂版の刊行となった。出版社の勧めもあり、内容・構成等は初版のものを活かし、体裁を縦組から横組へと変えた。併せて書名も『民法講義1 総則』から『民法総則』へと変更した。

　また、民法を学ぶにあたっての基礎知識・要点をおさえておきたいとの学生の要望に応えて、筆者が作成した「民法入門講義ノート」（非売品）を法律文化社のホームページ（https://www.hou-bun.com/　トップ「教科書関連情報」）に掲載している。アクセスし、おおいに学んでほしい。

　今回も最低限度の改訂にとどめている。新しく想を練り直して、いつか本格的な改訂版を出したいと考えている。

　なお、本書を出版しうるのは、法律文化社編集部の皆様の多大なる努力・協力があり、かつ田靡純子社長の温かいはげましの言があったからにほかならない。記して心より感謝を申し上げる次第である。

　令和2年2月

髙森　八四郎

はしがき

　本書はもっぱら著者の大学での講義における学生諸君のために書かれたものである。教室におけるじっさいの講義がそうであるように、時に脱線したり、時に思い切って省略したりしながら進めている。内容に濃淡があるのはそのためであり、他の一般の教科書のように、全体に過不足なく、一様のやり方で全編を書き通すというのではない。学生諸君には、先生がこの制度の説明のときには、冗談をまじえながら話していたなとか、あの判例の説明の際にはえらく力んでしゃべっていたなとか、思い出しながら読んでもらえるのではないかと思う。またそうであってほしいと願っている。

　全体をほぼいわゆる通説に従って、叙述してあるが、時に著者の見解を表に出す際にはその都度ことわって論ずるようにした。

　本書のもとになったのは、京都玄文社より刊行した「民法総則講義」であるが、絶版となったので、今度は大幅に改訂のうえ、巻末に附録として判例研究を付加して、より学生諸君の学習に役立つように工夫した。

　思わぬ誤解や誤りもあることと思う。学生諸君が気がついたなら、遠慮なく意見を申出ていただきたい。著者としては、本書は学生諸君と一緒に歩んできた、その結晶だと思っているからである。

　本書の出版にあたっては、法律文化社取締役岡村勉氏の好意によるところが大きい。また校正にあたっては、淺野弥三仁氏にお世話になった。記して謝意を表したい。

　　平成8年1月17日

　　　　　　　　　　　　　　　　　　　　　高森　八四郎

目　次

序
民法の意義と基本原則

Ⅰ─民法の意義

　民法とは、形式的には、「民法」という名前の法典のことをいう。民法がいかなる生活関係を規律するものであるかについていえば、それは民事関係にほかならない。民事関係とは、財貨の取引関係と夫婦・親子、相続などの家族関係を指している。それゆえ日常生活の基本的な生活関係こそ民事関係であるから、そこから生ずる紛争を合理的に解決するために民法という法律があり、それを補充し、修正するための民事特別法、例えば利息制限法、借地法、借家法、農地法などが存するのである。

　それゆえ、国家と国民の間の権力的な関係を規律する公法、例えば憲法、刑法、地方自治法あるいは国会法その他の行政法規群に対して、民法は私法と呼ばれ、また、私法のうちでも、企業の組織・運営を中核とし、大量、反復、迅速になされる商品取引とそれを行う企業組織を規律している商法・会社法とも区別される。財貨の取引一般から特に大量になされる商品取引とそれを行う企業組織を抽出して商法・会社法が制定されているので、それらの法は民法の特別法であるといえる。その意味で民法は、実質的には、「私法の一般法」といわれている。

Ⅱ─民法の立法過程

①旧民法・明治民法の立法過程
1　徳川幕藩体制を倒した（1868年）明治政府は、封建体制を打破して中央集権的な立憲国家体制を確立するために明治初年から各種の近代法典の作成制定に乗り出した。それは、徳川幕府が結んだ安政の条約が、日本が一方的に外国

2

表1　民法典の体系（パンデクテン体系）

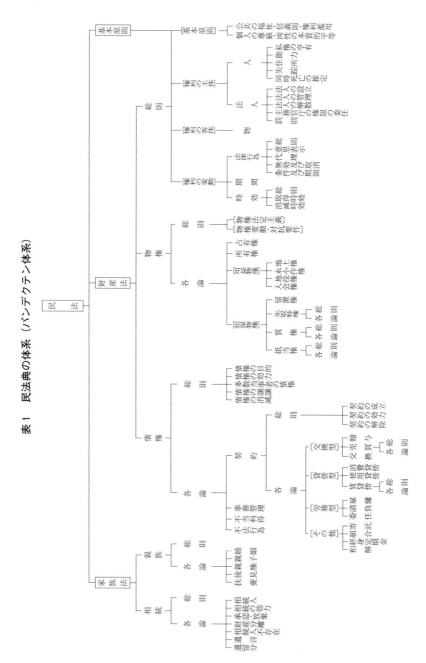

人裁判権と関税自主権とを放棄した不平等で屈辱的なものであったため、これを廃棄して対等同格の地位を回復するためには、近代的な法典を編纂して「文明国たるの実を示すこと」が不可欠だったからである。明治3（1870）年太政官（明治維新から明治18〔1885〕年に内閣制度が設けられるまでの最高中央官署。明治4〔1871〕年から長官は太政大臣と呼ばれた。太政官が発した法形式を太政官布告という）に制度取調局を設け、長官（司法卿）の江藤新平は、箕作麟祥にフランス民法典（1804年公布、ナポレオン民法と呼ばれる）の翻訳を命じ、それをそのまま日本民法典にしても構わないと考えたらしく「誤訳もまた妨げず、ただ速訳せよ」と命じたという伝説（エピソード）が伝わっているほどである。しかし一国の近代法典の基礎になる民法典が一朝一夕に成るものではないことがわかり、箕作の進言で、元パリ大学教授ボアソナード（Boisonade）を明治6年に招聘して、司法省法学校で法学教育を行わせ、明治12（1879）年に民法典の起草を委嘱した。

2　当初ボアソナード自身が「五年もあれば十分」だと思っていた民法典草案の起草は、その倍の年月を要して完成した。明治23（1890）年3月に、ボアソナード起草の部分（財産編、財産取得編〔相続部分を除く〕、債権担保編、証拠編）が同年10月に日本人委員（熊野敏三、磯部四郎、井上正一ら）の起草の部分（人事編〔家族関係〕、財産取得編中の相続部分〔包括名義取得法〕）が元老院の審議を通過し、枢密院の諮問を経て公布され、ともに26年1月1日から施行されることになった。これが旧民法であり、別名ボアソナード民法とも呼ばれる。

3　しかるに、明治22（1890）年春には、法典編纂における政府の拙速主義と慣習無視（泰西主義）とを批判する法典編纂尚早論が台頭し始め、旧民法が公布される頃には一段と強力となり、明治24年には断行派も「法典ノ実施ヲ速カナラシ」め、「我日本国ヲシテ完全ナル法治国タラシムル」ことを主義綱領として、法治協会などを結成して論陣を張った。世にいう「民法典論争」がこれである。それらのうち、穂積八束が「法学新報」第5号（明治24年8月刊）に掲載した「民法出デテ、忠孝亡ブ」という論文は、表題がショッキングなため注目を集め、「新法典ハ倫常ヲ攪乱ス」などとともに広く人口に膾炙、喧伝されて、議会と世論に大きな影響を与えた。もちろんボアソナードは、断行論を強化するため延期派に反対して「意見書」（明治25年4月）を内閣に提出し、新法典は日本古来の習慣を無視しているとの非難に対し、「大ニ日本ノ習慣ヲ斟酌

セリ」と指摘したが、ついに明治25年の第三帝国議会において法典実施延期法律案が通過し、結局、延期派が勝を占め、旧民法は実施されないままに終わった。

4 このような背景を受けて、政府は、明治26（1893）年に法典調査会を新たに設置し、改めて、今度は日本人に起草を命じ、こうして梅謙次郎・富井政章・穂積陳重の三博士（3人とも東京法科大学の教授）が起草委員となって、民法典の編纂が進められた。

この当時には、ドイツ民法典第1草案が5巻の理由書とともに公にされていたので、これの翻訳を参照し、法典の体裁はドイツ民法にならい「パンデクテン」方式を採用し、総則・物権・債権・親族・相続の5編別にした。しかし内容的には、旧民法を底本として、これを修正していく形で進められ、特に時効は取得時効と消滅時効を総括し、不動産物権変動では対抗要件主義をとり（177条）、債権者代位権（423条）や債権者取消権（424条以下）などはフランス法のものであり、また、法人や損害賠償の範囲などに関してはイギリス法の影響も見られる。かくて民法典は、今度はたいした障害もなく、明治29年法律89号（第一編・第二編・第三編）および明治31年法律9号（第四編・第五編）として公布され、明治31年7月16日から施行された。これが明治民法と呼ばれる、現行民法である。

5 この民法典は、旧民法と比較して法文は簡潔でかなりの程度に翻訳調を脱してはいるが、まだまだ生硬で、初学者にとっては難解な文章が多い。内容的には、財産法の分野においては、農地・入会権・水や温泉の利用関係について慣習を十分に調査できないまま、ほとんど規定を設けず、家族法の分野においては、男尊女卑思想に基づいて封建的な「家」制度を存置したものであった。そのため、日本国憲法（昭和21〔1946〕年11月3日公布）の制定に伴って、家族生活における個人の尊厳と男女の本質的平等の理想（憲24条）に照らし、戦後、昭和22（1947）年法律222号によって第四編と第五編は全面的な改正を受けて今日に至っている。

② 戦後の改革――「家」制度ないし家督相続制の廃止

1 民法典中、明治31（1898）年に公布・施行された第四編親族および第五編

相続の規定（以下、旧規定という）の中に収められた「家」を基礎とする日本独自の家族制度を「家」制度と呼んでいる。「家」制度の中核は、戸主権（家長権）と家督相続制であった。民法旧規定によれば、戸主は「家」の統率者・支配者の名称であって（旧732条以下）、戸主権の内容は、婚姻に関し（家族員は男30歳・女25歳までは父母の同意が必要であった）、戸主は家族員の年齢を問わず婚姻による家籍の変動に対する同意権をもっていたこと（旧750条等）、また家族員の居所指定権を有し、戸主権に服従しない家族員をその家から離籍し、その家族員に対する扶養義務を免れることができた（いわゆる勘当）こと（旧749条）などに代表される。しかもこの戸主権は、家督相続制によって（旧964～991条）「家」の財産ともどもに原則として長男子に単独相続される仕組みになっていた。戸主には個人の遺産というものはなく、戸主の身分と「家」の財産とが不可分に結合して「家督」と呼ばれ、これは戸主の死亡、隠居・国籍喪失・入夫婚姻によって開始され、家督相続人は、直系卑属中から男女・嫡庶（嫡出子か非嫡出子か）・長幼（年長者か年下か）の標準で決まる上位の者がなる。

　こうして戸主は、法律上の諸々の権限と家父長制的イデオロギーによって補強されて、強大な権力と権威とを有し、家族員に対して支配と服従の関係にあった。「家」が社会構成体の単位であり、戸主は「家長」であり、財産は家督すなわち「家」の財産、氏は「家」の氏、戸籍は「家」の籍というように、個人の尊厳は認められず、家族的法律関係はすべて「家」によって規制されることになるのである。このことは「家」が集まって村になり、村が集まって県になり、県が集まって国になり、国はすなわち「家」の延長であって、その長が「家長」たる天皇になるというイデオロギーを生み出し、天皇を頂点とする家父長制的国家観を根底において支えていたのである。

2　このような家父長制的「家」制度は、必然的に男尊女卑の思想によって貫かれる。例えば、妻は無能力者として扱われ（旧14条以下）、妻の特有財産であっても夫によって管理・収益される（夫管理共通性。旧799条・801条1項）。離婚原因にも男女不平等があり、夫と妻の間には貞操義務にも差別が設けられた（旧815条1号・2号）。親権もまず父に与えられ、母は当然には親権者になることができず、父が親権を行うことができないときに限り、親族会の監督の下で親権を行使できたにすぎない（旧877条・886条）。妻は夫の「家」に入り、戸主

の支配下におかれ、夫の「家」の氏（姓）を名乗り（旧788条）、夫の定めた場所に住まなければならない（旧789条1項）。夫婦が離婚する際には「家」の跡継ぎとして子を残し、妻は一人で婚家を去らねばならない。もちろん相続についても、家督相続の順位は、前述のように長男子優先原則があり、特に庶出の男子は嫡出の女子に優先する制度となっていた（旧970条）。

3　明治民法典の親族・相続編は、上にみたように「家」を尊重して個人の人格の尊厳性を軽視し、父と母・夫と妻・息子と娘の間の本質的な平等を無視するものであったから、第二次世界大戦後、民主的諸改革が行われ、昭和21（1945）年11月3日に公布された日本国憲法（昭和22〔1946〕年5月3日施行）は、その24条において法律は、個人の尊厳と両性の本質的平等に立脚して制定されなければならない、と要求するに至ったのである。こうして「家」制度を廃止して、「婚姻家族」を基盤とする、近代的で民主的な家族の制度を創設するために、明治民法の親族編・相続編が全面的に改正された（昭和22〔1946〕年法222号。昭和23〔1947〕年1月1日から施行）。

　改正された民法は、平仮名、口語体、濁点、句読点を用いて体裁上も改められ、内容上も一新した。夫婦の氏や住所の選定は夫婦の協議によって定めることができ（750条・752条等）、夫婦財産制は妻の無能力の規定（総則編・旧14条ないし18条）が削除されたうえで、完全な別産制を採用し、夫婦それぞれの特有財産は何ら処分の制限なく管理することができ（755条・762条）、婚姻費用も資産や収入による応分の分担であり、日常家事債務については夫婦の連帯責任を規定した（760条・761条）。子に対しても夫婦は平等で、父母は共同親権を有し（818条）、かつ離婚の際には、父母の協議によってどちらか一方を親権者と定める（819条）。また相続については、家督相続を廃止し諸子均分相続とし（887条）、男女・長幼間の差別を撤廃し、配偶者にも相続権を与えた（890条）。旧規定の「家」制度はその男尊女卑思想とともに全面的に払拭されたのである。戦後、民法は1条と1条ノ2を追加したが、1条ノ2（現行第2条）においては、本法は個人の尊厳と両性の本質的平等とを旨として之を解釈すべし、と近代法の理想を宣言したのである。

Ⅲ─民法の基本原理と現代的修正

　民法は、その名の示すとおり、市民社会の法であり、資本主義社会を根底に
おいて支えているものである。市民社会は、18世紀末のフランス革命の自由と
平等、すなわち個人自由の思想をその根本的な指導原理とするものであるか
ら、民法は、構成上、個人の権利の保障を中心としてできている。「権利の体
系」といわれるのはそのためである。

　そこで民法は、明文をもって定めていないが、①法の前の平等の原則、②私
有財産尊重（所有権絶対）の原則、③私的自治の原則（契約自由の原則）、④過失
責任の原則、を基本原理としている。封建的な社会関係を打破し、各個人に対
して、その身分、階級などに関係なく平等な法的人格を与え、個人の自由な活
動を保障して、社会発展の原動力としたのである。しかし資本主義の発展とと
もに、その矛盾も激化し、貧富の差を招来し、形式的には平等でも、実質的に
不平等な関係ができてきた（資本家における自由は労働者における不自由として現
れることを想起せよ）。こうして今日では、所有権の濫用は禁ぜられ（1条3
項）、契約の自由が制限され、無過失責任が唱えられるようになった。民法の
基本原理の変容ないし修正がなされているのである。

　　＊私的自治の原則

　　　これは近代法において最も重要な原理であり、自己の意思に従って自由に法律関係を形
　　成しえ、それゆえに自己の行為に責任を負わねばならないという思想、すなわち自己決
　　定・自己責任の原則の私法上の発現なのである。

Ⅳ─民法上の権利

1 公共の福祉・信義則・権利濫用

1　民法1条1項は「私権は、公共の福祉に適合しなければならない。」とあ
る。この「私権」とは、公権（公法上の権利　選挙権、教育権、請願権など）と対
比されるところの、私法によって認められた権利のことである。私権は法に

よって認められたものであり、法は社会共同生活の発展を期して、個人に不可侵の権利を与えたのだから、それと調和を保つ権利の行使だけが法の保護を受けるのに値する。勝手気ままに、他人に迷惑をかけることを目的とするような権利の行使は認められない。私権には内在的な限界があり、社会性を有しなければならない。このような私権の社会性を宣言したのが１条１項だといわれている。

　同２項は権利の行使、義務の履行は信義誠実になすことを要求している。いわゆる信義誠実の原則である。賃借人のささいな義務違反を理由に借家契約を解除するなどは、賃借人と賃貸人の信頼関係に反し、許されないとされる場合がある。信義誠実の原則とは、結局、常識に合致した行動を行い、相手の合理的な期待を裏切らないようにせよということである。債権法で発達した原則である（大判大正14・12・３民集４巻685頁。深川渡事件参照）。

2　民法１条３項は「権利の濫用」を禁止している。ローマ法以来、他人を害することを目的とする権利行使（ローマ法上、シカーネと呼ばれた）は許されない、という形で発達してきたもので、ドイツ民法226条は「他人に損害を加えることのみを目的とする権利の行使は許さない」と定め、権利行使者の主観的容態に重きをおく規定をもっている。他人の土地２坪を無断で通過している温泉引湯管に目をつけ、巨利をむさぼろうとその土地を含む、３千坪を買い占め、温泉経営者に高く売りつけ（時価30余円を２万円で買えと主張）ようとするなどは、権利の濫用として許されないとした有名な判決がある（大判昭和10・10・５民集14巻1965頁。宇奈月温泉事件）。

② 自力救済 (Selbsthilfe)

　しかし、権利者は権利の内容が実現されることを保障されていなければならない。宇奈月温泉事件でも、妥当な価額の損害賠償を求めたり、借地契約を締結し、適切な地代を要求することは是認されなければならない。近代法ではこの権利内容の実現は私人にまかせない。権利者が他人によって権利行使を妨げられているからといって、実力で権利の実現を図るならば、社会秩序が保たれない。すなわち、「自力救済」は許されないのである。権利の実現はすべて裁判手続によるべきである。ただし例外として、権利侵害が明白かつ切迫してお

り、裁判手続に訴えたのでは間に合わない場合には、必要な限度を超えないことを条件に自力救済が許されることもある（盗人の窃盗を黙ってみていることはない）。最高裁は「法律に定める手続によったのでは、権利に対する違法な侵害に対抗して現状を維持することが不可能または著しく困難であると認められる緊急やむを得ない特別の事情が存する場合」には、「その必要の限度を超えない範囲内で」例外的に自力救済が許される旨を宣明している（最判昭和40・12・7民集19巻9号2101頁。自力救済事件。ただし、結論否定）。これはドイツ民法229条等を参照したものであろう。平穏な状態を侵害する者に対してはその平穏な状態を維持するために抵抗・抗争して傷つけることがあっても、違法性は阻却されて（刑36条）犯罪にはならないし、賠償責任も負わなくてよい（720条1項）。

　なお私権の分類の一例として表1を参照してほしい。

表2　私権の分類

権利の内容である利益による分類	権利の作用による分類
① 財産権（物権・債権等）	支配権（物権・無体財産権等）
② 人格権（生命権・名誉権等）	請求権（債権・扶養請求権等）
③ 身分権（親権・相続権等）	形成権（取消権・解除権等）
④ 社員権（株主権等）	抗弁権（同時履行の抗弁権等）

第**1**章

権利の主体

1　自　然　人

　もろもろの生活関係のうち、法律的な効果の生ずる関係を法律関係といい、このうち私法関係はある人と他の人との権利と義務の関係としてあらわれる。このような法律関係の主体、すなわち権利義務（関係）の主体を一般に「権利の主体」と称する。現行民法上、権利の主体となりうるのは個々の人間（自然人）と法人とである。現行民法は、平成16（2004）年改正によって、第1条基本原則として3つの項を設け、第2条解釈の基準（原則）とを合して第1章通則とし、改正前の枝番号を整理した。ついで第2章人第1節権利能力、平成29年の改正によって第2節意思能力、第3節行為能力、第4節住所、第5節不在者の財産の管理及び失踪の宣告ならびに第6節同時死亡の推定まで、もっぱら権利の主体たる自然人についてのみ規定し、いまひとつの権利主体たる法人については章を改め規定している（平成18〔2006〕年に改正）。したがって、以下の「権利能力」、「意思能力」、「行為能力」、「制限行為能力者」、「失踪宣告」などの諸概念はみな自然人についてのみ関係することを、民法典の構成ともども よく理解する必要がある（ただし、権利能力概念は法人についても用いられる）。

Ⅰ─私権の享有

1 権利能力

　1　私法上の権利の主体となりうる資格ないし地位のことを講学上「権利能力」という（ただし、平成16〔2004〕年改正によって第一章第一節のタイトルを「権利能力」としている）。民法3条1項は「私権の享有は、出生に始まる。」と定めて、このことを法の立場から客観的に「私権の享有」と称し、享有しうる地位の始期を「出生」と定めた。権利能力という表現は、権利の主体となる資格・

地位を自然人の意思の力という視角から主観的に捉えたものである。権利能力の始期を「出生」に求めたことは、人種、信条、性別、社会的身分等に関係なく、法の前に個人は等しく平等であるとの近世の思想を宣明したことになるのである。出生こそ、すべての人に平等に訪れるからである。したがって、奴隷のような権利の客体となる個人は民法上存在しない、人はみな権利の主体なのである。なお、外国人も日本人と同様に、権利能力を有している。ただし、法令または、条約によって制限されている（3条2項）。

＊外国人の権利能力

外国人は「法令又は条約の規定により禁止される場合を除き」日本人と同様の権利能力を有する（三条二項）。この規定は内国人、外国人平等の原則を定めたものである。ただし、実際には、法令または条約による制限はかなり広範にわたっている。

2 権利能力の終期は死亡である。明文の規定はないが、3条1項の反対解釈および人が死亡すると相続が開始し（882条）、相続が開始すると、その人の財産に属していた一切の権利義務が相続人に承継される（896条）ということから根拠づけることができる。

② 胎児の権利能力

権利能力の始期を出生と定めることは、他面において、胎児には権利能力を認めないことを意味する。しかし胎児は、正常な状態が継続する限り、出生によって権利主体となりうる存在であるうえに、権利享有資格をまったく認めなければ、胎児にとって酷に思われる場合が生ずる。例えば、胎児が生まれる前に父が死亡すれば、その子は相続できないし、胎児の父が殺されてもその子は加害者に対して損害賠償を請求することができない、ということになる。

そこで民法は、不法行為に基づく損害賠償請求権（721条）、相続（886条）および遺贈（965条）については、胎児は「既に生まれたものとみなす。」とし、例外的に権利能力を附与した。これを個別的保護主義という（大判昭和7・10・6民集11巻2023頁。阪神電鉄事件参照）。ただし死体で生まれたときは、この限りでない（886条2項）。

Ⅱ―能　　力

　民法は第一編第二章第二節を「意思能力」(平成29年改正法によって新設)、第三節を「行為能力」と題し、未成年者、被後見人(平成12〔2000〕年4月1日から施行された平成11〔1999〕年法149号による改正法前では禁治産者)(以下、改正法前の規定を旧規定という)、被保佐人(旧規定では準禁治産者)、被補助人(改正法によって新設された)の能力について規定をおいている。ここでいう「能力」とは、講学上「行為能力」(単独で完全に有効な法律行為を為しうる能力)のことを指しており、上述の四者(未成年者、被後見人、被保佐人、被補助人)は、民法上、行為能力を制限されている者という意味において、「制限行為能力者」(旧規定では無能力者)と呼ばれ(20条1項・21条・120条1項参照)、「単独で完全に有効な法律行為を為しえないもの」として一定の保護を与えられている。

1 意思能力

1　意思能力とは、自己の行為の結果を弁識するに足るべき判断能力のことをいう。

　先の制限行為能力者制度は、平成29(2017)年改正によって3条の2に明文化されたが、理論上一定の前提がある。すなわち、意思能力なき者の行為は無効である、というのがそれである。それは、自分の行為の結果について判断能力のない者の行為は法律上効力を生じない(つまり無効)ということである。3条の2は「法律行為の当事者が意思表示をした時に意思能力を有しなかったときは、その法律行為は、無効とする。」と定めるに至った。近代私法は個人の意思の自治を認め、自己の意思に従った法律関係の形成を承認するけれども、それは正常な判断能力を有する者についてのみ妥当することであり、正常な判断能力なき者の行為は無効であるということが、近代法の大原則と認められているのである。

2　この意思能力なき者は法律行為の責任を負えないのと同様、不法行為を行っても(709条)、その者に責任を問えないので、未成年者については、「自己の行為の責任を弁識するに足りる知能」を備えていなかったときの行為につ

いて賠償責任を負わしめないし（712条）、成年者については、「自己の行為の
責任を弁識する能力を欠く状態にある間に」（旧規定では「心神喪失ノ間ニ」）他
人に損害を加えても賠償責任はないとされている（713条）。したがって意思能
力は、不法行為上の責任を負うか否かについて問題とされるとき、それを責任
能力という。7歳未満の幼児は意思能力がないものと考えられる（ドイツ民法
104条参照）。それゆえ、行為（法律行為であれ、不法行為であれ）の内容ないし結
果を弁識するに足るべき判断能力を意思能力＝責任能力と概念上まとめて覚え
ておくとよい。ただし平成11（1999）年改正法によって「事理ヲ弁識スル能
力」、すなわち「事理弁識能力」という概念が導入された（7条参照）。私見は
「意思能力」とは、すなわち「事理弁識能力」であると解する立場をとってい
るが、異論もありうるので厳密な概念規定は今後の研究課題である。

② 行為能力

1　行為能力とは、単独で、完全に有効な法律行為（ここでは一応、売買、贈
与、交換などの財産的取引行為と考えておけばよい）をなしうる能力のことをいう。

　それゆえ、判断能力不十分とみられる者が単独でなした行為は、行為ののち
不利益とみれば、それを取り消して無効とすることができるものとし（121
条）、他方、能力を補充し、それに代わって行為をなしうる保護者ないし援助
者を定めて、制限行為能力者の保護を図っている。

　意思能力という概念が理論上認められており、意思能力なき者のなした行為
は無効となり意思無能力者は責任を負わなくてよいのに、なぜこのような行為
能力という概念が必要なのであろうか。それは、意思能力の概念だけでは、判
断能力の不十分なものを十全に保護することができないからである。

　まず、①意思能力の有無は各人について取引ごとに個別的・具体的に検討さ
れるので、場合によっては、意思無能力者側が行為時に本当に意思無能力で
あったか否かを証明することは困難なことがあり、ときには不可能な場合もあ
りうる。

　また、②意思無能力者の行為を無効とし、能力者の行為をすべて有効とする
ならば、取引行為がすべて有効か無効かの択一的処理、いわばオール・オア・
ナッシングになり、例えば、意思能力は一応認められるが、正常成年者より若

干判断能力の劣る者の取引行為をいかに扱うべきかという問題が生ずる。すなわち、判断能力不十分者を保護しなくてもよいのかということである。この問題を解決するため、意思能力は有するが完全な能力を有しない者（例えば、高年齢の未成年者、心神耗弱者、痴呆性の高齢者など）の類型を定め、必ずしも無効ではないが行為ののち不利益と判断したならば、一定の場合に限り、改めて無効となしうる、すなわち取り消しうる場合を設けなければならない。

　さらに、③無能力者と取引する相手方も当該取引者が能力者だと思って取引したところ、予想に反して意思無能力者だったならば、それを理由に取引行為を無効とされると、不測の損害を受けるかもしれない。そこで民法は、意思能力という概念のほかに行為能力という概念を設け、判断能力の不十分な者を画一的に制限行為能力者と定めて、一方で制限行為能力者のなした行為を意思能力の有無にかかわりなく、一方的に取り消しうるものとして、これを保護し、他方で形式的に制限行為能力者の要件を定めることによって、一定の注意さえ払えば、誰が制限行為能力者であるか一般的に相手側からもわかるようにして相手方をも保護しようとしたのである（旧規定では、禁治産者・準禁治産者は戸籍に記載されていたが、改正法では、特別法によって後見登記制度が導入された）。

　行為能力という概念、したがって制限行為能力者制度は、判断能力不十分者を取引社会の苛酷さから保護するとともに、それらと取引する相手方が不測の損失を受けることのないようにするという両面の効果を狙って案出された法的制度なのである。しかし制限行為能力者制度の本義は、たとえ場合によっては相手方の不利益になることがあっても、判断能力の不十分なものの取引社会における利益を十全に保護しようとする趣旨であることを忘れてはならない。

2　制限行為能力者の行為能力の範囲ないし程度は、各々の制限行為能力者によって異なっている。

　①　未成年者　　未成年者は、満20歳に満ざるものをいい（4条）、原則として保護者（親権者または後見人、いずれも法定代理人である。824条・859条参照）の同意なしに単独では完全に有効な法律行為をすることができず、ただ民法の定める例外的な事項（5条ないし6条）についてのみ行為能力を有する。

　例外的に行為能力を有する場合は以下のとおりである。第1に、単に権利を得または義務を免るべき行為（5条1項ただし書）。第2に、法定代理人が目的

を定めて処分を許した財産についてその目的の範囲内の行為、ならびに法定代理人が目的を定めずに処分を許した財産（例えば、お年玉とか小遣い）を処分する行為（5条3項）、第3に、法定代理人によって一種または数種の営業を許された場合にその営業に関する一切の行為（6条1項）、ただしこの場合、未成年者が「その営業に堪えることができない事由」があるときは、法定代理人は親族編の規定にしたがって右の営業の許可を取り消したりすることができる（823条・857条・864条・865条参照）。芸妓稼業が営業といえるかについては、次の事件を参照するとよい（大判大正4・12・24民録21輯2187頁。「芸妓ももよ」事件）。第4に、未成年者が婚姻したならば成年者と同一の行為能力を取得する。これを婚姻による成年擬制という（753条）。

　以上の例外的な場合のほか、未成年者が親権者の同意を得ずに単独でなした行為は取り消すことができる（5条2項）。誰が未成年者の保護者となるかは、818、819、839〜842条に規定されている。

　② **成年被後見人**　被後見人は、精神上の障害により事理弁識能力を欠く「常況」にある者について一定の者の請求により、家庭裁判所が後見開始の審判をし、その結果後見開始の審判を受けた者のことをいい、被後見人のなした行為は原則として取り消すことができる（7条・9条）。ただし被後見人といえども、日用品の購入その他日常生活に関する行為については、行為能力を有するものとして取り消すことはできない。これは平成11（1999）年改正法によって改正された結果である（9条ただし書）。

　「日常生活に関する行為」がいかなる範囲の行為であるかは、今後の判例の集積をまたなければならない。被後見人の保護者は後見人である（8条）。後見人は、被後見人の生活、療養看護および財産の管理に関する事務を行うにあたっては、被後見人の意思を尊重しつつ、その心身の状態および生活の状況を十分配慮しなければならない（858条）。財産上の法律行為については、原則として後見人がすべて代理して行う。このことを民法は、「被後見人の財産を管理し」、その「財産に関する法律行為について被後見人を代表する」と規定している（859条、誰が成年後見人になるのかは843条を参照）。後見人は法定代理人であり、代理権に基づき、取消権や追認権も当然認められるが、同意権は認められないと解される。したがって、被後見人が後見人の同意を得ても有効な法律

行為を行うことができないというべきである。もちろん前述の日常生活に関する行為については被後見人といえども完全な能力者であるから、その行為を後見人が取り消すということはありえない。日常生活に関する行為についても、行為時に意思無能力状態であったことを立証すれば無効となることはいうまでもない。被後見人が事理弁識能力を回復したときは、家庭裁判所は一定の者の請求により後見開始の審判を取り消さなければならない（10条）。補助または保佐の審判をするとき（18条2項）、任意後見監督人を選任するとき（任意後見契約法4条2項）も同様である。

　③　**被保佐人**　　被保佐人とは、精神上の障害により事理を弁識する能力が「著しく不十分である者」について一定の者の請求により家庭裁判所が保佐開始の審判をし、その結果保佐開始の審判を受けた者のことをいう（11条）。被保佐人は一般的には行為能力を有し、単独でほとんど有効な行為を行うことができるが、民法の規定するいくつかの重要な財産行為をするときだけ保佐人（847条）の同意を要するものとしている（13条）。すなわち、被保佐人の援助者は保佐人である（12条）。被保佐人が保佐人の同意を得ないで一三条一項列挙の行為を単独でした場合には取り消すことができる（13条4項）。保佐人の同意を要する行為は、次のとおりである。

　①　元本を領収しまたはこれを利用すること。
　②　借財または保証をすること。
　③　不動産その他重要なる財産に関する権利の得喪を目的とする行為をすること。
　④　訴訟行為をすること。
　⑤　贈与、和解または仲裁合意をすること。
　⑥　相続の承認もしくは放棄または遺産の分割をすること。
　⑦　贈与の申込みを拒絶し、遺贈を放棄し、負担付贈与の申込みを承諾し、または負担付遺贈を承認すること。
　⑧　新築、改築、増築または大修繕をなすこと。
　⑨　長期賃貸借（602条に定めた期間を超える賃貸借のこと）をすること。

　家庭裁判所は上に列挙した以外の行為を被保佐人がなすについても一定の者の請求があれば、なお保佐人の同意を得なければならない旨の審判を行うこと

ができる（13条２項本文）。ただし、日常生活に関する行為についてはこれを行うことはできない（13条２項ただし書）。さらに右同意を得ることを要する行為について被保佐人の利益を害するおそれがないにもかかわらず、保佐人が頑なに同意を与えない場合には、家庭裁判所は、被保佐人の請求があれば、保佐人の同意に代わる「許可」を与えることができる（13条３項）。

　したがって被保佐人は、第１に13条１項に列挙されていない財産上の行為、第２に13条１項列挙の行為でも家庭裁判所によって保佐人の同意に代わる許可を受けた行為、第３に保佐人の同意を得た行為、第４に、９条ただし書に規定する行為について完全な行為能力を有している。

　被保佐人の援助者たる保佐人は同意権、取消権を有し、一定の範囲において代理権をも有するに至った。すなわち、家庭裁判所は、一定の者の請求があれば、特定の法律行為について保佐人に代理権を与える旨の審判を行うことができるようになった。ただし、これはあくまでも例外であって、被保佐人の利益のためになされかつ本人以外の者の請求による場合には本人の同意がなければならない（876条の４）。それゆえなお、一般的にいって保佐人は法定代理人とはいえないというべきである。したがって保佐人は限定されているとはいえ、同意権、取消権、追認権および代理権を有する。

　被保佐人が事理弁識能力を回復したときは、家庭裁判所は、一定の者の請求により、保佐開始の審判を取り消さなければならない（14条１項）。同様に13条２項の同意を要する旨の審判を取り消すこともできる（14条２項）。保佐人の選任については876条の２を参照。

　家庭裁判所は、必要があると認めるときは、請求または職権で補佐監督人を選任することができる（876条の３第１項）。

　④　**被補助人**　　被補助人とは、精神上の障害により事理を弁識する能力が「不十分である者」について一定の者の請求により家庭裁判所が補助開始の審判をし、その結果補助開始の審判を受けた者のことをいう（15条１項）。

　平成11（1999）年の改正によって新設された新しい保護類型である。旧制度の禁治産者と準禁治産者以外に高齢等による判断能力不十分者を保護するために設けられたものであり、新成年後見制度の主要な柱の１つである。事理弁識能力を欠く「常況」にあるものや、同じく「著しく不十分である者」について

は補助開始の審判をなしえないのみならず（同条 1 項ただし書）、本人以外の者
の請求によって補助開始の審判をなす場合には「本人の同意」のあることが必
要である（同条 2 項）。被補助人には、援助者として補助人が付せられる（16
条）。さらに、この審判をなすには同時に被補助人が特定の法律行為をなすに
ついて補助人の同意を得なければならない旨の審判（17条 1 項）、または補助人
に特定の法律行為をなすにつき補助人に代理権を付与する旨の審判（876条の 9
第 1 項）を合わせ行わなければならない（15条 3 項）。代理権の範囲は登記され
る（後登法 4 条 1 項 6 号）。

　被補助人は、被保佐人よりも能力の高い者を想定しているので、一般的には
すべて有効な行為を行うことができるが、家庭裁判所が13条 1 項の 1 部の行為
に限り審判をもって定めた特定の法律行為については補助人の同意を得なけれ
ばならない（17条 1 項）。補助人の同意が必要な行為につき、同意をしても被補
助人の利益を害するおそれがないにもかかわらず、補助人が同意を与えない場
合には、家庭裁判所は、被補助人の請求により、補助人の同意に代わる許可を
与えることができる（17条 3 項）。補助人の同意を必要とする行為が、被補助人
によって補助人の同意またはその同意に代わる許可なしになされた場合には、
取り消しをすることができる（17条 4 項）。

　補助人は、限定された範囲内ではあるが、同意権、取消権、追認権ならびに
代理権を有する（120条 1 項・876条の 9 ）。被補助人が事理弁識能力を回復した
ときは、家庭裁判所は、一定の者の請求により、補助開始の審判を取り消さな
ければならない。被補助人のなす、特定の法律行為について補助人の同意を要
する旨の審判および同じく特定の法律行為について補助人に代理権を付与する
旨の審判（17条 1 項・876条の 9 第 1 項）をすべて取り消す場合には、家庭裁判所
は補助開始の審判もまた取り消さなければならない（18条 3 項）。補助人の選任
については876条の 7 を参照。

　家庭裁判所は、必要があると認めるときは、請求によりまたは職権で補助監
督人を選任することができる（876条の 8 第 1 項）。

3　制限行為能力者の行為能力は、被後見人、未成年者、被保佐人、被補助人
の順で高くなっている。これを図式化すれば、表 3 のようになる。

表3　制限行為能力者等の能力の程度

行為の態様	意思能力の有無	効果
七歳未満の幼児の行為	無	無効
未成年者の行為	行為のとき｛なし／あり	無効／取消し
未成年者の例外的行為	有	有効（5条1項ただし書、5条3項、6条、753条）
未成年者の法定代理人の代理行為	有	原則有効（例外あり[1]）
心神喪失者の行為	無	無効
成年被後見人の単独の行為	行為のとき｛なし／あり	無効／取消し
成年被後見人の法定代理人の同意を得た行為	有	取消し？
成年被後見人の日常生活に関する行為	行為のとき　なし／あり	無効／有効
成年後見人の代理行為	有	有効（例外あり[2]）
被保佐人の13条列挙以外の単独の行為	有	有効
被保佐人の13条列挙の単独の行為	有	取消し
被保佐人の保佐人の同意を得た行為	有	有効
保佐人の代理行為	有	原則無効／例外有効。特定の法律行為について876条の4 [3]
被補助人の単独の行為	有	原則有効（例外取消し17条4項）
被補助人の補助人の同意を得た行為	有	本来補助人の同意を得なくても有効だが、要同意行為についても有効
補助人の代理行為	有	原則無効（例外有効：特定の法律行為について876条の9 [4]）

注：1）824条ただし書、826条（利益相反行為）、2）860条、3）876条の2第3項、4）876条の4第2項および第3項

③ 法定成年後見開始の審判相互の関係

1　未成年者の保護者として親権者、後見人が用意され、これを未成年後見制度と呼ぶならば、成年後見、保佐、補助を開始する審判によって、事理弁識能力を欠く常況にある者、事理弁識能力が著しく不十分なる者、事理弁識能力が不十分なる者について一定の保護者ないし援助者を定める新制度を広く法定成年後見制度と呼ぶことができる（8条の成年後見人という文言を参照）。7条、11条、15条は各々「開始の審判をすることができる。」となっているが、家庭裁

判所は、本人、配隅者その他の一定の者の請求があれば、医師その他専門家の鑑定・判定に基づいて、事理弁識能力が欠けるまたは不十分と判断したかぎりにおいては、必ず審判しなければならない。審判しなければ、上記の者の保護が図られず、その財産が散逸するおそれがあるからである（このことは改正前の無能力者制度においてもこのように解されていたので、改正後の制限行為能力者制度についても同様に解するのが妥当であろう）。

2　成年後見、保佐、補助3種の開始の審判相互の関係が問題となる。例えば、事理弁識能力が著しく不十分なる者についてすでに保佐開始の審判がなされた場合の被保佐人がさらに精神上の障害が進展して事理弁識能力を欠く常況に至ったならば、この者について当然、後見開始の審判がなされなければならない。この場合、保佐開始の審判をどのように取り扱うべきかということである。これについて、民法は保佐開始または補助開始の審判は取り消すことを要すると定めた（19条1項）。同様に保佐開始の審判をなす場合において、本人が成年被後見人または被補助人であるときには、他の種類の審判は取り消され、補助開始の審判の際にも同様に他の種類の審判は取り消されなければならない（19条1項）。なお前述のとおり、補助開始の審判については、特別の規定がある。第1に、補助開始の審判は、特定の法律行為について補助者の同意を要する旨の審判（17条1項）、または、特定の法律行為について補助人に代理権を付与する旨の審判（876条の9第1項）と同時になされなければならないとされている（15条3項）。第2に、本人以外の者が、補助開始の審判や特定の法律行為について補助者の同意が必要な旨の審判を請求した場合には、本人の同意がなければ、審判をすることができない（15条2項・17条2項）。

④ 保護者（援助者）の選任と権限

（1）　保護者（援助者）の選任

1　未成年者の保護者は親権者と後見人である。成年に達していない子は父母の親権に服する旨、規定されているから（818条1項）、まずもって父母が親権者となる。子が養子であるときは、養親が親権者となる（818条2項）。未成年者に対して親権を行う者がないとき、または親権を行う者が管理権を有しないとき（835条参照）、未成年者のため後見人が保護者となる（838条1号）。未成年

者に対して最後に親権を行う者は、遺言で未成年後見人を指定することができるし（指定後見人、839条1項）、指定後見人となるべき者がいないときは、家庭裁判所は、未成年者本人、親族その他の利害関係人の請求によって未成年後見人を選任することができる。未成年後見人が欠けたときも同様である（840条）。未成年後見人は、一人でなければならない（842条）。旧規定によれば、成年後見人ともども1人でなければならなかったが（旧843条参照）、平成11年の改正によって未成年後見に限定したのである。

2 成年被後見人の保護者は、後見人である（8条）。成年後見人は、家庭裁判所が、成年被後見人の心身の状態ならびに生活および財産の状況、成年後見人となるべき者の職業および経歴ならびに被後見人との利害関係の有無、そして被後見人本人の意見その他一切の事情を考慮して、職権で選任することになっている（843条4項）。成年後見人が欠けたときは、家庭裁判所は、成年被後見人、その親族その他の利害関係人の請求によって、または職権で成年後見人を選任する（843条2項）。すでに成年後見人が選任されているときでも、必要があると認めるときは、家庭裁判所は、前項に掲げる者もしくは成年後見人の請求によって、または職権で、重ねて成年後見人を選任することができる（843条3項）。つまり、成年後見人は複数選任することが可能となった（また、夫婦の一方が禁治産宣告を受けたときは他の一方は、法律上当然その後見人となるとの旧840条は全面改正され、すべて選定後見人に統一された）。複数の成年後見人があるときは、家庭裁判所は、職権で、それらの者が共同してその権限を行使するか、あるいは事務を分掌してその権限を行使すべきかを定めることができる（859条の2第1項）。この点、未成年親権は、父母が婚姻中は父母が共同して行わなければならないこと（818条3項）、ならびに未成年後見人は一人でなければならないことと比較して著しい相違であり、今後の判例の展開が注目される。

また自然人のみならず、老人ホームや社会福祉法人などの法人も成年後見人となりうることが明文化された（843条4項）。

3 被保佐人の援助者は、保佐人である（12条）。保佐人は、後見人と同じく、家庭裁判所が職権で選任する。選任の手続内容は成年後見人選任と同様である（876条の2第2項で成年後見人に関する諸規定が準用されている）。

4　被補助人の援助者は、補助人である（16条）。補助人についても、保佐人と同様、成年後見人選任の規定が準用されている（876条の7第2項）。

(2)　保護者（援助者）の権限

1　未成年者の親権者は、子の監護・教育の権利を有し義務を負う（820条）。居所指定権（821条）、懲戒権（822条）、職業許可権（823条）を有するほか未成年者の行為についての同意権（5条1項・824条参照）、ならびに未成年者の財産を管理し（財産管理権）、その財産に関する法律行為について代理権（824条は「その子を代表する。」と規定している）を有している（法定代理人）。ただし、未成年者の行為を目的とする債務を生ずべき場合（例えば、子どもを就労させるとき）には、未成年者本人の同意を得なければならない（824条ただし書）。未成年後見人は、ほぼ親権者と同一の権利義務を有する。ただし、親権者が定めた教育の方法および居所を変更し、未成年者本人を懲戒場に入れたり、営業の許可やその許可を取り消したりまたはこれを制限したりする場合に、後見監督人がいるときは、その同意を得なければならない（857条）。未成年後見人は、未成年被後見人の財産に関する管理権、およびそれに関する法律行為について代理権を有するところの（859条1項）法定代理人である（未成年者の行為を目的とする債務と本人の同意の必要については親権者と同様の制限がある。859条2項）。未成年後見人は、未成年被後見人に代わって親権を行うことができ（867条）、親権を行う者が管理権を有しない場合には、財産に関する権限のみを有するにすぎない（868条）。

2　成年後見人は、法定代理人として被後見人の財産に関し管理権と代理権を有する（859条）。つまり、その後見事務の処理、すなわち、被後見人の生活、療養看護および財産の管理にあたり、被後見人の意思を尊重し（意思尊重義務）、かつその心身の状態および生活状況を配慮（身上配慮義務）しなければならない（858条）。ただし、代理権を行使するにあたり、被後見人の居住用の建物と敷地について一定の処分をするには、家庭裁判所の許可を得なければならない。これも平成11年改正法による新しい義務づけである（859条の3）。なお、家庭裁判所は、必要あるときは、成年被後見人などの請求により、または職権で成年後見監督人を選任することができる（849条の2）。

表4　保護者・援助者の権限内容

権限 保護者	代理権	同意権	取消権	追認権
親権者・未成年後見人	○	○	○	○
成年後見人	○	×	○	○
保佐人	△	△	△	△
補助人	△	△	△	△

注：○権限あり、×権限なし、△特定の法律行為についてのみ権限あり

3　保佐人は、前述のとおり、同意権、取消権、追認権は与えられているが、一般的には被保佐人の財産に関する法律行為について代理権を有しない。ただし例外的に、一定の者の請求があれば、家庭裁判所の審判によって、特定の法律行為についての代理権を付与されることがある（876条の4第1項）。しかし、本人以外の者の請求によって前項の審判をするには、本人の同意がなければならない（876条の4第2項）。さらに家庭裁判所は第1項に掲げる者の請求によって、代理権付与の審判の全部または一部を取り消すこともできる（876条の4第3項）。これも新法による重要な改正点の1つである。なお、保佐人が保佐の事務を行うにあたって、意思尊重義務と身上配慮義務を負っていること（876条の5）、および必要あるときには、保佐人を監督するために保佐監督人が選任されること（876条の3）などは、成年後見人の場合と同様である。

4　補助人は、前述のとおり、特定の法律行為について同意権、取消権、追認権は与えられているが、さらに特定の法律行為について家庭裁判所の審判によって代理権が与えられることがある（876条の9）。保佐人への代理権付与の審判に関する876条の4第2項および第3項が補助人について準用されている（同条2項）。なお、補助事務の処理にあたり、意思尊重義務、身上配慮義務のほか、一定の者の請求により、補助人を監督する補助監督人が選任されることなど、成年後見人、保佐人と同様である（876条の10による各条の準用を参照）。

⑤ 制限行為能力者の相手方の保護

　制限行為能力者制度は、制限行為能力者側に取消権を与えることによって未成年者その他の事理弁識能力が欠ける者ないし不十分な者を保護する制度であ

表 5　制限行為能力者制度の概要

		補　助	保　佐	後　見	未成年
要件	判断能力〈対象者〉	精神上の障害により事理を弁識する能力が不十分な者	精神上の障害により事理を弁識する能力が著しく不十分な者	精神上の障害により事理を弁識する能力を欠く常況にある者	満20歳に達しない者
	鑑定等の要否	診断書等（原則として鑑定不要）	原則として鑑定必要	原則として鑑定必要	不要
審判開始の手続	請求権者	本人、配偶者、4親等内の親族、他の類型の援助者、監督者、検察官 任意後見受任者、任意後見人、任意後見監督人[1] 市町村長[2]			
	本人の同意	必要	不要	不要	
名称	本　人	被補助人	被保佐人	成年被後見人	未成年者
	援助者保護者	補助人	保佐人	成年後見人	親権者・未成年後見人
	監督者	補助監督人	保佐監督人	成年後見監督人	未成年後見監督人
同意権・取消権	付与の範囲	特定の法律行為（保佐事項の範囲内）〈申立ての範囲内〉	民法13条1項所定の行為（日常生活に関する行為を除く）	日常生活に関する行為以外の行為【同意権はない】	5条1項ただし書以外の行為
	付与の審判	必要	不要	不要	不要
	本人の同意	必要	不要	不要	不要
	取消権者	本人、補助人	本人、保佐人	本人、成年後見人	本人、親権者・未成年後見人
代理権	付与の範囲	特定の法律行為〈申立の範囲内〉	特定の法律行為〈申立の範囲内〉	すべての財産的法律行為	すべての財産的法律行為
	付与の審判	必要	必要	不要	不要
	本人の同意	必要	必要	不要	不要

注：1）任意後見契約法10条
　　2）精神保健福祉法51条の11の2、老人福祉法32条、知的障害者福祉法27条の3（額田洋一、秦悟志『Q&A 成年後見制度解説』を参考）

る。取り消しとは、初め有効だが取り消された後は遡及的に無効となる法状態であるから（121条）、相手方にとってはいつ取り消されるかわからないので不安定である。この不安定状態は、制限行為能力者側の取消権が消滅するまで、すなわち、追認をなすことができる時から5年間、法律行為の時から20年間存続する（126条）（ただし、法定追認があれば、もっと早く取消権は消滅しうる。125条参照、後述）。この不安定状態から相手方を保護するために民法は2つの制度を

用意した。相手方による催告権の行使と制限行為能力者の詐術による取消権の消滅である。

(1) 相手方の催告権

制限行為能力者の相手方は制限行為能力者側に対して1カ月以上の期間内に取り消すことができる行為を追認するか否かを確答すべき旨を催告することができる（20条）。

① **催告をしても制限行為能力者側が期間内に確答を発しないため追認したものとみなされる場合**　第1に、制限行為能力者が能力者となった後に、その本人に対して相手方が催告をしたときであり、（20条1項）、第2に、制限行為能力者がいまだ能力者となっていないときに法定代理人、保佐人、補助人に対して、その権限内の行為について相手方が催告をしたとき（20条2項）である。

② **催告をしても制限行為能力者側が期間内に確答を発しないため取り消したものとみなされる場合**　第1に、特別の方式を要する行為については（例えば、後見人が後見監督人の同意を必要とする場合〔864条〕）、その方式を具備した旨の通知を発しないとき（20条3項）。

第2に、被保佐人または被補助人に対して保佐人または補助人の追認を得てほしいと催告したのに、被保佐人・被補助人が追認を得た旨の通知を発しなかったとき（20条4項）である。催告期間内に制限行為能力者側から追認をしたならば、取り消しうべき行為は有効となる。

(2) 制限行為能力者の詐術

制限行為能力者が自己を行為能力者たると相手をして誤信せしめるために詐術を用いたとき、このような制限行為能力者を保護する必要はないので、もはや取消権を行使することはできないものとしている（21条）。相手方を保護するために制限行為能力者から取消権を剥奪しているのである。詐術とは、制限行為能力者が完全な能力者であると相手方を誤信せしめる術策のことをいう。制限行為能力者が「その行為を取り消すことができ」なくなる要件は次のとおりである。

① **「能力者であることを信じさせるため」であること**　制限行為能力者が完全

行為能力者であると相手方をして信ぜしめるだけではなく、法定代理人その他の保護者（援助者）の同意を得ていないのに得ていると信ぜしめる場合をも包含すると解されている（大判大正12・8・2民集2巻577頁）。

②　**「詐術を用いた」こと**　　初期の判例は（改正前の無能力者に関する）相手方を誤信せしめるために、戸籍謄本を偽造するとか、他人をして自己が能力者であると偽証させるとかのように、積極的に術策の手段を用いた場合をいうと解していた（大判大正5・12・6民録22輯2358頁）が、その後次第に「緩和」されてきたと解する傾向にある。すなわち、「詐術」と認定するには「積極的な術策」と厳格に解するべきではなく、より緩やかに単なる「能力者であるとの陳述」だけでもよいとし、場合によっては、単なる「黙秘」でもよいのではないかと論ずる学説が多くなり、しかもその立論の根拠を判例の流れないし推移がそれを示していると論ずる傾向にある（例えば、我妻栄『新訂民法総則（民法講義Ⅰ）』(1965年新訂第1刷) 91〜92頁、津田賛平「無能力者の詐術」The Law School No. 27〔1980年12月号〕78頁以下、四宮和夫『民法総則〔第4版〕』(1965年初版1刷) 59〜60頁、松坂佐一『民法提要総則〔第3版・増訂〕』98頁）。その結果、「裁判所・市役所に問い合わせよ」（大判昭和2・11・26民集6巻11号622頁）とか「相当の資産信用があるから安心して取引されたい」（大判昭和8・1・31民集12巻1号24頁。源太郎詐術事件）と述べただけでも、相手方の誤信を誘発し誤信を強めるものならば詐術にあたると解するようになっているのみならず、傍論ながら「黙秘」でもよいとする判例もある（最判昭和44・2・13民集23巻2号291頁。伝兵衛黙秘事件）。しかし、判例の事案に即して仔細に判例理論を検討するならば、安易にそのようにいうことはできないので、いまなお積極的術策を要すると解するべきであると考える（高森「無能力者の詐術について」『民法学研究』〔関大出版部〕1頁以下参照）。

③　**相手方が行為能力者であると誤信したこと**　　明文の要件ではないが、判例はこれを認めている（大判昭和2・5・24民集6巻283頁。無能力者〔準禁治産者〕が仲介人に対して詐術を用いたが、相手方本人に及ばなかった場合に取消しを認めている）。相手方が制限行為能力者にすぎないと知っている場合にまで、相手方を保護する必要はないからである。法定代理人等の同意を得たものと誤信した場合も、当然相手方は保護される。

＊民法21条の立法趣旨と積極的術策の必要性

　民法21条の立法趣旨について、梅博士は、詐術を働いた「無能力者」を制裁することを目的としたものではないとしつつ、むしろ取引の安全を重んじ、単明な法律関係の創出を目指した。つまり、相手方は不法行為に基づく損害賠償請求という救済手段があるのに、損害の算定という必ずしも容易でない方法を強いられるので、簡明に行為そのものを有効として相手方の損害の発生を防止しようとしたのであると論じている（詳細は米倉明『民法講義　総則(1)』〔有斐閣〕140頁参照）。

　しかし、法律関係を簡明化するとの法的手段を用いたものであったとしても、本来法律行為を解消しえるとの保護を与えられていた制限行為能力者が詐術を働らいたゆえにそれを奪われることによって不利益を受けるものである以上、他方でそれは制限行為能力者の詐術行為を非難していることを否定することはできない。制限行為能力者は、行為能力者と信ぜしめるため相手方を詐術したならば、詐術する制限行為能力者はもはや保護の必要なしとして取消権を剥奪されるのである。

　そうであるならば、制限行為能力者を保護すべしとの要請を顧慮してもなお、相手方の取引上の信頼保護を優先せしめるに足る詐術をのみ問題とすべきであり、詐術を認定するに際しては、制限行為能力者の抽象的言語的表明に限定されるべきではなく、制限行為能力者の取引締結に付随する言動全体を評価して、総合的に判断し、「積極的術策」があったといえる場合に初めて「詐術」をなしたと解すべきである。そうして、制限行為能力者の取引締結に際しての言動全体を総合的に判断しても、なんらの能力に関する言明・陳述がなく、「積極的術策」があったとみられない場合、例えば、「資産信用あるから安心してくれ」、「学生自立協会理事長の肩書のある名刺を提示した」などの場合でも、制限行為能力者制度の欠点を認識しつつ、反信義則的に制度を悪用したと判断できるならば、「詐術」とは別の法理（信義則ないし権利濫用）で制限行為能力者による取消権行使を制限すべきである。「詐術」概念を空洞化してしまう、安易な「緩和」は厳に戒しめるべきであろう。

＊＊任意後見契約

　平成11年の民法改正による成年後見制度は、特別法による任意後見契約の創設によって補完されている。任意後見契約とは、ある人（本人）（委任者）が事理弁識能力を有する正常な状態のときに、将来、事理弁識能力を欠くか不十分な状況になったときのことを想定して、自らが選んだ任意後見人（受任者）にあらかじめ能力不十分時での事務の全部または一部の処理を委託する委任契約である（任意後見契約に関する法律2条1項）。この任意後見制度については、親族法の解説に譲りたい。

Ⅲ─住所と居所

① 住　　所

　人は一定の場所に居住し、これを中心に家族生活・社会生活を営むのが普通である。人の法律関係の形成はこの場所と密接に関連するものである。そこ

で、民法は一定の法律関係決定の場所的基準として住所の概念を定めた。

(1) 住所の意義

　各人の「生活の本拠」を住所という (22条)。「生活の本拠」とは、人の生活関係の中心的な場所のことである。法律関係を簡明にする目的からすれば、出生地とか本籍地というような画一的な基準の方が望ましい。しかし今日、人の生活は多岐にわたり、活動範囲も拡大する傾向にあるから、右の画一的基準では生活の実態に合わないことが多い（本籍地が遠い田舎にあって一度も行ったことがない都会生活者を想起されたい）。それゆえ民法は、形式主義をとらず、実質主義を採用して、各人の「生活の本拠」をもって住所と定めたのである。

　それでは、ある場所が人の生活関係の中心地であるか否かをどのような標準によって定めたらよいか。それに主観主義（意思主義）と客観主義の対立がある。主観主義によれば、その場所が生活の中心であるという「定住の事実 (corpus)」だけでは足りず、その場所を生活の中心にしようとする「定住の意思 (animus)」が必要であると説く。これに対して客観主義は、定住の意思は必要なく、定住の事実があればそれでよいと説く。通説は、定住の意思の有無は外部からみて容易に判断しがたいし、明文上これを求める条文を欠く（意思主義を採るフランス民法103〜105条、スイス民法23条１項）ことを理由に客観主義を採用している。判例は必ずしもはっきりしないが、「各般の客観的事実を総合して判断すべきもの」と説く最高裁の態度が妥当であろう（最判昭和27・4・15民集6巻4号413頁）。

　なお、住民票に記載された「住所」は必ずしも民法上の住所とは関係がない。したがって住民票の届出は、転居通知などと同じく、客観的に生活の本拠と定める一資料とはなりえても、それだけで住所を定める決め手になるわけではない。

(2) 住所の個数

　住所の個数に関しても、単一説と複数説の対立がある。かつては単一説が唱えられたが、現代の複雑多岐にわたる生活状態にかんがみれば、各人の分化した生活関係ごとに住所は複数あっても妨げないのではないかと考えられるよう

になった。例えば、家族生活についてはA地、企業家の生活としてはB地というごときである。かように近時は複数説が支配的になっている。判例は「表面では単一説をとりながら、実質は複数説に接近しつつある」（四宮『民法総則〔新版〕』72頁）と評されている。

　なお、住所は私法関係以外の法律関係（選挙権の行使や小作地の保有、裁判管轄など）においても重要な意義をもっている。最判昭和29年10月20日（民集8巻10号1907頁。茨城大学星嶺寮事件）は公職選挙法上の住所の概念につき、民法と同じく各人の生活の本拠をいうとしながら、学生が大学の寮に起臥し、休暇以外には実家に帰ることがないというような場合には、寮に生活の本拠があると判示しているが、民法上の住所の意義にとらわれることなく、議員や地方公共団体の首長を選ぶための選挙権を行使するのに最もふさわしい学生の住所をどこに定めるべきかという観点から判断されるべきではないかと思われる。

② 居　　所

　居所とは、現実に居住している場所のことである。住所ほど土地との密接の度合いが強くない場所のことである。居所は、①住所が知れないとき（23条1項）（住所がまったくないときも含まれる）、②日本に住所を有しないとき（23条2項）に、住所の代わりとしての効果をもつ。すなわち、「住所とみな」される。ただし、渉外的法律関係について、準拠法が住所地法によるべき旨を定めている場合には、それに従う（23条2項ただし書）。

③ 仮 住 所

　法律行為の当事者が一定の行為についてある場所を仮住所と選定したときは、「その行為に関しては、その仮住所を住所とみなす。」（24条）。仮住所は定住の事実がなくとも、当事者の合意によって定められるものである。取引上の便宜のために認められている。

④ 本　　籍

　本籍とは「戸籍」を編成する基準となる場所をいう（戸6条・9条・13条）。戸籍は国民の身分関係を公正登録する公簿であって、本籍はこの戸籍編成の手

段にすぎないものであり、住所とはまったく関係がない。

⑤ 住所の法律的効果

　総則においては住所の効果について一括して規定していない。住所の法律的効果は民法の各部分ならびに各種の法令にそれぞれ規定されている。主なものをあげると、不在者および失踪の標準（25条、30条）、債務の履行地（484条、商516条）、相続の開始地（883条）、手形行為の場所（手 2 条 3 項・ 4 条、小 8 条）、裁判管轄の標準（民訴 2 条、人訴 1 条、家審規則22条・31条・45条）、国際私法の準拠法決定の標準（通則法 5 条等）、帰化の条件（国籍 5 条 1 項 1 号）などがある。なお、公職選挙法上の選挙権行使の標準にもなることはすでに述べた。

Ⅳ─不在者の財産管理および失踪宣告

① 不在者の財産管理

　従来の住所を去って容易に帰ってくる見込みのない者（例えば、家出、蒸発、災難に遭遇した者、戦地に赴いた者など）が出てくることがある。これを不在者という。このような場合、残された財産の保全のため残存配偶者や子どもその他の相続人の利益のために何らかの措置を講ずる必要が生ずる。民法は第四節に「失踪」と題してこの問題について定めをおいている。まず、従来の住所または居所を去った者を不在者として、その財産管理をする（25〜29条）。ついで、帰還の見込みなく、死亡したであろうとの前提で、失踪宣告をする。これによって不在者は死亡したものとみなされ、法律関係の確定（相続の開始、婚姻の解消など）が図られる。不在者というのは、生死不明とは限らない。音信不通である必要もない。要は、住所を去り、財産を管理する必要が生ずるほどに行方がわからなければ、民法の規定によって財産は管理される（25〜29条）。

　管理の仕方は、①不在者が管理人を置かなかった場合（25条 1 項）、②後日になって管理人を置いた場合（25条 2 項）、③不在者があらかじめ管理人を置いていた場合において不在者の生死分明ならざる場合（26条）に応じて、家庭裁判所が必要な処分をなすことによってなされる。管理人の職務につき27条、その担保提供義務や報酬につき29条、管理人の権限については28条が各々定めてい

る。

② 失踪宣告

(1) 意　　義

不在者を失踪者となす手続が失踪宣告である。失踪宣告は生きているかもしれない者を死亡したものとみなす（擬制）制度である。だから失踪宣告は重要な制度である。

(2)　失踪宣告の要件

宣告は家庭裁判所が一定の要件の備ったときに、審判によって行う（30条）（家審9条1項甲4、家審規則38〜42条）。実質的要件と形式的要件に分けられる。

①　**実質的要件**　　①　「不在者の生死が明らかでないこと」（30条）、すなわち、生存しているか死亡しているかもわからない（不明）状態であること。

②　生死不明の状態が一定期間継続すること。この期間は普通失踪と危難失踪で異なる。

〈普通失踪〉　　普通の場合、失踪者の生死について最後の証明があったときから「7年間」（30条1項）。

〈危難失踪（特別失踪）〉　　「戦地に臨んだ者」、「沈没した船舶の中に在った者」、「その他死亡の原因となるべき危難に遭遇した者」については、「戦争が止んだ後」、「船舶が沈没した後」、「その他の危難が去った後」に「1年間」（30条2項）。かつては「3年間」であったが長すぎるので1962年に改正された。

②　**形式的要件**　　①　「利害関係人の請求」があること。利害関係人とは、失踪宣告を求めるについて法律上の利害関係を有する者のことである。

②　家庭裁判所が宣告の手続をなすこと。すなわち、事実の調査や証拠調（家審規7条）および公示催告の手続（家審規39条・41条）を経てこれをなす。

③ 失踪宣告の効果

失踪宣告を受けた者は、普通失踪にあっては「前条第一項の期間満了の時」、すなわち7年経った時、危難失踪にあっては「危難の去った時」に「死亡したものとみな」される（31条）。後者については、かつては前者と同じく

期間満了（3年）の時とされていたが、危難にあって死亡したものとみなされる者が失踪期間中生存していたとみるのはおかしいから、1962年の改正で危難の去った時に改められた。したがって、死亡の効果の発生する時期は、期間満了の「時」または危難の去りたる「時」まで遡ることになる。もし上述の「時」から家庭裁判所の「宣告」がなされるまでの間に利害関係人が一定の行為をなしたとしたら（例えば、失踪者Aの財産をAの債権者が差し押さえたりした場合）、この行為の効力はくつがえってしまう（Aではなく第三者〔Aの相続人〕の財産を差し押さえたことになり無効）。善意の第三者の保護の必要性も説かれるが、死亡したものとみなされる効果上止むをえないであろう。

４ 失踪宣告の取消し

　失踪宣告を受けた者が後に生還したり、失踪期間満了の時や危難の去りたる時と異なった時期に死亡したことが判明した場合には、失踪宣告は間違っていたことになるわけであるから、それは改められなければならない。その手続が失踪宣告の取消しである。宣告と同様、家庭裁判所が審判によって取消しの手続を行う（32条1項本文）（家審9条1項甲4、家審規38条・43条・44条）。

(1) 要　件
　① 実質的要件　　次のいずれかの事実の証明があること。
- 「失踪者が生存すること」（32条1項本文）。
- 宣告によって死亡したものとみなされる時と「異なる時に死亡したこと」（32条1項本文）。
- 失踪期間の起算点以後のある時期に生存していたこと。
　②形式的要件　　「本人又は利害関係人の請求」があること（三二条一項本文）。

(2) 効　果
　① 原　則　　取消しの効果として、失踪宣告によって被宣告者を死亡したものとみなしたことは全部事実に反したことになり、それから生じた法律効果は完全に復活還元すべきこととなる。すなわち、身分関係は復活し、財産関係は還元されなければならない。しかしこれを貫徹したならば、残存配偶者や

相続人その他の利害関係人は不測の損失をこうむるおそれがある。そこで民法はこの完全なる復活還元について一定の制限ないし例外を設けた。

② **例　　外**　「失踪の宣告後その取消し前に」「善意でした行為の効力に影響を及ぼさない。」（32条1項2文）。ここで注意すべきは2点ある。すなわち、第1点は、行われた行為は失踪宣告後（失踪期間満了後ではない）、その取消し前のものに限られること。第2点は、当事者が善意でなした行為でなければならないことである。善意とは、失踪宣告が事実に反していたことを知らないことをいう。したがって、失踪宣告によって開始した相続財産の処分、後見の職務行為などは当事者が善意である限り絶対に有効である。問題は、法律行為が契約のような両当事者の合意を必要とする場合、両当事者ともに善意でなければならないかということである。判例（大判昭和13・2・7民集17巻59頁）はこれを肯定するが、少なくとも財産的行為については失踪者側（配偶者、相続人など）はともあれ、それらと取引した相手方が善意であれば行為の効力は影響を受けないと解すべきではなかろうか。そうでなければ、取引の安全を保護しようとしたこの規定の趣旨に反することになろう。

身分行為についてはどうであろうか。例えば、残存配偶者が善意で再婚した後に、失踪宣告が取り消された場合にもこの善意者保護は認められるであろうか。身分行為の場合、一方の善意だけで保護することは適当ではないから、両当事者が善意である限り、旧婚関係は復活しないと解すべきであろう。これに対して善意者保護の規定は財産的行為についてのみ妥当し、身分行為については妥当しないから、旧婚関係も復活し一種の重婚状態を生じ、旧婚姻については離婚原因（770条1項5号）、新婚姻については取消原因（744条）となるとする説も唱えられている。後説は法律関係が複雑になるので問題がある。ただし、当事者の双方または一方が悪意の場合には結局、旧婚関係が復活し、新婚姻は効力を失うことになろう。

失踪の宣告によって財産を得た者は「その取消しによって権利を失う。ただし、現に利益を受けている限度においてのみ、その財産を返還する義務を負う。」（32条2項）。失踪の宣告によって財産を得た者とは宣告によって直接的に財産を得た者、例えば、相続人、受遺者、生命保険金受取人などを指す。これらの者からの転得者は32条1項の保護を受けるのである。失踪宣告が取り消さ

れると、それによって財産を得た者は「法律上の原因」(703条)なくして財産権を得たりそれを処分して対価を受けていたことになるので、本来なら全部返還しなければならないが、それでは酷なので、「現に利益を受けている限度」(現受利益)で返還すればよいとされたのである。これは703条の「その利益の存する限度」(現存利益)と同一の返還範囲を意味すると解されている。それゆえ、悪意の場合には704条を適用すべしとも説かれている。しかしそうであれば、本条の存在理由はまったくなくなるから「現受利益」は「現存利益」よりも狭く、常に浪費した場合のみならず、普通の費消でも返還しなくてよい趣旨に解すべきではなかろうか。いずれにせよ、取得している財産が原形のまま、または形を変えて残存している部分を返還すればよいということである。

⑤ 認定死亡との関係

　失踪宣告に類似するものに認定死亡(戸89条、91条)がある。これは、水難、火災その他の事変によって死亡した者がある場合、その取り調べをした官庁、公署の責任ある報告を信頼して死亡した者と取り扱う制度である。この制度は死体が確認されない場合にも利用されているところから誤謬のおそれがないとはいいきれない(戦死公報で死亡したと報ぜられた者が生還したり〔「生きていた英霊」〕、水難の場合にも生存していることもありうる)。それゆえ死亡の取り扱いを受けた者が生還した場合には、失踪宣告の場合と同様の問題が生じる。認定死亡に関する官庁、公署の報告はかなりの信頼度のあるもので、一般人はほとんど疑わない。死亡の確率も失踪宣告よりも高いくらいである。そうであるならば、家庭裁判所の審判を経ていなくともそれを信頼した者を保護すべき必要性は失踪宣告に比して決して低くないと思われるので、失踪宣告の取消しに関する前記の制限的措置(32条1項2文・同条2項)はそのまま認定死亡に準用されてよいであろう(同旨、最判昭和28・4・23民集7巻4号396頁)。

⑥ 同時死亡の推定

　同一事故で数人が死亡し死亡の前後関係が分明しないときは、これらの者は同時に死亡したる者と推定される(32条の2)。その結果、これらの者の間には相互に相続問題が生じないこととなる。

＊失踪宣告制度の注意点

失踪宣告の規定について注意すべきは以下の点である。第1は、宣告の要件である。普通失踪（30条1項）と危難失踪（同条2項）における実質的要件は異なっている。形式的な要件（利害関係人の請求により家裁が宣告する）は同じである。第2は、死亡したものとみなされる時期はいつかということ。行方不明になった時でも、宣告された時でもない。失踪期間満了した時と危難の去った時である。第3に、失踪宣告の効果は死亡したものとみなされることである。自然人が死亡すれば、相続が開始し、婚姻が解消する。けれども、現実に生きていれば、生存している生活領域では権利能力を失うわけではない。だから少々ややこしい。結局はいかなる範囲で死亡したものとみなされるかということである。第4に、失踪宣告後に生還した場合の法律関係である。失踪宣告が取り消されることはいうまでもない。取り消されると旧状態への復活還元がなされる。この復活還元の範囲と効力である。32条に定められているところを熟読されたい。宣告後取消し前になした行為が善意でなされたか否かにより効力が異なるということである。

2 法 人

Ⅰ—法人とは何か

1 第1節の人はすべて自然人についての規定であった。権利の主体としての法人は本節で取り扱う。法人とは何かと問えば、それは自然人以外で権利能力のあるものということになり、これは民法上の解答としては誤りはない。しかし、この解答は法人の実体については何も語っていない。自然人に権利能力を平等に承認することは、近代法が個人の尊厳を至高の理念としていることから、よく理解できるとしても、自然人以外に法人なるものを構成し、それになぜ法人格を与えなければならないのかは、検討を要するのである。

そこで、法人というのは、いかなる社会的事実を基礎として、法の認めるところとなったのかという実質を究めなければならない。法制度としての法人の基礎となる社会的事実とは何か。それは、第1は、個人とは別個の活動を営む人の集団、すなわち団体が存在しているという事実であり、第2は、同じく特定の目的のために奉仕する永続的な財産が存在しているという事実である。前者が社団法人、後者が財団法人の基礎である。

2　民法は、営利を目的とする社団法人（営利法人）を商法の規定に委ね（35条）、もっぱら公益を目的とする社団法人と財団法人とについて規定を設けていた（平成18年〔2006〕改正法以前）。社団法人の実体は人と人との結合、すなわち団体である。この団体は、それを構成している各個人とは別個の財産を有し、それを管理しつつ、また別個の活動を営んでいる。したがって、構成員が変わっても団体としての同一性は失わないし、団体の財産も構成員個人の財産とは区別されて管理される。

　民法の認めるいま1つの法人たる財団法人は、一定の財産を育英、慈善、宗教などの目的に捧げ、これを運用する人の死亡、交代などによって事業が中絶することなく、財産の存続する限り永久に存在させようとする制度である。

3　結局、法人制度が必要とされるのは、第1に、団体を個人とは別個独立の存在として法人格を与えることが法技術的にみて便利だからである。すなわち、法人の名で取引し、契約を結び、その権利義務のために、法人自体の名前で訴えること、また訴えられることができるようにしたいからである。第2に、団体の構成員の個人財産と区別されるところの団体自体に属する団体財産（または財団自体に属する財団財産）をつくりたいからである。その結果、構成員個人に対する債権者は団体財産を差し押さえることはできないし、団体に対する債権者は構成員の個人財産を差し押さえることができないようにするのである。

　以上の2つが法人制度を必要とする根本の理由である。

Ⅱ─法人の本質

1 法人の本質をめぐる議論

　法人の本質をめぐっては古くから①法人擬制説、②法人否認説、③法人実在説の対立があった。このうち②の法人否認説は、法人の実態を無視ないし否認して究極的にはそれを構成している、または利益を享受している個人または財産に権利義務の帰属を認めようとするもので、結局は①の擬制説の亜種とみられるべきものである。それゆえ、ここでは①と③について少し詳しく検討してみたい。

(1) 法人擬制説

　権利の主体たりうるものは、本来は自然人のみに限られるべきものである。法人は社会的必要性のために特に自然人になぞらえて、自然人に擬制して法によって創出されたものである、と説く。これは時に法人の技術的側面のみを強調した学説と評されることもあるが、決してそれだけではない。この説はまず、法人の実体たる社会的現象、すなわち、個人とは別個に諸個人の複合体である団体（一応以下においては社団法人の本質のみを念頭において論ずる）の活動しているという事実を前提にして、それに法人格化の法的必要性を考慮しようとするものである。その必要性とは、前述したように、団体の名で取引したり訴えたり訴えられたりすることの簡便性と、個人財産から区別された団体財産自体を創出することが構成員個人の利益と利害関係人の利益のために望ましいことの２つである。それゆえ自然人とまったく同様に扱うことはできないが、一定の要件を具備するものにつき自然人になぞらえて権利義務の帰属点として認めてやろうと主張したものである（サヴィニーに代表される）。

(2) 法人実在説

　法人は法の擬制したものではなく、まさに社会的実在であると説く。法人の社会的実在を強調する学説である。近代社会が進むにつれて個人のほか団体の活動が増大し、社会関係、したがって法律関係も団体との関わりにおいて形成され規律されるようになってきた現象を直視した理論である。今日の学説の大勢はこの説を支持しているといってよい。ただこの説にも、団体は団体固有の意思（団体意思）をもち、それに従って行為する社会的有機体であるとする社会的有機体説（ギールケに代表される）、法人の法律的組織に重きをおき、法人は法人格を与えられるに適した法律的組織体であるとする組織体説（サレイユに代表される）、さらに法人の担当する独特の社会的作用に着目して、これを構成員たる個人を離れた独自の社会的作用を営むものであると説く社会的作用説（コーラー、デュギー、我妻栄などに代表される）などに分かれる。

２ 基本的な考え方

　歴史的には擬制説から実在説へと移行してきたことを否定はできない。この

ことはドイツでも日本でも同様である。しかし近時は両説にこだわらず、法解
釈の各々のレベルと場面において、合理的にいかに解釈すべきかを問題とする
ようになっており、四宮和夫教授は法人を構成する契機として、実体的契機、
価値的契機、技術的契機を分析し、特に法取引の平面では技術的契機を重視し
て擬制説的説明を採用している。私も今日、法人本質論に拘泥する必要はない
と考えている。実在説は社会的存在を強調しているだけで、法律制度としての
法人の説明になっていないようにみえる。そしてギールケの有機体説は、細か
な解釈論を除外すれば自然人を自然的有機体、法人を社会的有機体として自然
人との同一性を問題としている点において、むしろ擬制説的である。これは、
法人は人と同じく一定の法的な意思（団体意思）を有し、その意思に従って法
律関係を形成することを認めようとするものであり、その限りで法人制度の説
明としては説得力があると思う。

表6　法人の種類

内国法人	公法人	(1)　国 (2)　都道府県、市町村 (3)　その他特殊なもの 　(a)公社、公団、公庫 　(b)水利組合、土地改良区
	私法人	(1)　社団法人 　(a)公益社団法人（民法の規定による。33条および一般社団・財団法人法による） 　(b)営利法人（会社法の規定による） 　(c)非営利法人（特別法による。33条および一般社団・財団法人法による） (2)　財団法人 　(a)公益財団法人（民法の規定による。33条および一般社団・財団法人法による） 　(b)営利財団法人（観念上存在しえるが、法律上存在しえない） 　(c)非営利財団法人（民法の規定による。33条および一般社団・財団法人法による）
外国法人		(1)　外国、外国の行政区画（35条1項） (2)　外国の商事会社（35条1項） (3)　法律または条約によって特に認許されたもの（35条1項ただし書）

Ⅲ—法人の種類と設立

1 法人の種類 （表6参照）

(1) 内国法人と外国法人

　内国法人とは、日本法に準拠して成立した法人であり、平成18年改正法により、外国法人も登記することが義務づけられた（36条）。外国法人とは、外国法に準拠して成立した法人である。民法35条は外国法人について規定している。それによれば、外国、外国の行政区画および外国の商事会社の成立のみを認許している。外国の民事会社・非営利法人は原則として認許していない。ところで「認許」とは、外国人に対して、日本におけるその法律上の権利能力（法人格）を承認することであって、設立における「許認可」とは異なる。なお、外国法人も内国法人に準じて、同様の登記をしなければならない（36条）。なお、平成18年改正法によって第37条が設けられ、外国法人について詳細な登記事項が定められた。同条を熟読してほしい。

(2) 公法人と私法人

　公法人とは、国や地方公共団体のように国家的公共的事務を遂行することを目的として、公法に準拠して成立する法人のことである。例えば、国、都道府県、市町村、公社、水利組合、土地改良区などがこれである。これに対して私法人とは、私人の事務を遂行することを目的として私法に準拠して設立される法人である。民法の法人に関する規定は原則として私法人のみを念頭において定められている。

　近時、公法と私法の区別が曖昧になったことに対応して、公法人と私法人との区別も曖昧になってきた。公法と私法の中間に社会法（労働法・経済法）が登場してきたことから、社会法人ともいうべき団体が現れている（労働組合・社会福祉法人）。公法人も私法人と同じように財産権を所有し、私人と対等の立場で私法的法律関係を形成せざるをえない（例えば、市民に提供する公営住宅の賃貸借関係、市バス、市電の乗降に関する運送契約など）。その限りで、私法上の権利能力を有し、私法の適用を受ける（商2条、36条2項参照）。なお、国は財政的主

体として時に「国庫」と呼ばれることがある。

＊国の賠償責任

　戦前の旧憲法の下で、試運転中の消防自動車が誤って人をひき殺してしまうという事件が起きたが、国がその公権力の行使に際して他人に損害を与えても損害賠償責任を負うものではないと明言した判決があった（大判昭和8・4・28民集12巻1025頁）。今日では考えられない非常識な判決であるが、つまりは、国は不法行為責任につき無責任だったのである。また国や公共団体を私人が訴えるときには、司法裁判所ではなく、行政裁判所が管轄権をもち、著しく国・公共団体に有利に判断された。しかし戦後は、民主化が行われ、公務員の不法行為について国・公共団体が賠償責任を負うし（国家賠償法）、行政裁判所は廃止されて、すべて司法裁判所に統合され、一本化した。その結果、公法人と私法人の差はちぢまったといえる。

(3)　社団法人と財団法人

　私法人はさらに社団法人と財団法人とに分かれる。

　社団法人とは、一定の目的のために結合した人の集合体、すなわち「団体」が法人となったものである。社団法人は、構成員として社員が存在していなければならず、最高意思決定機関としての社員総会が不可欠である。この社団法人はさらに公益法人と営利法人とに分かれる。

　財団法人とは、一定の公益目的（育英・慈善・宗教など）のために提供された財産の集合体を法人としたものである。ノーヴェル賞を授与するノーヴェル財団を念頭においたらよい。財団法人は人の集合体ではないから社員や社員総会を必要とせず、財産提供者たる設立者の意思に則って活動しなければならない。それゆえ、社団法人は「自律的に活動する法人」であるのに対し、財団法人は「他律的に活動する法人」と呼ばれる。財団法人は非営利財団法人としてのみ存在し、営利財団法人は法律上存在しえない（33条）。

(4)　公益法人と営利法人と中間法人

　公益法人とは、公益、すなわち社会全般の利益、不特定多数の者の利益に関する事業を遂行することを目的として設立される法人であって、営利を目的としない（33条）。ただ、実際には公益法人でも特別法によって設立されるものも多い（例えば、学校法人、医療法人、宗教法人、社会福祉法人など）。

　営利法人とは、営利すなわち私的な事業によって収益をあげることを目的とし、収益は各構成員に分配することを本旨とする法人のことである。合名会社、合資会社、株式会社、合同会社などの各種の商事会社が典型であるが、農業・漁業・鉱業など商行為以外の事業を目的とする民事会社もこれに属する。すべて会社法によって設立される。

　中間法人とは、純粋に公益を目的とするものでなく、また営利を追求するのでもない中間的な法人のことである。相互扶助や親睦などを主たる目的としているものをいう。例えば、労働組合、弁護士会、各種の協同組合などがこれに属する。公益も営利も目的としていないので、民法・商法等によって設立できず、常に特別法がなければ成立しえない。平成13〔2001〕年6月15日（法49）に中間法人法が制定されたが、平成18〔2006〕年の改正によって廃止された。

　以上をまとめたならば次のようになる。
(1)　内国法人・外国法人…日本法に準拠するか否かによる分類
(2)　公法人・私法人………公法に準拠するか私法に準拠するかによる分類
(3)　社団法人・財団法人…法人の組織による分類
(4)　公益法人・営利法人・中間法人…法人の目的による分類

＊平成18年改正法下での社団法人と財団法人のちがい

　平成18〔2006〕年法律50号によって、民法の法人の章の規定は大幅に改正された。一般社団・財団法人法の施行日（平成20〔2008〕年12月1日）からは民法38〜84条が削除され、残された条文は33条、34条、35条、36条、37条の、わずか5ヵ条のみとなり、それらの条文内容もかなりの改正を受けている。改正後の民法規定の概要については、本書「補遺」199頁にも解説してあるので参照してほしい。

　平成18年改正法の下での社団法人と財団法人とのちがいを概要的に説明するならば、以下の諸点である。
①　社団法人には社員がいて、社員総会が最高の意思決定機関であるが、財団法人には社員はなく、評議員がおかれ、定款と評議員会の決定によって財団法人の意思決定がなされる（従来の財団法人の根本規則たる寄附行為は改められて、定款と称せられることとなった）。
②　社団法人は、設立時社員は2人以上でなければならないのに対して、財団法人は、設立者が1人でも定款を作成し、設立させることができるうえに、遺言によっても一般財団法人を設立することができる（本書補遺203〜204頁参照）。また設立には、必ず300万円以上の財産を拠出しなければならない。

③　定款の必要的記載事項が異なっている点である。大きなちがいは、社団法人では社員の資格の得喪に関する規定が必置であるが、財団法人には社員がいないので、その規定は記載する必要はない。

以上の点が大きなちがいである。

② 法人の設立

(1)　設立主義について

　法人の設立は、法律の規定によらなければならない。これを法人法定主義という。　民法33条１項は、法人は、「この法律その他の法律の規定によらなければ成立しない。」と改めて確認しつつ、２項を加え、公益法人、すなわち「学術、技芸、慈善、祭祀、宗教その他の公益を目的とする法人」、ついで営利法人、すなわち「営利事業を営むことを目的とする法人」、さらに、その他各種の法人を一括して「その他の法人」の「設立、組織、運営及び管理については、この法律その他の法律の定めるところによる。」と改めて、法人の設立については、法定主義によることを原則とする旨を明定した（33条２項）。具体的な法人設立主義には以下のものがある。

　①　**準則主義**　　法律の定める一定の要件を具備すれば設立を認める。改正後の一般社団・財団法人、商事会社、労働組合など。

　②　**許認可主義**　　①　特許主義…法人を設立するため特別の法律を制定する。日本銀行その他の特殊銀行（日本輸出入銀行、日本開発銀行）、公団、公庫、公社など。

②　許可主義…法人の設立のために行政庁の自由裁量による許可を必要とする（改正前の民法上の公益法人、旧34条参照）。

③　認可主義…一定の組織を備え、かつ主務大臣・所轄官庁の認可によって成立する。認可主体に自由裁量はない。農業協同組合、健康保険組合など各種の組合、学校法人、医療法人など。

　③**強制主義**　　国家によって設立が強制されるもの。弁護士会、司法書士会、税理士会など。

　④　**認証主義**　　所轄庁の認証による。裁量の余地がほとんどない。認可主義に近い。特定非営利活動法人（いわゆる NPO 法人）。

＊設立主義ではないが、一定の地区ないし地位の者が組合を結成した場合に、それへの加入を強制する場合がある（土地改良区、健康保険組合など）。さらに、一部改正後の民法が、法人成立根拠法となる、特殊な法人がある。相続人のあることが明らかでないときの相続財産が当然法人となる相続財産法人（951条）である。当然設立といわれることがある。

(2) 法人設立手続について

設立主義について述べたように、営利法人は商事会社設立の条件に従い、すべて会社法の規定によって設立することができる。また中間法人については、特別法（例えば、農業協同組合法、消費生活協同組合法、労働組合法、労働金庫法、非営利活動〔NPO〕促進法など）によって設立することができる（補遺200頁および203頁以下参照）。

(3) 設立登記について

民法は、法人および外国法人は、民法その他の法令の定めるところにより、登記するものとする、と定めている（36条）。これは、法人の存在、組織、財産状態などを公簿に記載させて、法人と取引をしようとする者が容易にそれを知ることができるようにして、もって不測の損害をこうむらないように配慮したものである。法人登記の制度がそれである。改正前民法は、法人の設立登記をもって他人に対抗しえない、すなわち「対抗要件」としていたが、一般法人法（以下、平成18〔2006〕年の「一般社団法人及び一般財団法人に関する法律」を一般法人法と呼ぶ）は、成立要件とした（社団法人について22条、財団法人について163条）。すなわち、社団法人、財団法人は、「主たる事務所の所在地において設立の登記をすることによって成立する」と定めるに至った。つまり「成立要件」となった。

なお、外国法人の登記については、民法は37条において詳細な規定を設けた。1項から8項まで規定している。登記の効力については、一般法人法299条、登記の手続等については301条以下に規定がある。

Ⅳ—法人の能力

1 法人の権利能力

1　自然人の場合には、私権の享有とか権利能力とかの、いかなる権利をもちうるか、その地位はいつ取得するかなどの問題があった。人はみな、生まれながらに完全な権利能力者であって、制限がない。しかし、外国人は一定の制限があった（三条二項）。これと同じく法人もどのような権利をもちうるかの問題がある。しかし法人の私権の享有という表現は使われない。もっぱら、法人の権利能力について語られる。第3条になぞらえるならば、法人の私権の享有は成立に始まるというべきだが、民法旧規定は、この点について成立時期を明言していなかった。しかし平成18（2006）年の改正によって会社法と同じく登記によって成立する。法人消滅の時期はどうか。法人にあっては、身分関係の終了という事実はないし相続問題も起きないから、問題となるのは、もっぱら財産の処理であり、解散後も清算の目的の範囲内においては法人は存続するのだから、清算事務の結了によって法人は消滅し、一切の権利能力を喪失するというべきであろう。

2　権利能力の範囲は、自然人と同じでない。次のように3つの制限がある。

　①　**性質による制限**　　スイス民法53条が定めるように「法人は性・年齢または親族関係のような自然人の天然の性質を要件としないすべての権利を享有することができる」といってよい。すなわち、法人は自然人の天然の性質を要件とする権利を享有することはできないということである。

　②　**法令による制限(34条)**　　しかしその例は少ない。外国法人に関する民法改正後の35条2項が代表的な例である。

　③　**目的による制限がある(34条)**　　重要なのは、34条の定める、法人は定款その他の基本約款で定められた目的の範囲内において権利を有し、義務を負う、という場合の「目的の範囲内」ということの意味である。民法の起草者は、英米法の ultra vires（ウルトラ・ヴァイレス）の理論に従い、この規定を作ったといわれているが、ドイツ民法やスイス民法にはない制限である。おそらく、法人は一定の目的のために作られたものであるから、その目的外の行為

によって権利を得、義務を負うことはありえないと考えたのであろう。しかし英米法自体、しだいに目的の範囲を広く解するようになり、現在では、この理論は廃棄されている。したがって、目的外の行為によっては法人は有効に権利を有し義務を負いえないとの意味に解せざるをえない。育英を目的とする公益法人が、営利を目指して家具を購入し、それを他に売却する行為が目的外であると判断されたなら、その行為はすべて無効となり、有効ならば取得（負担）しえたであろう権利（義務）を取得（負担）しえないと考える以外にない。法人は自然人とちがって、それ自体行為をすることはできないから、誰かが代わって行う。つまり代理人（代表者）が必要であり、代理人が法人自体に代わって行為をする。その代理人の行為によって法人が権利を得、義務を負担するのであるから、「目的の範囲内」との制限は、範囲内の行為ならば有効、範囲外行為ならば無効という結果をもたらすことにならざるをえない。34条の文言は権利能力の制限であり、そのように解されなければならないが、実際には法人代表者（理事）の代表行為の有効・無効を判別する基準ともなりうるということになる。

② 法人の行為能力（法律行為責任）

　法人自体が行為をすることができない以上、法人の法律行為は代理人によらざるをえないが、誰が、どのような範囲の、どういう形式においてなした行為が法人の行為とみなされるか、すなわち法人にいかにして権利義務が帰属するかを明らかにしなければならない。法人の行為能力の問題といわれる。しかし、行為能力は単独で法律行為をなしうる人（自然人）の能力のことであり、判断能力を基礎にして考えられる問題であるのに反し、ここでは結局、法人の代理の問題なのだから法人の行為能力という表現は不正確である（同じく不法行為能力という表現もそうである）。法人の法律行為責任というべきである。

　１　誰が法人のために行為をするか。代理人であることは疑いないが、法人の場合「代表機関」とも呼ばれる（補遺201頁）。代表機関は、一般法人法上、法人の場合には原則として理事である（補遺201頁）。その他、特別代理人、清算人などである。なお、会社法575条１項の合名会社等にあっては、業務執行社員（599条）、株式会社にあっては、取締役ないし代表取締役（349条）がこれに

あたる。

2　次に、理事のいかなる行為によって、法人に権利義務が帰属するかをみてみよう。

　第1に、先ほどの、34条による目的の範囲外の行為を理事が行っても法人に効果は帰属しない。理事の行為は無効とされて、まったく効果は生じない。この制限は、誰に対しても主張することができる。判例は、目的の範囲を営利法人と公益法人とで異なって扱っている。前者には広く、後者には狭く解釈する。さらにかつては範囲外とされたものが、今日では範囲内とされる傾向がみてとれる。結局、目的概念は、目的およびそれを遂行するに必要な一切の行為を含むと解してよく（大判昭和6・12・17新聞3364号17頁）、きわめて広いものとなっている。例えば、鉄道会社が燃料に適さない石炭を採掘する事業を営むこと（大判昭和6年の播州鉄道石炭採掘権取得事件）、木工品等の製造販売および物資のあっせんなどを目的とする会社が他人の借地契約上の債務を連帯保証することも（最判昭和30・10・28民集9巻11号1748頁）、さらには製鉄会社が政党に政治献金することも（最判昭和45・6・24民集24巻6号625頁）それぞれ法人（会社）の目的の範囲内の行為とされている。したがって、営利法人にはもはや目的の範囲内という制限はほとんど考えられなくなっている。

　しかし、公益法人、中間法人には、いまなお、目的の範囲外とされるものがある。例えば、最高裁は、一方で農協が集荷されたリンゴの販売委託を受ける目的で組合員ではないリンゴ集荷業者に資金を貸し付けた場合には、目的の範囲内としているが（最判昭和33・9・18民集12巻13号2027頁。越水農協員外貸付事件）、他方において、農協の理事長が組合を代表して、自らが社長になっている土建会社に人夫賃を貸し付けた場合には、目的の範囲外の行為として無効としている（最判昭和41・4・26民集20巻4号849頁）。また、労働金庫（労働組合や労働者に低利の融資をする金庫）が会員以外の者に貸し付けた場合（員外貸付と呼ばれる）にも、同じく目的の範囲外の行為としている（最判昭和44・7・4民集23巻8号1347頁。労働金庫員外貸付事件）。このような判例の態度は、非営利法人が理事らの行為によってむやみやたらと財産が散逸することのないように配慮し、財政的基礎を安定させて、構成員の利益を保護しようとするものであろう。これに対して営利法人にはかかる配慮は必要ないから、事実上、目的によ

る制限を外しているものと解しうる。

　第2に、旧民法53条による代表権の制限がある。理事の代表権は定款、その他の基本約款または社員総会の決議によって制限されるが、これは、善意の第三者に対抗することができない。理事の代表権は法人の事務全般に及ぶが、この権限に制限を加えても、善意の第三者に対抗することができない（法人法76条5項）。

　第3に、法人と理事間の利益相反行為が問題となる。理事個人やその親族の所有財産を法人に売却するというように、法人と理事個人の間が実質的に利益相反する場合には、理事は法人を代表する権限を有しないものとされるのである。この場合には一般法人法によれば、社員総会の承認を受けなければならない（84条）。競業的行為についても同様である。新法の下では、法人と理事とは委任関係であり、理事は法人に対して忠実義務を負う。

3　理事はいかなる形式で法人を代表するか。代理人である以上、代理の形式による。法人の「ためにすることを示して」（99条）、具体的には、「社団法人X理事A」と契約書などに書くことになろう。

③ 法人の不法行為能力（不法行為責任）

1　一般法人法78条は法人の不法行為について規定している。すなわち法人は、「代表理事その他の代表者」がその「職務を行うについて」、他人に加えた損害を賠償しなければならない。

　法人自体が行為をすることはないのだから、法人の代理人が一定の場合に他人に加えた損害に対して、法人が賠償する責任を負うことを定めたものである。「誰が」「どういう行為」をしたときに法人は不法行為上の責任を負うのか。「誰が」は、「代表理事その他の代表者」である。会社の事実上の経営者でも、これに該当する場合がある（東京地判平成11・1・29判時1687号94頁参照）。ここでの代理人というのは、代表機関のことである。代表機関によって選任された代理人（例えば支配人）の不法行為は、715条の使用者責任をひき起こすだけである。「どういう行為」については、代表機関が個人の資格において、個人的なことで他人に損害を与えても、それは代表者自身の不法行為責任を生ずるだけであって、法人が責任を負う必要はない（路上で他人をなぐって損害を与

える如し）。法人が責任を負うのは、代表機関としてなした行為が不法行為
（709条）にあたる場合でなければならない。このことを民法は、代表機関が
「その職務を行うについて」加えた損害と規定したのである。

　「職務を行うにつき」とは、比喩的に、職務を行う「ため」と職務を行うに
「際し」との中間の概念だといわれるが、その内容は必ずしも明確ではない。
まず、①正当な職務行為でなくとも「職務ヲ行フニ付キ」にあたる（大刑判大
正7・3・27刑録24輯241頁。宍戸倉庫玄米空渡し事件）。正当なものならば、そも
そも不法行為にはあたらないからである。②代表機関が職務を濫用して不正行
為をした場合も、本条の「職務を行うにつき」にあたる（大判昭和13・6・11民
集17巻1239頁）。さらに③法人の内部規約上代表者の職務権限外行為を代表者が
した場合も「職務を行うにつき」にあたると解されている（大判昭和9・10・5
新聞3757号7頁。最判昭和37・9・7民集16巻9号1888頁）。この③の場合、これを
代表行為として法人に有効な法律効果の帰属を認めるべきか、それとも法人の
不法行為として損害賠償責任を負わせるべきかの問題が生ずる。例えば、市長
が市会の決議の限度を越えて多額の金を借り入れた場合に、市に対し消費貸借
は有効として債務を負担させるか、それとも、市は債務を負担しないと考え、
市長の代表行為による不法行為として賠償責任を負わせるかである。学説は、
110条を類推適用して、前者の方向で処理すべきとしているが、そのために
は、取引の相手方に「正当理由」、すなわち、代表権の範囲内の行為であると
信ずるのが誰の目からみてももっともだと思われる事情がなければならない。
判例は、大体、改正前民法44条の問題としているようであり、相手方に過失の
あるときには損害賠償金額について過失相殺（722条2項）している（最判昭和
34・7・14民集13巻7号960頁は110条の問題としている）。

　いずれにしても、「職務を行うにつき」とは、行為者の内面的な意図を問題
とせず、行為の外形上職務行為自体と認められるもの、および社会通念上これ
と適当な牽連関係に立つ行為と解する（外形理論）ことについては、学説・判
例とも一致している。しかし抽象的にはそれでよいとしても、具体的には、い
まなおはっきりしないということである。715条の「事業の執行について」も
ほぼ同様と解されている。

　以上、要するに旧44条の法人の不法行為責任が発生するのは次の要件がある

ときである（新法については補遺202頁参照）。①理事その他の代表機関の行為であること。②代表機関が「職務を行うについて」加えた損害であること。③理事その他の代表機関の行為が一般の不法行為の要件（709条）をもみたすこと。

＊市町村長の越権行為における公法人の責任については、髙森「取引行為と不法行為」『森島昭夫教授還暦記念論文集・不法行為法の現代的課題と展開』（日本評論社、1955年）407頁以下参照。

2　理事その他の代表機関が加害行為をしたときは、以上の要件によって法人が損害賠償責任を負担するが、この場合、加害行為を現実に行った理事個人も損害賠償責任を負うか。理事は個人としても709条所定の不法行為を行ったのであるから、当然その責任を負うべきである。佐藤紅緑著「ああ玉杯に花うけて」の著作権を侵害した出版社が損害賠償責任を認められたのにならんで、この出版社の取締役も個人として出版社と連帯して賠償責任を負う旨を判示した大審院判例があった（大判昭和7・5・27民集11巻1069頁。「ああ玉杯に花うけて」事件）。

　さらに法人の「目的の範囲内を超える行為」、すなわち、法人の目的の範囲外の理事の行為が不法行為にあたり、「職務を行うについて」を少々広く解釈してもなお法人に責任を帰せしめえないときには、加害行為を行った代表機関だけでなく、その事項の議決に賛成した社員、理事およびそれを履行した理事その他の代理人なども連帯して責任を負わなければならない。これは法人制度の信用を維持するために、民法719条の共同不法行為の要件の有無を問題とせず、右の者たちに重い連帯責任を負わせる趣旨のものにほかならない。

４ 権利能力なき社団・財団

(1) 権利能力なき社団といわれるもの

　これは、その実体が社団であるにもかかわらず、法人となる手続をしていないものである。なぜこのような団体が法律上問題となるのか。第1に、民法は、公益を目的とする公益法人と営利を目的とする営利法人しか認めていないから、公益（不特定多数のものの精神的、物質的利益を意味している）も営利（特定

人の私益の追求）も目的としない中間的な団体がある。すなわち、構成員相互の精神的肉体的向上および親睦を目的とし、社会一般の利益を直接の目的としないが、さればといって営利を目的としているのでもないところの、学生自治会、同窓会、社交クラブなどである（労働者団体や同業者団体、各種の協同組合もこれに属するが、多くの場合、特別法によって法人格を取得することができる）。これらは法人格を取得したくともできない。ただし、現在では、このような団体も平成13（2001）年の中間法人法によって幅広く法人化できるようになった。

第2に、公益を目的とし、法人格を取得できる団体が、取得のための手続をしていない場合もある。

第3に、法人設立のため設立中の団体がある。これらを権利能力なき社団・財団として、できる限り、法人の規定を類推適用すべきであると説かれている。

(2)　権利能力なき社団といえるための要件

判例によれば、団体としての組織をそなえ、目的が明確であり、代表機関の任免方法、その権限、総会の運営、構成員の加入・脱退、財産の管理、その他社団として最小限必要な事項が、規約によって確定していなければならない（最判昭和39・10・15民集18巻8号1671頁）。財団の場合は、一定の財産が個人財産から明確に分離され、個人への帰属から離れた独立の存在として管理運営され、その運営のための組織を有している場合に権利能力なき財団にあたるとされている（最判昭和44・11・4民集23巻11号1951頁）。

(3)　権利能力なき社団・財団の法的取扱い

第1に、内部関係は団体の規約に従ってなされる。代表者やその他の機関についても法人の規定を類推適用すればよい。

第2に、①訴訟当事者能力のあることについては規定がある（民訴29条）。②財産の帰属は構成員全員の総有に属するとして社団自体にはないとされている（最判昭和32・11・14民集11巻12号1943頁。品川白煉瓦未登記労組事件）。とはいっても、社団の財産は構成員の個人財産と分離管理される独立の財産にはちがいないのだから、「総有」ということにどれほど実体的意味があるかは疑わしい。③社団の債務はどうか。債務の引当としては、社団財産のみをもって弁済すれ

ば足り、各構成員は出資義務以外に個人責任を負わない（有限責任）。したがっ
て、構成員個人の債務のために社団財産が差し押さえられることはないし、社
団債務のために、個人財産が差し押さえられることもないというわけである。
④不法行為責任についても社団法人と同一に扱えばよい。⑤社団法人と異なる
のは、財産管理形式（社団所有不動産の登記名義や預金の名義など、ただ預金につい
ては現在社団名義ないし代表者に肩書を付して認められるようになったという）と契約
締結方式（契約書の名義）である。社団名義では不動産の登記をすることはで
きないから（最判昭和47・6・2民集26巻5号957頁）、代表者の個人名義でする以
外にない。契約書の名義も同様である。ただし、肩書を付して署名した方が誤
解が生じなくてよいであろう。

Ⅴ─法人の組織と監督

　法人は一定の法律的組織体ではあるが、それ自体は観念的存在で生身の肉体
を有していないから現実の活動をするためには組織の根本を定める規則と一定
の人的構成（機関）が必要である。すなわち、根本規則と理事とが社団法人・
財団法人を通じての必置の制度である。社団法人にはその最高かつ必置の意思
決定機関として社員総会がある。なお必置機関ではないが、理事に対する監督
機関として監事がある。以下についてはすべて補遺196頁以下に委ねる。参照
してほしい。

Ⅵ─法人の消滅

　法人が法人たることをやめることを法人の消滅という。自然人の死亡に相当
する。ただ自然人は死亡によって一時に全面的に権利能力を喪失するのに対し
て、法人は一定の手続を経て徐々に消滅に至る。すなわち、法人はその存在理
由を失ったときに解散され、目的事業を行う活動を停止し、ついで残務を整理
するために清算が行われる。その間、法人は解散しても清算目的の範囲内では
なお権利能力を有し（旧73条、清算法人）、清算の結了によって法人は完全に消
滅をする。以下解散、清算等については一般法人法に委ねる。

第2章
権利の客体

I—権利の客体の意義

　民法総則第四章は「物」と題されている。権利の主体たる自然人、ついで法人について規定した後を受けて、次には、権利の客体について規定しておこうというのが起草者の考えであったにちがいない。近代法の下では人は生まれながらにして権利の主体であって、決して権利の客体たりえない。権利の客体とは権利の主体が、法令の制限内において、自由に使用し、収益し、処分することができる対象なのであるから、人が全人格的に権利の客体となるということは、すなわち奴隷となることを意味している。奴隷は売買や担保の対象となるのであるから、個人の尊厳を至高の理念とする近代法の原理と相容れない。

　しかし、人は全人格的に他の排他的支配権の対象とならないというだけで、例えば、人格権においては人格上の利益保護の観点からは権利の客体として保護の対象となる。また人体から切離された髪の毛、爪、歯、血液などは物であり、他人の所有権の対象となる。死体（遺骸）も物であるが、その所有者の決定はなかなか難しい。死者と精神的、肉体的、生活的に最も密接な関連性のあるものに帰属すべきなのであろうが、判例は一応相続人が所有者であると解しているようである（大判大正10・7・25民録27輯1408頁）。内縁の妻などは相続権は認められていないから、死体の所有権を主張しえない。しかし、身上的にはまったく交際のない法定相続人よりも同居の内縁の妻の方が密接な関係のある場合が多いであろう。死体所有権は、勝手にいかなる内容の処分をしてもよいというものではない。単に埋葬、管理および祭祀供養の客体となるだけで、その所有権を放棄することも認められていない（大判昭和2・5・27民集6巻7号307頁。入夫戸主屍体引渡請求事件）。

II―物の意義

1 権利の客体の代表としての物

　民法は権利の客体の代表として「物」を規定している。これは、民法上の二大財産権が物権と債権とであり、物権が物の排他的、独占的支配権として直接物に関わり、物が物権の客体となっていること、ならびに、債権は他者に対して一定の行為（給付という。これが債権の客体である）を要求しうる請求権として物をめぐってなされる（例えば、売買、交換、贈与、賃貸借などほとんど物に関係している）ので、通則的規定の一部として物に関する規定を取り上げたものということができよう。

2 物の定義

　さて、「物」はいかに定義されるか。民法は「物」とは有体物をいうと定めている（85条）。有体物とは、空間の一部を占める形ある物質（固体、液体、気体）を意味している。無体物（電気、熱、光などのエネルギー）は物には含まれないし、また精神的産物ないし無体の権利（発明、意匠、著作物など）も物ではないとされている。かつて大審院は、引込用電線を使って無断で電流を引流して発動機を回すという、いわゆる盗電事件について、窃盗罪の適用があるか否か問題となった際に、電気も可動性と管理可能性を有するから、刑法上の「他人の財物を窃取した」（刑235条）にあたるとして有罪としたことがあった（大判明治36・5・21刑録9輯874頁、なお現行刑法245条参照）。

3 権利の客体としての物の通有性

　有体物であっても、権利の客体となりうるためには、支配可能性、独立性、非人格性などの要件を備えなければならない。

　有体性　前述のように固体・液体・気体などの物体・物質でなければならない。電気・熱・光などのエネルギーは物体ではなく、したがって物ではない。刑法はこれを「財物ト見做ス」（刑245条）として盗電問題を立法的に解決した。民法上でも、有体物の概念を管理可能性（ないし排他的支配可能性）およ

び可動性に求めて、エネルギーにまで拡張して解釈する学説もある。しかし、有体物の通常の観念からあまりにも離れた概念規定は望ましくない。しかも近代民法において、物に有体性が要求されるのは、そのことによって当該の物が全体として1つの所有権の客体となり、排他的に処分可能となるためであるから、エネルギーや精神的産物を保護した特許権や著作権などの客体たる無体物（発明や著作）に有体物と同一の所有権客体性を認める必要はないであろう。これらはじっさい物と異なった法的取扱いをうけている。

　　排他的支配可能性　　有体物であっても、太陽や星のごとき天体は支配不可能である。私的所有権の客体たる「物」とはいえない。逆に、空気や海洋のように誰でも使用可能であり利用できるもの（排他性がないといえよう）も「物」ではない。しかし、容器に入れた自然水や南極の氷がスーパーで売られるように、排他的支配可能性を備えれば、もちろん「物」となる。また、海洋でも一定範囲を区画して一定の排他的支配を可能にすることもできる（ただし、所有権の対象とはできない。漁業権の対象とすることはできる）。

　　非人格性　　人を全人格的に権利の客体としえないことについては、すでに述べた。人体の一部が人体から切り離されたときに、権利の客体となりうることについても同様である。

　　独立性　　その物が他の物から区別されうる独立性を備えていなければならない。つまり1個の物であることが必要である。ただし、厳密に物理的形状についていうのではなく、社会的観念によって1個の物と判断されうればよい（一筆の土地の一部の取引に関する大連判大正13・10・7民集3巻476頁。栗尾山林事件）。したがって、①物の一部は独立の権利の客体たりえない。1つの物には1つの所有権しか成立しないといわれる（一物一権主義）。②多数のものが集まって形体上1個の物として構成されている物（1冊の本、単一物）、また各構成部分になお個性があって結合しているとみられるもの（宝石入り指輪、合成物）であろうと、社会観念上、1個の物とみなされるならば、それでよい。③多数の物が集まって物理的に結合していないが、経済的には単一の利用価値のあるものが取引上一体として扱われることがある。これを集合物という（図書館の蔵書、工場の建物・機械と土地一式など）。集合物は民法上はまだ物とはいえない。特別法によって特殊な公示方法が講ぜられたものに限って、その範囲で

物権の客体とされている（工抵14条、鉄道抵当法2条、鉱業抵当法1条・3条、立木法1条・2条など）。集合物を1個の取引客体と認める必要性は、今後ますます増大するであろう。

海面下にもなる干潟については、最判昭和61・12・16民集40巻7号1236頁参照。

Ⅲ—物の分類

物については種々の分類が考えられる。民法総則が規定する3種の分類のほか、他の理論的観点から、融通物・不融通物、可分物・不可分物、消費物・非消費物、代替物・不代替物、特定物・不特定物などの区別がある。総則の3分類の定義的説明にとどめる。

① 不動産と動産

この区別は民法上最も重要なものとされている。この種の区別自体は古くから存在したといわれている（例えば、ローマ法の手中物・非手中物の区別）。両者の性質、価値、利用方法などの相違に着目して法律上（特に物権法上）異なった取扱いがなされている。一例をあげれば、不動産は一義的に重要な動産と同一に扱われ（13条1項3号）、公示方法または対抗要件として不動産にあっては登記、動産にあっては引渡しとされ（177条・178条）、動産取引には公信の原則を認めるも（192条）、不動産にこれを認めないなどである（そのほか時効取得について162条2項）。

(1) 不 動 産

民法は不動産を「土地及びその定着物」と定義づけた（86条1項）。

① 土 地　土地とは、地表を中心として、正当な範囲でその上下に及ぶ立体的存在である（207条）。地上の空間、地中の土砂、地下水なども土地の一部をなす（ただし、鉱物〔鉱業法2条・3条〕、温泉〔温泉法3条・9条〕などが除外されることもある）。

土地は切れ目なく連続していて一区画に性質上の区分をすることができない

から、人為的、観念的に区分し、一筆毎に地番をつけて、個数を決め、識別の標準としている（不登15条・78条以下）。それゆえ土地の個数をふつう「一筆」「二筆」と数える。一筆の土地の一部ないし多数の筆にまたがって所有権が成立しうるかについては、これを肯定している。一筆の土地の一部について判例は時効による所有権取得を認めている（大連判大正13・10・7民集3巻509頁。孫左衛門塚事件）。

　② **土地の定着物**　①　定着物とは、継続的に土地に固着し、しかも固着して使用されることがその物の取引上の性質と認められるものをいう（最判昭和37・3・29民集16巻3号643頁）。一般に、建物、樹木、石垣、敷石、沓脱石、溝、人工池などは定着物に属するが、仮小屋、建設用足場、仮植中の樹木などはなお移動が容易なので定着物とはみなされない（大判大正10・8・10民録27輯1480頁）。機械なども大規模な基礎工事によって土地に固着されると定着物になるが（大判明治35・1・27民録8輯77頁）、コンクリートの土台にボルト・釘などで固定された程度では定着物とはされない（大判昭和4・10・9新聞3081号15頁）。同様に、土地に土砂を盛って石油タンクを置いた程度でも定着物ではない（最判昭和37・3・29〔前掲〕）。石灯篭、手洗鉢、五重塔などは具体的状況によって定着物とされたり、されなかったりする。

　②　定着物の中には、土地とは別個独立の取引の対象となるもの（独立的定着物）と土地に従属していてその構成部分をなしていると解される（従属的定着物）ものに分かれる。独立的定着物の代表は建物であって、土地とはまったく別の独立の不動産とされる。このような扱いは日本独自のもので外国の法制ではみられない。建物には土地とは別に公示方法として登記の制度が定められている（不登法14条）。建築中の建物がいつから土地とは別個独立の不動産とされるかといえば、判例によって、屋根、囲壁ができ、雨露がしのげる程度に至れば、天井や床が張っていなくとも独立の建物とみてよいとされている（大判昭和10・10・1民集14巻1671頁。ただし非住宅用）。建物の個数は原則として1棟ごとに登記されるところから1棟1個と数えられるが、マンションのような集合住宅や長屋のごとく独立した居住空間が認められるときには、それが個数となる。つまり社会観念によって決せられる（不登15条・91条、建物の区分所有に関する法律1条など参照）。

③　建物のほか、立木法（りゅうぼく）によって登記された、樹木の集団も独立の不動産とみなされる（立木に関する法律１条・２条、但し、この登記はほとんどなされていないとのことである）。これ以外にも１個の樹木や個々の取引価値のある樹木でも、明認方法（木の皮を削って氏名を墨書したり、立札を立てたりして所有権を明らかにすることによってなされる、慣習法上認められた公示方法）を施すことによって独立の不動産とみなされる。この明認方法は、樹木のみならず、収穫前の果実、稲立毛（いなたちげ）、桑葉などにも用いられる。

④　上記以外の定着物は、その定着する土地の一部と考えられ、土地とは別個独立の不動産とはなりえない。

(2)　動　　産

民法は不動産を土地およびその定着物とし、動産を「不動産以外の物は、すべて動産とする。」と定義づけた（86条２項）。

不動産以外のものをすべて動産として、いわば消極的に定義したわけである。ただし動産のうち、船舶、航空機、自動車など登記・登録によって公示されるものは、実際の取引上、ほとんど不動産と同じく扱われる。また貨幣（お金）も定義上は動産であるが、他の動産と異なり、価値の尺度として機能するものであって、所有と占有とは常に一致すべきものと考えられ、動産に関する規定（例えば192条以下）は適用されないと解されている。

無記名債権は動産と「みな」されていた（旧86条３項）。無記名債権とは、無記名小切手、商品券、乗車券、劇場入場券のように債権が証券（という紙片）に化体された債権のことである。これは、券面上債権者の氏名は記載されず（債権者を特定していない）、証券を持参するものがすなわち権利者とみなされる。無記名債権も債権にちがいないから、これを譲渡するときは、本来なら債権譲渡に関する規定に服すべきで、原則として通知・承諾により（467条）対抗要件を取得すべきだが、証券に化体した債権として動産と同じく引渡し（178条）が対抗要件とされていた。しかし平成29年改正法によって、無記名債権に関する86条３項は削除された。そして民法第３編債権第１章総則に第７節有価証券が創設され、その第４款を無記名証券と称し520条の20によって、その譲渡は証券の交付によって効力を生ずることになった。証券の交付が効力発生要

件に変わったわけである。注意してほしい。

②　主物と従物

　独立した２個の物の間に経済的・用益的に効用を補い合っている場合がある。例えば、時計と鎖、羽織と紐、船と櫓、母屋と納屋、家屋と畳・建具、工場と機械などがそれであり、前者が主物で、後者が従物という主従的結合関係を保っている。このような結合関係は無理に切り離さない方が効用を全うさせることになるので、民法は従物は主物の処分に随うことにした（87条２項）。

　要件として、①従物が継続的に主物の常用に供せられていること、②両者が同一の所有者に属すること、③両者が独立性を維持していること、以上の３要件が必要である。ただし、主物・従物ともに動産たると不動産たるとを問わない。従物の法律的運命は主物のそれに随う結果、主物が譲渡されたなら、明示の特約なき限り、従物も移転するし、対抗要件は主物にのみ存すれば足り、従物には備わる必要はない。建物に抵当権が設定された場合、その設定当時から建物の常用のため附属している債務者所有の動産（従物）にも抵当権の効力が及ぶとされている（大連判大正８・３・15民録25輯473頁）。ただし、抵当権設定後に附加された従物にも抵当権の効力が及ぶかは争われている。判例は否定的である。学説は、民法370条の「付加物」には従物も含まれると解し、判例と対立している。

③　元物と果実

　ある物から生ずる収益を「果実」といい、果実を生み出す元になるものを「元物」という。果実には天然果実と法定果実とがある。

(1)　天然果実

　天然果実とは、文字どおり、元物を自然の用方に従って収取しうる産出物のことである（88条１項）。果物、動物の仔、牛乳、羊毛、畑の野菜、卵、鉱山の鉱物などがその例である（最判昭和35・11・29判時244号47頁参照）。天然果実は、元物から分離していない間は元物所有権者の所有であるが、元物から分離して独立の動産となったとき、その所有権は当然に収取権者に帰属する（89条１

項)。この収取権者が具体的に誰であるかは、物権法の規定や契約によってきめられる。元物所有者（206条）、善意占有者（189条1項）、地上権者（265条）、永小作権者（270条）、賃借人（601条）などがそれである。

(2) 法定果実

　法定果実とは、元物の使用の対価として受けるべき金銭その他の物をいう（88条2項）。金銭、土地、建物などの貸借使用の対価である利息、地代、家賃などがそれである。利息の元になるものを特に元本（がんぽん）という。法定果実は「これを収取する権利の存続期間」に応じて「日割計算によりこれを」取得する（89条2項）。賃借人に建物を貸して家賃を取得している家主が、月の半ばに家屋を他の人に譲渡したならば、旧家主と新家主は日割で家賃を分配することになる。当事者間で別段の意思表示があれば、これに従う。誰が収取権者であるかは他の編の規定と契約によって決まる（557条1項・579条など参照）。

第3章
法律行為

1 法律行為と意思表示

I―法律行為とは何か

1 法律行為と私的自治

1　まず日常生活から考えてみよう。サラリーマンならば、朝、わが家で妻の
つくった朝食を食べたのち、電車に乗って、勤務先の会社に赴き、午前中の仕
事をするうち正午になり、会社内食堂か会社外のレストランに行って昼食をす
ませ、同僚と談笑したのち、午後の仕事にとりかかる。得意先に外交にいくた
め、タクシーを利用し、用談をおえてもどり、書類その他の整理のうえ、退社
して自宅へと向かう。ざっとこんな生活の繰り返しであろう。この生活には、
ふだんサラリーマンは意識していないだろうが、じつは法律関係が網の目のよ
うに張りめぐらされているのである。若干をひろいあげると、彼は妻とはいつ
夫婦になったのか。結婚したからである。結婚とは何か、まさに両性の合意、
すなわち夫婦になろうという契約（身分行為）にほかならない。電車にはただ
で乗るのだろうか。そうではない、運賃を支払うのである。これは電鉄会社と
彼が電車によって一定の料金で一定の目的地まで運ぶという合意、すなわち運
送契約（旅客）が結ばれているのである。タクシーに乗るのも同様である。会
社にはどうして入社したか。給料をもらって働いているのであろう。これは民
法では雇用と呼ばれ、労働法上は労働契約と呼ばれている。また、食堂やレス
トランでの食事は飲食契約がなされているのである。帰路、彼が子どものため
にお土産を買えば、ここでは売買契約を締結したことになる。

　以上のように、婚姻・運送・雇用・労働・飲食・売買などはみな「契約」と
いう法律行為なのである。それぞれの契約における彼とその相手方は契約当事

者と呼ばれ、彼はそのものとの間に法律行為によって法律関係を形成しているのである。もちろん、法律行為は契約のほかにも、遺言または契約の取消し・解除のように、一方的な意思の表示による「単独行為」、さらに団体設立行為のように団体設立という同一方向の多数人の意思表示の合致によって成り立つ「合同行為」などもある。

2 このような法律行為は、よくみると、行為者の意思の表示が問題となっている。まず一方が「申込み」をし、他方がそれに応えて「承諾」をしている。契約はこの申込みと承諾という2つの意思の表示から成っている。契約における申込みと承諾、合同行為における一人ひとりの行為、これを「意思表示」という。単独行為は、1つの意思表示だけから成る。だから法律行為とは、意思表示という法律事実を主たる構成要素とするところの、意欲された法律効果を発生させる法律要件といえる（法律行為は意思表示だけから成るとは限らない。質権設定契約や消費貸借契約は目的物の引渡しを要する〔344条・587条〕など）。

3 法律行為や意思表示制度の基礎にある原理を「私的自治の原則」という。われわれは自分のことは自分で決定すべきだ（自己決定）、自己決定しうる意思があるからこそ、それが可能であり、自己の意思で決定するがゆえにそれに拘束され、義務づけられてよいのであると考える（自己責任）。この自己決定の原理の私法上の発現が私的自治の原則である。この原則は、個人の人格が尊重されないところにはありえないから個人主義思想に根ざしている。その意味で近代社会の原則であり、超歴史的に存在したものではない。個人の人格の自由な発現は、自己の意思に従って自由に法律関係を形成しうることを認める、法律行為・意思表示の制度を要請するのである。私法関係の形成は主に契約であるから、私的自治の原則は契約自由の原則において開花し、その内容が実現される。

＊法律要件と法律効果

1 法律要件と法律効果
　① 権利（義務）は一定の要件に基づいて変動する（発生・変更・消滅）。
　法律要件とは、権利変動（法律効果）の原因たる法律上の要件のことをいう。私法法規は、一般に、一定の法律要件があれば、一定の権利変動を生ずるという命題の形で存在する。一例をあげれば、他人の権利を侵害すれば、損害賠償義務が生ずる旨を規定する民法

709条を見ればよい。それは、他人の権利を侵害する行為すなわち不法行為を法律要件として、被害者に損害賠償請求権を付与するという法律効果を発生せしめる。それゆえ、法律効果とは、民法上、法律要件を原因として生じる権利義務の変動のことをいうのである。法命題は因果関係の形式（〜があれば、〜が生ずる）をとるが、自然法則とは異なり、自明的に明白ではなく、（自然法則ならば、雨が降れば、濡れる）、裁判に際して条文の意味を解釈しなければならない（何が権利の侵害となるか、被害とは何かなど）ものである（実在ではなく、法目的達成のための法技術である）。

　②　私的自治の原則が支配する近代法においては、最も重要な法律要件は法律行為である（四宮『民法総則〔第4版〕』139頁）。売買のように、当事者が一定の法律効果（所有権の取得と代金の取得）を意欲してその意思を表示したことに基づいて、その意欲どおりの法律効果が発生することを認められる法律要件だからである。

2　法律要件と法律事実

　法律事実とは、法律要件を構成している要素たる事実のことをいう。「要件事実」ともいう。不法行為という法律要件における主要な法律事実は、他人の権利の侵害と加害者の故意過失であり、法律行為たる売買契約という法律要件においては意思表示（売りたいという申込みと買いたいという承諾）が主要な法律事実である。それゆえ法律行為とは、意思表示（法律事実）を不可欠の構成要素とするところの法律要件であるといえる。

3　意思表示と法律行為との関係

　一定の法律効果を意欲した意思を外部に表示する意思表示が含まれていなければ、法律行為とはいえないが、意思表示のみがあれば、それだけで効果が生ずるわけではない。

　表意者の真意を最も重んずべき遺言でも、意思表示のほか、一定の方式に従わなければならないし、相対立する利害をもつ契約当事者のある場合には、買いたいという意思表示と売りたいという意思表示（申込みと承諾）とが内容において機能的に一致したとき、すなわち売買契約という法律行為に統合されたときに、はじめて法律効果を生ずるものである。さらには、意思表示のほか、目的物の引渡しを必要とする、いわゆる要物契約（例えば、使用貸借・消費貸借・質権設定契約など）においては、目的物の引渡しがなされない限り、法律行為は効力を生ずることはないのである。

4　法律事実は、大きく、容態（人の内面的心理を含む行動の全体をいう）と事件（人の行動とは無関係な、客観的な事実の生起をいう）とに分かれる。

② 法律行為の内容が不明確な場合

　法律行為の内容が常に明確であるとは限らない。それを明確にする操作を法律行為の解釈という。法律行為は意思表示によってなされるから、解釈とは表示の意味内容を明らかにすることである。表示にもたらされない一方の表意者の内面にかくれた意思を探究するのではないといわれている。表示は社会的に一定の意味をになっているのだから、表示のなされた具体的な諸事情を考慮して意味を定めなければならない。第1に、当事者が当該行為によって達成しようとしていた目的が何であったかを考慮すること（建物を所有する目的のために

土地を借りたのに、存続期間１、２年と定めた場合、これを地代据置期間と解釈する）。第２に、両当事者に共通する慣習に従ってなされる（92条）。慣習に従うことを表示者が排除しない以上、表示の意味を確定するために慣習が考慮されるのはあたりまえといえる（表示の意味の社会性）。第３に、成文法規が意思表示の欠陥を補う（違約金は賠償額の予定と推定される〔420条３項〕など）。

　以上によって明らかにならない場合は、「条理」にしたがって判定される。ドイツ民法は、「契約は取引上の習慣を考慮し信義誠実の要求にしたがい解釈されなければならない」（ドイツ民法157条）と定める。信義誠実の原則は法律行為の解釈にも妥当するのである（１条２項）。

③ 法律行為が法規にふれる場合

1　法律行為はわれわれが意欲したところのものを法がその実現のために助力してくれるものであるから、法は、その本来の目的からみて、援助したくともしえないもの、援助することを欲しないものは、たとえいったん成立した法律行為でもそれに効力を与えるわけにはいかない。法律行為の内容が解釈によって確定しえない場合や実現が不可能な内容の法律行為（焼失したのちの家屋の売買など）は法律効果を認めても無意味だから、無効とされる。法律上、より重要なのは、内容が不適法な場合である。法律行為が「公の秩序」に関する規定に違反するならば無効である。民法91条が「公の秩序に関しない規定」と「異なる意思」を表示したときは、その「意思に従う」と定めているから、「公の秩序に関する規定」に反すればだめである。これを強行規定（行為者の意思によって排除することができない）といい、公序に関しない規定を任意規定と呼ぶ。つまり、法律行為の内容は当事者の意思表示によって自由に定めることができるが、強行規定に反する場合は無効となる（法律行為自由の原則）。

2　強行規定であるか否かは、法規が明言している場合は別として（175条、借地法11条、借家法６条など）、結局は各規定の立法趣旨を考慮して決める以外にない。おおざっぱにいえば、基本的な社会秩序に関する規定（親族法、相続法、物権法の一部）、私的自治の前提に関する規定（法人格、行為能力、意思表示、法律行為の効力に関する規定）、取引の安全を保護する規定（物権法の大部分、表見代理の規定）、画一的に処理しようとする規定（時効の規定）、経済的弱者保護の規定

（多くは強行性が明示されている。前例のほかに349条、恩給法11条、利息制限法）など
が強行規定である（債権編の規定はおおむね任意規定である）。このほか行政取締
上の立場から一定の行為を禁止・制限し、これに反する者を処罰するところの
取締規定がある。処罰されるからといって行為が無効になるとは限らない。し
かし、私法上も無効とするものもある。それぞれの取締規定について、強行規
定性を兼有するか否かを検討しなければならない。それが禁止・制限する理由
と、無効とされた場合に与える第三者への影響を比較衡量して決することにな
る。

＊脱法行為

　　強行規定によって禁止されている法律行為と実質的に同様の効果を生じさせる他の法律
　行為を行うことによって、当該強行規定の禁止を回避しようとすることを脱法行為とい
　う。例えば、恩給法11条は、かつて、恩給請求権を譲渡したり、担保に供することを禁止
　していたが、この適用を避けるため、債務者（借主）が債権者（貸主）に恩給証書を預け
　て恩給の受領を委任し、債務が完済されるまでは委任を解除しないと特約するような場合
　のことをいう。
　　判例は上記のような恩給受領委任を恩給法11条の脱法行為とみなして無効であると判示
　している（大判昭和7・3・25民集11巻464頁）。したがって、債務者はいつでも委任の無
　効を主張して債権者から恩給証書を取り戻すことができる。動産譲渡担保契約は、流質禁
　止（349条）、質権設定契約の要物性（344条）、質権設定者による代理占有の禁止（345条）
　の諸規定を脱法する行為ではないかとの疑いが濃いけれども、判例は、これを有効としてい
　る（大判大正6・11・15民録23輯1780頁）。社会的需要の合理性を考慮したからであろ
　う。

④ 法律行為が公の秩序・善良の風俗に反する場合

　困っているなら金を貸そう。しかしもし期限に払えなければ、お前の体のど
こからでも肉1ポンドを返済の代わりに提供せよという、強欲な高利貸がいた
としよう（シェイクスピア『ヴェニスの商人』）。昔ならいざしらず、近代法の下
でこのような内容の契約は、たとえ明文の強行規定に反してはいなくとも、民
法90条の公序良俗に反して無効とされるのである（イェーリング／日沖憲朗訳
『権利のための闘争』〔岩波文庫〕81頁）。民法90条が「公の秩序又は善良の風俗に
反する法律行為は、無効とする。」と明規している。改正前は「反する事項を
目的とする」法律行為となっていたが、平成29年改正法によってわかりやすく

なった。

　「公の秩序」は社会の一般的秩序、「善良の風俗」は社会の一般的道徳観念を意味するといわれており、両者を区別せずに社会的妥当性と理解されている。法律行為の内容が全体として是認しえない反社会性を有している場合、これを無効として法律上保護を与えないことにしているわけである。ヴェニスの商人のような話は今ではありえないと考えるのは早計である。金によって他者の人格・身体を拘束すること（人身売買など）は今でもある。親が芸者置屋に娘を売るかわりに、抱主から前借金を受け取り、娘を年季奉公として芸娼妓として働かせ、働いて得た収入から前借金の弁済にあてるというやり方である。年季途中で娘が逃げ帰ると、抱主はまず残りの年季を働け、ついで貸した金を即時支払えと請求する。裁判所は明治以来、動揺してきたが、最高裁において、金銭の消費貸借と芸娼妓稼働契約とは密接不可分であって、全体として無効であると判示するに至った（最判昭和30・10・7民集9巻11号1616頁。前借金無効判決事件）。

　こうした契約は、人格の尊厳を軽視するものとして効力をもちえない。そのほか性道徳に反する妾契約、社会倫理に反する賭博契約、悪事をする契約、村八分、入札における談合行為なども公序良俗に反して無効となる。さらに、他人の無思慮、軽率、窮迫、無経験に乗じて不当な利益を得る行為、すなわち、暴利行為なども、社会的・経済的強者による弱者の不当な圧迫として無効となる。

＊準法律行為

　法律行為と似てそれと異なるものに準法律行為がある。法律行為は意思表示を中核とするから、これは意思表示に似て非なるものということになる。意思表示は、意思（意欲）の表示でなければならない。次に、意欲したがゆえにそのとおりの効果が認められるというものでなければならない。例えば、「宥恕」（旧民法814条2項）は感情の表示だから意思表示ではない。社員総会の招集の通知（62条）や債権譲渡の通知（467条）はある事実についてもっている観念（認識）の通知だから意思表示ではない。債務者の弁済を促す行為（催告）は弁済せよとの意思の通知だが、意欲どおりの効果（弁済）が生じるのではなく、意思とは関係なく、催告の効果として時効の完成猶予（150条）、履行遅滞（412条3項）、解除権の発生（541条）が生ずるので意思表示ではないといわれる。「感情の表示」、「観念の通知」、「意思の通知」を総称して準法律行為という。法律行為の規範は、原則と

して準法律行為にも類推適用してよいといわれている。

＊＊暴利行為

　暴利行為とは、相手方の窮迫、軽率または無知に乗じ、自己のした給付に比し著しく不相当な財産的利益の供与を相手方と約束し、または相手方をして現実に供与させる法律行為（契約など）をいう。暴利行為は、経済的強者が弱者を一方的に搾取するのを防止するために、法律上無効とされている。ドイツ民法138条２項は明文で暴利行為を無効であると規定している。日本の民法には明文の規定はないが、民法90条には「公の秩序又は善良の風俗に反する法律行為は無効とする。」と定めており、暴利行為も「公の秩序又は善良の風俗」（ちぢめて公序良俗という）に反する行為であると解されている。

　近代市民法は、法の下の平等の原則、私有財産尊重の原則と並んで私的自治の原則を最も基本的な指導原理としている。私的自治の原則とは、市民相互間においては自己の意思に従って自由に法律関係を形成することができ、それゆえに自己の意思決定行為には責任を負わなければならないという思想のことであり、この原則の具体的制度として、民法は「公序良俗」ならびに「強行法規」に反しない限りどのような内容の法律行為（契約）でも自由に行うことができるという法律行為自由の原則（契約自由の原則ともいう）を認めている。

　「公序」とは国家社会の一般的秩序をいい、「良俗」とは社会に広く通用している一般道徳観念ないし倫理観を指しており、両者をまとめて「社会的妥当性」といわれている。それゆえ、法律行為は社会的妥当性に反するならば無効であり、反しない限り有効である。

　「公序良俗」に反する行為は大きく２つに分かれる。１つは、その内容自体が社会的にみて妥当でないもの。例えば、賭博行為、麻薬取引や請負における談合行為のように、犯罪となる行為とか妾契約のような一夫一婦制に反する行為などである。２つは、行為それ自体は必ずしも社会的妥当性に反していないが、動機が不法な行為（密輸のために金を借りる）と暴利行為である。ある行為が暴利行為として「公序良俗」に反すると評価されるためには、①相手方の窮迫、軽率または無知に乗じている（つけこんでいる）こと、②当事者間の給付内容が財産的にみて著しく不均衡である（法外な利益の取得を目指している）こと、という２つの要素が含まれていなければならない。

　これまで裁判所によって暴利行為と認められた代表的なものは、借金の弁済のため数倍もする不動産の提供をあらかじめ約束する代物弁済予約、さらにクラブの経営者が優越的地位を利用して不当な利益を得るためにホステスに顧客の未払金を引き受けさせ苛酷な責任を負わせる連帯保証契約などであり、いずれも無効とされている。なお、高利貸が不当な高利をむさぼることは暴利行為にはちがいないが、高利取締りのためには利息制限法が制定されているので、それによって無効となる。

Ⅱ—意思表示

⾵1 意思表示の意義・効力

⑴ 意　　義

1　一定の法律効果を意欲してなす意思の外部への表示を意思表示という。例えば売買ならば、売主が買主に「これを代金〇〇円で売りたい」（申込み）といい、買主が売主に「いいですよ。これをその値段で買いましょう」（承諾）と答える。この「売る」「買う」という意思の表示を「意思表示」というのである。売主と買主の意思が合致すれば、売買契約という法律行為ができあがり、売主の所有権（財産権）の移転義務と買主の代金支払義務とを発生させる（555条）。この例でもわかるように、この意思表示が法律行為の主たる構成要素となっているのである。売買は、「申込み」と「承諾」という相対立する２つの意思表示だけからなっている。だから、法律行為と意思表示は、その効力が問題とされるとき、時として明確に区別されずに互換的に用いられたりするのである。

2　さて、人が意思表示をする場合、例えばダイヤの指環を買おうとする場合、まず婚約者に贈りたいとか、自分で高価なものをはめて人に見せびらかしたいとかいう動機をもっているのが普通である。この動機に導びかれて、次に陳列されているもののうちから特定のダイヤの指環を買いたいと思う（効果意思）。そしてその意思を相手に伝達しようとする意思（表示意思）を経て、最後に店の店員にこの指環を買いたいと口頭で伝える（表示行為）。

　このように、意思表示を表意者の内面の意思に即してみていくと、動機→効果意思→表示意思→表示行為という過程をたどっていることがわかる。このうち、意思表示の成立には、効果意思・表示意思・表示行為が必要なのであって、動機は、意思表示の要素となりえないと考えられている。なぜならば、動機は、上にみたように指環を買う人の内心の意図やそのおかれた事情などにより千差万別であり、各人各様である。しかも、本来、動機は内奥にとどめられるものであって、それに何らかの法律効果を付与しようとする対象にはなりえないものであるからである。特定の指環の売買で、買主が婚約者に贈りたいと

考えていたか否かは売主にとってはどうでもよいことであり、当事者双方にとって法律的に意味があるのは、買主のあなたからこの物をこの代金で買いたいとの意思（効果意思）と売主のあなたにこの物をこの代金で売りたいとの意思（同じく効果意思）であり、これは、買主において「指環の所有権の取得」のみが、売主においては「指環代金の取得」のみが法律的に意味のある関心事にほかならないことを意味している。

(2)　効　　力

　意思表示がこのようなものだとすると、それは決定された効果意思が正しく表示行為にもたらされることが重要であり、もし何らかの事情でこの効果意思と表示行為とが一致しなければ、意思表示としては完全ではなくなる。

　また、効果意思と表示行為はたしかに一致してはいるが、効果意思を決定する際に表意者の自由な意思決定によらず、他者から不当な干渉や圧迫があったりしても健全な意思表示とはいえない、と考え、これらの問題を一定の理論に従って一貫した処理をしようとするのが意思表示理論である。わが民法は、前者を「意思の不存在（意思の欠缺）」と称し（101条）、原則としてこれを無効とし、心裡留保・虚偽表示をこれに含めた。そして、後者を「瑕疵ある意思表示」と称し（120条）、その効力を取り消しうるものと定め、詐欺と強迫のほか、今回の改正によって錯誤を含めて分類している。効果意思は、自己決定に従って自由に決定されることが必要であり、決定された効果意思は正しく表示行為にまでもたらされなければならない。意思と表示とは本来一致することが、その性質上強く要請されるのである。

② 意思主義と表示主義

1　意思表示の成立や効力の規定の仕方をめぐって、意思主義と表示主義とが対立している。意思表示は、効果意思・表示意思・表示行為の3つから成立していると観察し、もしそれらの相互にくいちがいがあれば、意思表示は完全ではないと考えるのが意思主義の立場である。意思表示の3つの要素のうち、効果意思を最も重要とし、それが法律効果発生の根拠であると考える。

　これに対して、法律効果を欲する意思の表示たる価値（表示価値）ある挙動

があれば、意思表示として十分だとする、表示行為に重きをおく立場を表示主義という。この面では、民法は、意思の欠缺と瑕疵ある意思表示とを区別し、前者を無効、後者を取り消しうるものとして効果を異ならしめていて、意思主義を基調としているというべきであろう。しかし、意思を欠く表示を原則的に無効としつつも、表意者が自ら意識して意思なき表示をする場合に表示どおりの効果を与える（93条）など、意思主義における自己決定と自己責任の原理の調和を図っている。

2　意思主義と表示主義は、改正前には「意思の不存在」とされていた錯誤理論において鋭く対立する。意思主義によれば、錯誤は無意識的意思の欠缺、すなわち表示に相応する効果意思の欠如の場合であるから常に無効である。これに反し動機の誤りは、効果意思の形成される前段階の心理状況にすぎず、いかなる意味においても意思の欠缺をもたらすものでないから、錯誤法上、顧慮する必要はいささかも存在しないということになる。

　他方、表示主義は次のように説く。意思表示も1つの社会的行為である限り、人はみな表示を信頼して、それが真意に基づくものであると仮定してそれに対応する行動をとるのである。外部から見ることのできない表意者の内心の意思が欠けるからといって、表示を信頼した者に責任を転嫁することは許されない。意思の欠缺を惹起せしめた者が表意者である限り、その責任は表意者自ら負うべきであり、したがって、意思表示は、原則として有効として取り扱われるべきである。しかし、表示を善意・無過失に信頼した者だけを保護すればよいのであるから、悪意・有過失者に対しては、意思表示を無効として妨げない。すなわち、錯誤の効果は取り消しうるものとする方が妥当である。意思の有無を問題としない以上、動機の錯誤を意思の欠缺ではないとの理由だけで保護を拒否すべきではなく、表意者の動機あるいは意思の内容が相手方に認識可能である場合にのみ保護を与えるなどの要件をたてて、意思の欠缺をもたらす錯誤と同様に顧慮されるべきである。表示主義によれば、錯誤に関する民法95条は、表意者に重過失がある場合を除いて「無効」とし、相手方や第三者を十分に顧慮していない点で意思主義に偏っていると批判されている。

3　概括的にいえば、意思主義は表意者の真意を重んじ、いわゆる「静的安全」を保護しようとする。表示主義は相手方または第三者の保護を重んじ、い

わゆる「動的安全」すなわち取引の安全を保護しようとする（しかし理論としては、意思主義が優れており、表示主義はアンチテーゼとしての価値しかないというべきである　）。

4　平成29〔2017〕年の改正によって、95条の錯誤の規定内容が大きく変わり、錯誤は「無効」ではなく、「取り消しうるもの」（取り消すことができる）となった。理論的に問題があり、私見としては改正に反対である。

Ⅲ──意思の不存在（意思の欠缺）

　意思の不存在（101条）とは、意思と表示の不一致のことであり、より正確にいうならば、相手方によって表示（行為）から推断される効果意思と表意者における内心的効果意思とがくいちがっていることである。これには、心裡留保・虚偽表示・錯誤の3態様があるが、心裡留保と虚偽表示は意識的意思の欠缺、錯誤は無意識的意思の欠缺である点が異なっている（ただし錯誤が取り消しうるものとなったことは前述した）。

1 心裡留保
（1）　意　　義
　心裡留保とは、表意者が、「真意ではないことを」を知りながら、あえて虚偽の表示を行うことである（93条）。心のうち（裡）に本当の意思を留保するので、この名前がつけられている。心裡留保の実際の例は少なく、冗談でやる気もないのに「時計をあげよう」などという場合に生ずる（平成29年の改正により93条は1項のほか2項が追加された）。

（2）　効　　果
　この場合、表意者は自分で知っていて虚偽の言を用いているのであるから、表示に対応する意思が欠けていても、表示どおりの効果を生ぜしめられ、その「効力を妨げられない」（93条1項本文）のである。
　ただし、相手方が表意者の真意（内面的効果意思のことをいう）を知っていたり、知りえた場合にまで相手方を保護する必要はないので、そのときの意思表

示は無効となる（93条1項ただし書）。つまり、表示を信頼し取引に入った者に対しては、意思を欠く表示でも、表意者は自ら知ってなしたものだから有効となり、表示どおりの効果が生じるが、相手方が表意者の真意を知りえた場合なら、原則に立ち返って無効として取り扱うということである。しかし、93条本文が普通の場合を想定して規定しているので、相手方が表意者の真意を知っていた、または知りえたということは、表意者の方で主張・立証しなければならないであろう。

　また心裡留保の相手方から目的物を譲り受けた第三者が現れたりしたら、表意者と相手方との間では無効となっても、意思表示の外形を信頼して取引したこの第三者は、やはり保護してやらなければならない。民法94条2項がこの場合にも類推適用されると考えられていたのはこのためである。この点は平成29年改正によって2項が追加され、前項ただし書きの規定による意思表示の無効は、善意の第三者に対抗することができない、と明定された。

(3)　民法93条の適用範囲

　①　本条は、相手方のある意思表示だけでなく、相手方のない意思表示にも適用される（会社設立行為のような合同行為につき、大判昭和7・4・19民集11巻837頁）。しかし、本条ただし書は、相手方のある意思表示にしか適用される余地はない。株式の申込みについては、商法に規定がある（商175条5項）。

　②　婚姻や養子縁組など、表意者の真意を必要とする身分上の法律行為については、本条は適用されない（最判昭和23・12・23民集2巻14号493頁）。

　③　なお、本条は、本来の意思表示ではない準法律行為についても、可能な限り類推適用すべきであろう。例えば、観念の通知たる債権譲渡の通知（467条）などがそうである。

＊心裡留保の例

　心裡留保の例はめったに生じない。判例上、いわゆる「カフェー丸玉女給事件」（大判昭和10・4・25新聞3835号5頁）のように、客がホステスや女給にドレスを買ってやろうとか、開業資金を出してやろうという場合に生ずるのであろう。さらに判例によれば、民法93条ただし書の類推適用の例として、代理人の権限濫用行為があった場合、例えば、Aの代理人Bが、本来ならばAの利益のために行為しなければならないのに、代金を着服す

るつもりで自分のために代理行為をした場合に、相手方CがこのBの背任的意図を知り、また知らなかったことに過失がある場合には、民法93条ただし書の規定を類推適用して、本人Aは、Bの代理権限内の行為についての責に任じなくてもよいとされている（最判昭和42・4・20民集21巻3号697頁）。しかしBがAの代理人として権限内の行為をしている以上、たとえ自分の利益のためという背任的意図をもっていても、代理意思はあったわけだからこれを心裡留保の一種とみることはできず、むしろ率直に相手方がBの背任的意図を知っていた場合にのみ、本人Aの責任を免れしめるだけで足りるのではなかろうか。この結論を基礎づけるためには、端的に民法1条2項の信義則を適用すべきであろう。

　　カフェ丸玉事件とよく似た事案において、東京高判昭和53・7・19（判時904号70頁）は、93条ただし書を適用して解決している。心裡留保の判例については髙森・岡田「総会屋関係者に対する銀行融資と心裡留保」（関大法学論集51巻6号、52巻6号）を参照。

② 虚偽表示

(1)　意　　義

　虚偽表示とは、相手方と通謀して内心的効果意思と異なる表示を仮装して、偽りの外観を作り出すことである。虚偽表示の例はよくある。例えば、借金の多いBが債権者Aの差し押さえを免れるために、親戚のCに頼んで売買を仮装し、所有権移転の意思がないのに、名義だけをCに移しておくようなことである（平成29年改正によって94条は何も手をつけられなかった）。

(2)　効　　果

①　**当事者間における効果**　　虚偽表示は、売買する意思なくして売買したようにするのだから、当事者の間では無効であり（94条1項）、表示どおりの効果を生じさせないとしている。つまり、虚偽表示によって財産を譲渡して登記したり、物を引き渡したりしていれば、意思表示の無効を主張して登記を抹消し引き渡した物を取り戻したりすることができるのである。

②　**第三者に対する効果**　　①　借金の多いAが、その所有不動産をBに仮装譲渡したあとで、Bがそれを奇貨として何も知らないCに転売してしまった場合にも、AはCから不動産を取り戻すことができるだろうか。常識的に考えてもAは自らの利をはかって虚偽の外観を作出して、意思と表示の不一致という意思表示上の混乱を意識的に惹起したのに対し、Cはそのようにしてつくられた登記などを信頼してBを権利者と思って取引した者なのであるから、Cを勝

たせるべきだと考えるであろう。民法も九四条二項においてこの趣旨を認め、虚偽表示の無効をもって「善意」の第三者に対抗することを得ずと定めた。

② 「善意」とは、A・B間の意思表示が虚偽表示によってなされたものであると知らなかったことであり、「対抗」とは主張することの意味である。

「第三者」とは、虚偽表示の当事者およびその包括継承人（例えば、相続人）以外の者であって、虚偽表示の外形を信頼して新たに利害関係を有するに至った者と解されている。仮装譲受人からさらに譲り受けた者（大判昭和6・10・24新聞3334号4頁）、仮装譲受人の登記を信頼して差押えをした債権者（大判昭和12・2・9判決全集4巻4号4頁）などが含まれる。しかし、1番抵当権が仮装で放棄され、自動的に順位が上昇した2番抵当権者、債権の仮装譲受人から取立のために債権を譲り受けた者（大判大正9・10・18民録26輯1551頁）などは、新たに利害関係を有するに至った者ということはできず、ここでの第三者ではないと解されている。これらの者は虚偽表示の無効が貫徹されても、客観的には何らの不利益も受けないからである。

③ 善意の第三者の範囲　　ここで問題となるのは、(a)善意の第三者が出現した後、この者からさらに権利を取得した者が悪意である場合に、民法94条2項の保護を受けるかということと、(b)虚偽表示の相手方と直接取引関係に立った第三者が悪意であったが、この者からの転得者が善意であるとき、この者も善意の第三者といえるかどうかということである。学説は、いずれも94条2項の保護を受けると主張する者が多い。(a)の場合は、悪意者であっても善意者の地位を承継するからである。ただし、転得者が善意者を「わら人形」のように介在させた場合は保護されないであろう。(b)の場合は、転得者も善意である限り善意の第三者にあたると解するのが相当であると判示されている（最判昭和45・7・24民集24巻7号1116頁）。この場合は、転得者は悪意者の地位を承継するのではなく、直接94条2項の第三者とされるわけである。

＊仮装行為と違法性

刑法96条の2は、強制執行免脱罪を定めている。強制執行を免れる目的で財産を隠匿・損壊もしくは仮装譲渡し、または仮装の債務を負担したりすれば、その者は2年以下の懲役または50万円以下の罰金に処せられる。そこで、虚偽表示によって仮装の譲渡をするこ

とは、この刑法の規定にふれることになり、民法708条が適用されて、給付したものの引渡しを求めることができなくなるのではないかとの疑問が生じる。

　民法708条の不法な原因に基づく給付とは、強行規定もしくは公序良俗規定に反することを意味し、刑法は強行規定の典型としてそれに反する行為は犯罪となるからである。しかし判例は、ほとんどの事例において、民法94条1項に基づく登記名義や給付した物の返還については、708条は適用されないとしている（最判昭和41・7・28民集20巻6号1265頁）。強制執行免脱罪には、仮装譲渡者の債権者を保護する趣旨も含まれていると考えられるから、返還請求を認めることが望ましく、判例の態度は妥当であろう。

(3)　民法94条の適用範囲

①　虚偽表示は、契約について問題となるのが普通である。しかし、相手方のある単独行為（例えば、契約の解除・債務免除など）についても適用される。相手方のない単独行為（例えば、寄附行為・遺言）には、虚偽表示はありえないと説かれる。しかし、共有持分権の放棄や相続放棄などについて、特定の受益者と通謀して虚偽になされたときには、本条を類推適用すべきであろう。さらに、消費貸借や質権設定契約のような要物契約で、目的物の交付がなく、本来無効な行為であっても、善意の第三者を保護するために、本条2項は類推適用されるべきであろう。

②　虚偽表示は、婚姻や養子縁組などの身分行為についてもしばしば行われる。しかし、身分行為の有効・無効は常に行為者の真意の尊重を原則として考えなければならないから、第三者を保護する必要があるとはいえ、本条2項の適用の余地はないと解されている（大判明治44・6・6民録17輯362頁）。

(4)　撤回と隠匿行為

①　**虚偽表示の撤回**　　虚偽表示とても、相手方との合意によって撤回することは認められなければならない。従来、判例は、撤回されると民法94条2項の適用はないとされていたが（大判大正8・6・19民録25輯1063頁。仮装証書撤回事件）、近時、学説の批判を入れて撤回しても外形を完全に除去しない限り、外形を信頼して取引した者は保護されるとするに至った（最判昭和44・5・27民集23巻6号998頁。登記不要判決事件。第三者は善意であればよく、登記を具える必要はないと判示した）。

②　**隠匿行為**　　贈与をする意思で売買を仮装する場合、贈与する真実の意

思はあったわけで、これを隠匿行為という。隠匿行為自体は、当事者間で有効である。

(5) 民法94条 2 項の類推適用

① わが民法は、物権変動（例えば、所有権の移転や質権の設定など）につき不動産と動産とで取扱いを異にし、動産取引には192条で公信の原則を認めたが、不動産取引では、公示の原則（登記をして物権を公示すること）を採用しても、公信の原則を認めていない。公信の原則とは、登記・占有を信頼した者はたとえ登記・占有が虚偽であっても、それを信頼して取引した以上、登記名義人ないし占有者、すなわち無権利者からでも権利を取得できるとするものであって、これによって取引の安全が図られる仕組みである。不動産取引にはこれが採用されていないにもかかわらず、民法94条 2 項は無効な虚偽の登記等を信じた第三者を保護するとしているので、同項は例外的に狭い範囲ではあっても登記に公信力を認めたと同様の機能を果たすことになる。この公信力付与機能に着目して最近の判例は同項の類推適用を積極的に拡大し、第三者の保護を厚くしている。

② 類推適用判例は、大別すると 2 つの類型がある。いま仮装外観作出者または虚偽表示者（真正の所有者）をＡ、登記名義人をＢ、第三者をＣとする。

(a) 仮装の外観の作出・存続についてＡの承認がある場合　最初の判例では、Ａが他人から買い受けた不動産を自分の名義にしないで、Ｂに所有権を移転する意思がなく、Ｂの承諾を得てＢ名義に登記したところ、Ｂが善意の第三者Ｃに転売したという事案においてＣを保護した（最判昭和29・ 8 ・20民集 8 巻 8 号1505頁。虚偽表示者登記面上不存在事件）。Ａ・Ｂ間の通謀の虚偽表示は、登記面上Ａの名前があらわれていないことから、少なくとも外形上は存在していないともいえるので、民法94条の類推適用といわれる。後にＡの承認がある以上、Ｂの承諾の有無は第三者を保護すべきか否かの問題につき重要でないから、これを不要とし、「登記名義人の承諾の有無により、真実の所有者の意思に基づいて表示された所有権帰属の外形に信頼した第三者の保護の程度に差等を設けるべき理由はない」と判示するに至った（最判昭和45・ 7 ・24民集24巻 7 号1116頁。他人名義不実登記事件）。そして建物の所有名義が固定資産課税台帳

上、Bのものになっていることを知ったAがしばらくそれを放置していたにすぎない場合にも、台帳を信頼した第三者を保護するに至った（最判昭和48・6・28民集27巻6号724頁。固定資産課税台帳不実名義事件）。Aの明示の意思に基づく外観の作出から、外観の存続を黙認した場合に拡大され、さらに、単なる放置にすぎない場合にも第三者を保護するということになった。

(b)　Aが承認した以上の外観がBによって作出された場合　Aが融資を受ける目的で、その所有する不動産をB₁に仮装譲渡したところ、B₁はさらにB₂に一件書類を預け、B₂が自分名義に登記を移したうえでCに転売した場合（最判昭和45・6・2民集24巻6号465頁）とか、Bに信用をつけさせる目的で、A所有の不動産をB名義に仮登記することを許したところ、BがAの印鑑を無断使用して本登記に改めてCに処分した場合（最判昭和43・10・17民集22巻10号2188頁）がこの類型に入る。判例は、このような場合、単に民法94条2項を適用するだけではなく、「94条2項・110条の法意に照らし、外観尊重および取引保護の要請に応ず」べきであると判示している。（同旨最判昭和47・11・28民集26巻9号1715頁）。第三者が信頼をおいた外形が、Aが許容した仮装外形の範囲を越えている点に着目して、代理人が代理権の範囲を踰越した場合に代理人と取引した相手方を保護する民法110条の「法意」をも引き合いに出して、第三者に善意のほか「無過失」を要求している。(a)類型よりも(b)類型におけるAの帰責性が稀薄であることに対して、それとバランスを図るために第三者側の保護要件を若干厳しくしたものである。したがって、ここでの「無過失」は、民法110条の「正当理由」の有無を決する際の「無過失」とほぼ同一の機能を果たすことになろう。

　このような判例の傾向に対して、学説はほぼ賛同している。しかし、民法94条2項の類推適用を判例のように拡大してしまうこと（特に110条との併用適用事案）には疑問も感じられる。

　③　なお、近時の学説には、取消しうべき法律行為（場合によっては、無効な法律行為をも含めて）に基づく登記を有効に除去しうるにもかかわらず、それを放置している者は、虚偽表示の作出に準ずると評価して、民法94条2項を類推適用し、この取消しをもって善意・無過失の第三者に対抗しえないと主張しているものがある（これについては後述する）（94条2項の類推適用判例を網羅的に検討す

るものとして、髙森「民法94条2項と民法110条—虚偽表示と表見法理」関西大学法学論集45巻2・3合併号参照)。

③ 錯　　誤

　平成29（2017）年の改正前の錯誤の規定は、95条において、「意思表示は、法律行為の要素に錯誤があったときは、無効とする。ただし、表意者に重大な過失があったときは、表意者は、自らその無効を主張することができない」と定めていて、「意思の不存在（意思の欠缺）」の第三類型としていた。改正民法95条の1項1号「意思表示に対応する意思を欠く錯誤」がこれにあたる。「要素」性については、改正民法は「その錯誤が法律行為の目的及び取引上の社会通念に照らして重要なものであるときは……」と改められている。本書では、改正前の95条の解釈として、多くの判例・学説があり、錯誤理論を理解するためには、改正前民法の解説が不可欠であると思考するので、当分の間このまま残して、最後に平成29年の改正規定について解説をしたいと思う。錯誤による意思表示は改正前の「無効」から「取り消すことができる。」に改められたことに注意してほしい（以下、本文における"改正"は平成29〔2017〕年の改正を指す）。

(1)　意　　義

　心裡留保と通謀虚偽表示とが意識的な意思の欠缺であるのに対し、錯誤は無意識的な意思の欠缺である。判例は「不慮の意思の欠缺」と呼んでいる。いいかえれば、意思と表示にくいちがいのあることを表意者が自覚していない意思表示を錯誤による意思表示という。

　ただし、表意者の錯誤を相手方が認識しているとき（相手方悪意のとき）は、falsa demonstoratio non nocet（虚偽の表示は害せず）の原則が適用され、錯誤は存在しないこととなることに注意しなければならない。

　学説の中には、表示と真意（錯誤がなかったならば有していたであろう意思、すなわち現実の意思ではなく仮定的な意思）との不一致と定義づけるものがあるが、民法は、錯誤をもって表示と内心的効果意思との不一致、つまり「意思の欠缺」（意思の不存在）としていることは明らかであって（101条）、民法95条は錯

誤による意思表示を無効としている。これはドイツ民法第一草案にならうもの
で、現行ドイツ民法自体は修正がなされ、「意思の欠缺」のほかに「取引上本
質的性質の錯誤」（本来は動機の錯誤）をも保護したうえで（ドイツ民法119条）、
効力も「取消し」と定め、さらには錯誤者の相手方に対する信頼利益の賠償責
任も認めている（同122条）。わが民法は、ドイツ19世紀の意思主義的錯誤理論
に立脚しているものとして、近時、表示主義的錯誤理論の立場から激しい批判
にさらされている。両者の立場は、動機の錯誤の取扱いに顕著な差異をみせて
いる（後述）。

(2)　錯誤の態様

　意思の欠缺をもたらす錯誤の態様にはどのようなものがあるだろうか。いい
かえれば、どのような場合に意思と表示がくいちがう錯誤が生じるのだろう
か。これには2態様がある。

　① **表示上の錯誤**　　表示上の錯誤は、表示行為そのものに関する錯誤のこ
とであり、いわゆる誤記・誤談（書き誤りや言いちがいのこと）の類がこれに入
る。例えば、1000円と書くつもりで、うっかりゼロを1つ余計に書いてしま
い、10000円となってしまう場合である（最判昭和54・9・6民集33巻5号630頁。
手形金額誤記事件）。使者に口上を伝えさせたところ、使者が上記と同じように
言い間違えたとしたら（表示機関の表示の誤り）、本人の意思と表示機関の表示
とに不一致をきたすから、やはり錯誤となる。

　② **内容の錯誤**　　例えば、ポンドとドルとは同じ価値だと勘違いして、10
ドル（の価値）で買いたいと言うつもりで10ポンドと言った場合や、ウイス
キーとブランデーとは同じものだと思い、ウイスキーのつもりでブランデーと
言った場合などである。ここでは、表意者は表示に客観的意味とは異なる意味
を与えているから、表示の意味を錯誤していることになる。

　①・②は、いずれも表示から相手方が理解した意思（表示上の効果意思）と表
意者の内面の意思（内心的効果意思）とがくいちがっている。表示は10000円・
10ポンド・ブランデー、内面の意思は1000円、10ドル、ウイスキーという具合
いになっている。表示上の錯誤は表示記号の誤使用、内容の錯誤は表示記号の
意味の錯誤であり、両者を合わせて「表示錯誤」と呼んでいる。ところが、こ

の表示錯誤とは異なり、動機の錯誤と呼ばれるものがある。

③　**動機の錯誤**　受胎している良馬だと思って「この馬を欲しい」と表示したり（大判大正6・2・24民録23輯284頁。受胎馬錯誤事件）、借家人が家屋を明け渡してくれると思って「この家を買いたい」と表示した（最判昭和29・11・26民集8巻11号2087頁。賃借人家屋明渡拒否事件）ところが、実は受胎していない駄馬だったり、借家人は事情が変わったといって明け渡してくれないという場合には、「この馬」・「この家」との表示と意思とにくいちがいがない。ともあれ、「この馬」・「この家」を買う意思はあったわけで、この馬の性状と借家人の継続居住という事情について認識が誤っていたにすぎない。それゆえ、意思表示の錯誤ではなく、「事実錯誤」ともいわれてきた。

　平成29年の改正によって、動機の錯誤も一定の要件の下で明文で「錯誤無効」ならぬ「錯誤取り消し」を認めるに至った。以下では、従来の「要素の錯誤」と「動機の錯誤」の関係を論じたものを残すことにした。改正法については、錯誤に関する論述の最後に少し詳細な意見を付加することとする。

＊動機の錯誤と要素の錯誤

　1　意思の欠缺、すなわち意思と表示の不一致を錯誤という限り、動機の誤りは錯誤には含まれないこととなる。民法95条は、意思表示は法律行為の要素に錯誤あるときには無効となると規定している。法律行為の要素とは、法律行為の内容のうち重要な部分、すなわち、もし錯誤がなかったならば、表意者はもちろん他の普通一般人も当該の場合には意思表示しなかったであろうと認められるほど重要なその部分と解されているから、法律行為の内容たりえない動機の錯誤は、いかなる意味でも要素の錯誤にはなりえないということになる。しかし、動機の誤りのすべてを表意者の責任にして、意思表示はいつも有効とすると表意者に酷なことがある。そこで、従来、動機の錯誤は原則として要素の錯誤とならないが、動機が表示されて意思表示の内容となり、その錯誤が主観的にも客観的にも重要であれば、要素の錯誤として意思表示は無効となると解していた。前例に即していえば、「受胎している良馬なら買う」とか「借家人が明け渡してくれるなら買う」というように表示されている場合にだけ、意思表示は錯誤により無効となるというのである。

　2　明治初期の判例は、錯誤を「不慮の意思の欠缺」とし（明治35・3・26民録8輯73頁。新規借入錯誤事件）、したがって動機は、それが契約の「要件」として特別に表示されなければまったく保護されないとしていた（大判明治38・12・19民録11輯1786頁。契約「要件」表示事件）のに、大正期になると次のように転換した。

　要素の錯誤は、意思表示の内容に存しなければならないが、意思表示の内容は抽象的に一定しているものではないから、各々の具体的表示を考慮して定めなければならない。通常、意思表示の縁由（動機）に属する事実であっても、「表意者がこれを以て意思表示の

内容に加える意思を明示又は黙示したる」ときは意思表示の内容となり、「合理的判断を下すも、其錯誤なかりせば表意者が其意思表示を為さざるべかりしものと認められる場合」に要素の錯誤となると判示した（大判大正3・12・15民録20輯1101頁。抵当家屋価値錯誤事件）。この判例は、学説の影響を受けてそれに応じたものであったが、その後の動機錯誤判例の指導的役割を果たした。つまり、本件は、動機の錯誤の法的顧慮について、「動機を意思表示の内容とする明示・黙示の表示」と「動機の錯誤の主観的・客観的重要性」という2要件を明らかにしたのである。学説もこの見解を受け入れ、前述のような「受胎している良馬として表示された売買」ならば、動機の錯誤でも要素の錯誤として保護されるという説明をするようになったのである。そして、例外的であれ、動機の錯誤も要素の錯誤となりうることを認めた以上、錯誤を意思の欠缺と定義することは不正確となり、今日、有力な学説は「表示から推断される意思と表意者の真に意図するところにくい違いがあれば、内心的効果意思とのくい違いないしは内心的意思の欠缺でなくとも、なおこれを錯誤とみる」（我妻栄『民法案内Ⅱ』）と説明するようになった。

3　他方、大正期の末期から、上述のような通説・判例の見解に反対して、動機の錯誤も民法95条の「要素の錯誤」の本来的構成分子と考えるべきであると主張する有力な学説があった。それによれば、①動機の錯誤も表示に対応する真意の欠缺を生ずる点において表示錯誤と異ならない。②判例上、錯誤が問題となるほとんどの場合が動機の錯誤の例である。③通説・判例は動機の表示の有無によって取扱いを異にし、動機が表示されたなら不測の損害を避けることができ、相手方の保護を全うしうるというが、それなら表示上の錯誤や表示の内容の錯誤の場合にも真意の表示を求めなければ首尾一貫しない、と通説・判例を批判し、「法律行為の要素」とは、「そこに錯誤が存することによって、法律行為を無効とするのを妥当とされるほど、とかく重要視される点」を意味する。そして、具体的には、取引の性質ないし事情、表意者・相手方あるいは第三者の側における非難もしくは同情されるべき事情の有無ないしその程度、ならびに当該の意思表示を有効とし、あるいは無効とすることによって生ずべき、表意者・相手方もしくは第三者の利害、などを相関的に比較考量しなければならない、と主張している（舟橋諄一「意思表示の錯誤」九大法学部一〇周年記念論集）。この見解は、多くの学説の賛成を得て、次第に多数説になりつつある（川島武宜「意思欠缺と動機錯誤」『民法解釈学の諸問題』所収）。

4　上記の有力説の見解は、その通説に対する批判としても必ずしも正当なものばかりでない（特に②の動機の錯誤判例が圧倒的に多いからといって、それを保護すべしということにはならない）が、通説・判例が動機も表示されたなら意思表示の内容となると主張する部分への批判は正当である。動機は、表示されただけで意思表示の内容とはならない。例えば、「入院中の友人を見舞うために」と花屋の主人に話しながら花一束を買って見舞いに赴いたところ、友人はすでに退院したあとであったという場合、売買は表示された動機の錯誤によって無効であると主張して、買主が花束を花屋に返還し代金を取り戻すことはできないであろう。退院しているかもしれないとの危険は、買主側の負担すべきものであって、それがいやなら買主は購入目的の達成を条件として売買の内容としなければならなかったはずである。このように私見は、「表示された動機」ではなく、「合意された動機」が法的保護に値すると考える説である（髙森八四郎「錯誤無効の意義」関西大学法学論集24巻1・2号）。この視角から判例をみると、「受胎馬錯誤事件」（大判大正6・2・24民録23輯283頁）は、「受胎している良馬」との「売主の言明を信頼して」買った買主の

錯誤を保護した事案であり（売主の保証）、「特選金菊印苺ジャム事件」（最判昭和33・6・14民集12巻9号1492頁）は、良質の苺ジャムであることを当事者双方が「前提」としていたのに、リンゴなどのまじった粗悪品であった受領者の錯誤の事案（前提合意）であり、「山林売買錯誤事件」（最判昭和37・11・27判時321号17頁）は、道路が開通しているとの「売主の説明を信じて」、当初の希望額を大幅に上廻る代金をもって買い受けた買主の錯誤（道路の存在を条件とした）の事案であり、「相殺特約事件」（最判昭和40・10・8民集19巻7号1731頁）は、代金の一部で債務を相殺する特約をした不動産の売主の錯誤で、買主が貸金債権を有することが「売買契約の不可欠の要件」であった（条件か前提）事案である。よって判例は民法95条の要素の錯誤といっているが、事案に即してみれば、動機の錯誤は、動機が条件・前提・保証・特約などの形で合意された場合のみに顧慮される旨を判示してきたのではないかと評価することができるのである。

5　この説によれば、要素の錯誤とは、「意思の欠缺」をもたらす錯誤のみということになり、動機の錯誤を民法95条では保護しない。そして、さらにこの説は動機の錯誤を錯誤法ではなく、詐欺・条件（前提）・保証・瑕疵担保・不当利得などの他の法制度の活用によって処理されるべき旨を主張している。いずれにせよ、動機の錯誤の取扱いについては、今日なお学説は流動的であり、理解することが困難な問題の1つとなっている（なお参考文献として、野村豊弘「意思表示の錯誤」法協92巻10号・93巻1～6号、小林一俊『錯誤法の研究』、髙森八四郎『法律行為論の研究』、同「絵画の真筆性に関する錯誤」〔名古屋大学法政論集201号〕などがある）。

(3)　要件・効果

① **錯誤無効（改正後は取消し）の要件**　錯誤による意思表示は、以下の要件を具備するなら「無効」となる。表意者の錯誤につき相手方が悪意のときは、falsa demonstoratio non nocet（虚偽の表示は害せず）の原則が適用され、結局、表意者の内心的効果意思に対応する意思表示のみが有効に成立することに注意しなければならない。

　法律行為の要素に錯誤があること（95条本文）。何が要素の錯誤となるかは、立場によって異なりうるが、通説・判例は意思表示の内容の重要な部分（錯誤なければ、その意思表示をしなかったであろう程の重要性）と理解していることは前述のとおりである。ただし、要素に錯誤があっても、表意者に「重大な過失」があるときは、相手方による「重大過失」の主張・立証がある限り、表意者自らは無効を主張することはできない（95条ただし書）。

　「重大な過失」とは、表意者の職業、行為の種類・目的などに応じ、普通になすべき注意を著しく欠くことである。例えば、株式売買を営業とする者が会社の定款を調査しないのは重大な過失であり（大判大正6・11・8民録23輯1758

頁。定款未調査事件）、無尽会社の監査役が総会の免責決議によって取締役の責任を免れると誤信して取締役に就任した場合（大判昭和13・2・21民集17巻232頁。監査役錯誤事件）も同様である。

　表意者に重大な過失があるとの挙証責任は、相手方にある。ただし、たとえ表意者に重大な過失があった場合でも、相手の行為によって表意者の錯誤が惹起された場合は、民法95条ただし書は適用すべきではない。相手方に過失のあるときも同様に解してよいであろう。

　② **効　果**　(a)　錯誤の効果は無効である（95条）。無効は、初めからまったく効力が生じないことであって（119条）、原則として誰からも、誰に対しても、いつでも主張することができると解されている。しかし、95条ただし書によれば、表意者に重大な過失があるときは、「表意者は、自ら」無効を主張することはできない。この表現からは、表意者の相手方または第三者の側から無効（改正後は取消し）を主張することができるように解しうる。錯誤を無効としたのは、錯誤者を保護するためであるとのみ考えるべきでないが、少なくも表意者が錯誤による無効（改正後は取消し）を欲していない場合には、その意に反してまで相手方または第三者が無効（改正後は取消し）を主張することはできないというべきである（最判昭和40・9・10民集19巻6号1512頁。更地錯誤事件）。これは、錯誤者が追認していることによって、さかのぼって有効となると考えることもできる。ただし、例外として、A→B→Cと絵が売買されたところ、偽筆であったため、A・B間もB・C間も錯誤によって無効となったという事案において、CがBに支払った代金を回収するために、BのAへの既払い分を取り戻す方法として、Bが欲していないのにCがB・A間の売買の錯誤による無効を主張することができるかが問題となったことがあり、最高裁は、第三者（C）が表意者（B）に対する債権を保全する必要がある場合には、CはBを代位してAに対して錯誤による無効の主張ができると判示した（最判昭和45・3・26民集24巻3号151頁。油絵売買錯誤事件）。

　(b)　他方、表意者に重大な過失があり無効の主張ができないときは、相手方または第三者から無効の主張ができると解してもよいが、相手方が無効とされてもよいと思えば、表意者の重大な過失を主張・立証しなければよいのであるから実益は乏しい。いずれにせよ、意思表示の有効を欲して表意者の重大な過

失を主張・立証する者がある限り、誰からの誰に対する無効（改正後は取消し）の主張も封じられると考えるべきである。ただし、表意者の錯誤を惹起した者または過失ある者は錯誤者の重大過失を主張することはできない（大阪高判平成12・10・3判タ1069号、153頁）とすべきである。改正後の表意者の重大過失と相手方との関係については後述する。

(4) 錯誤と他の制度との関係

　動機の錯誤も動機の表示と錯誤の主観的・客観的重要性という2要件があれば、要素の錯誤となるとの通説・判例の見解は、錯誤による無効成立の範囲をかなり拡大することになるから、動機の錯誤が関わりをもつ他の制度、例えば詐欺（96条）、瑕疵担保（570条）、不当利得（703条以下）、和解（695条・696条）との関係が問題となる。

　① **錯誤と詐欺**　詐欺とは相手方を欺すことであるから、欺された者は常に錯誤におちいっていることになる。詐欺によって要素の錯誤が惹起された場合、錯誤による無効の主張と詐欺による取消しの主張とが競合する。かつては無効な行為の取消しはありえないとの観点から、どちらか1つの主張しかできないとされていたが、今日、取消しにしろ無効にしろ表意者を保護する趣旨において認められている以上、各々の要件を立証して表意者の意思に委ねることが妥当とされている。いわゆる「二重効」を認めるわけである。ただし、要素の錯誤を意思欠缺に限定する私見によれば、詐欺者は表意者の錯誤につき悪意者であるから、第三者による詐欺の場合を除き、両者の競合は本来ありえない。詐欺によって動機の錯誤が惹起されたにすぎない場合、例えば、騰貴すること間違いなしと欺されて不動産買い受けの意思表示をした場合、民法95条の無効の主張はできなくとも、96条によって取り消すことはできる。

　② **錯誤と瑕疵担保法**　特定物（400条）の売買の目的物に隠れた瑕疵があった場合、例えば、馬齢13歳にして現に受胎している良馬との売主の説明を信じて買い受けた馬は、実は年齢25歳で受胎もしていない駄馬だった（前掲、受胎馬錯誤事件）という場合、または鉄道駅や列車内にて使うために購入した紙コップの底が不良で、湯漏れが生じ役に立たない場合に、物に隠れた瑕疵があり、そのために契約の目的を達することができないとして担保責任の規定

（570条・566条）に従い、契約が有効であることを前提に買主が解除権を行使しうるにすぎないか、それとも錯誤の規定によって無効を主張することができるか（物の瑕疵は同一性錯誤ではなく、性状錯誤として動機の錯誤に属する）という問題が生じる。動機錯誤無顧慮の立場からは衝突は生ぜず、上記の例においてはすべて民法570条で処理すべしということになる。

　しかし、動機の錯誤も民法95条で処理する場合を肯定する通説・判例によれば、両規定は衝突することになる。このとき、(a)買主はどちらの規定の適用も自由に主張できるとの説と、(b)「特別法は一般法に優先する」の原則から錯誤の規定は排除され、瑕疵担保の規定のみが適用されるとの説がある。判例は、買主が一定の品質の具有を「特ニ重要ナルモノトシ」て意思表示した場合は、民法95条により無効、そうでないときは570条によるとしており（大判大正10・12・15民録27輯2160頁。モーター馬力不足事件）、また良質の苺ジャムであることを特に「前提」としているとき、実際はリンゴなどの混った粗悪品だったならば95条、そうでないときは570条というように区別している（前掲、特選金菊印苺ジャム事件）。なお、不特定物（種類物、401条参照）に瑕疵のあるときは、一般の債務不履行の問題となる（415条）。

　③　**錯誤と不当利得**　　不当利得の規定（703条）が適用される場合、たいてい錯誤が存在する（例えば、債務があると思って弁済した〔非債弁済〕705条）が、もっぱら不当利得の規定によって処理されるべきであろう。

　④　**和解の基礎に関する錯誤**　　債権者と債務者間で債務の額についてのみ争いが生じ、和解して額を定めたところ当事者間には有効な債権が存在していなかったという場合は、和解の前提ないし基礎に関する錯誤として民法95条によって無効（改正後は取消し）となると考えられている（大判大正6・9・18民録23輯1342頁。差押・転付命令無効事件）。前掲の「特選金菊印苺ジャム事件」も、和解の前提ないし基礎に関する錯誤の事案とされている。和解は、相互の譲歩によって争いを止める契約であるから、争点事項に錯誤があっても無効（改正後は取消し）にはならない（696条）（髙森「和解の基礎に関する錯誤」『和解・錯誤・代理の理論』〔関西大学出版部〕1頁以下）。

(5) 民法95条の適用範囲

①　婚姻（742条）や養子縁組（802条）のような身分行為は、人違いだけが錯誤による無効を生ずる。原則的にいって、本条は身分行為については適用されない。さらに動機錯誤無顧慮の原則は生前行為についてのみ妥当するにすぎないから、終意処分たる遺言などには、動機の錯誤も顧慮されてよい。

②　平成17年改正前の旧商法191条によれば、株式引受行為については錯誤による無効の主張のほか、詐欺・強迫による取消しも禁じられている。これは大量的・集団的になされる行為について、個々の表意者の意思の欠点を問題とすることは取引上の混乱をもたらすからである。同様の趣旨の規定は、新会社法（平成17〔2005〕年法86）51条に引きつがれている。

(6) 平成29（2017）年改正法による錯誤

1　今回（平成29年）の改正によって錯誤の規定たる九五条は大きな変化を受けた。まずは新条文を全文記載する。

> 第95条
> ①　意思表示は、次に掲げる錯誤に基づくものであって、その錯誤が法律行為の目的及び取引上の社会通念に照らして重要なものであるときは、取り消すことができる。
> 　一　意思表示に対応する意思を欠く錯誤
> 　二　表意者が法律行為の基礎とした事情についてのその認識が真実に反する錯誤
> ②　前項第二号の規定による意思表示の取消しは、その事情が法律行為の基礎とされていることが表示されていたときに限り、することができる。
> ③　錯誤が表意者の重大な過失によるものであった場合には、次に掲げる場合を除き、第一項の規定による意思表示の取消しをすることができない。
> 　一　相手方が表意者に錯誤があることを知り、又は重大な過失によって知らなかったとき。
> 　二　相手方が表意者と同一の錯誤に陥っていたとき。
> ④　第一項の規定による意思表示の取消しは、善意でかつ過失がない第三者に対抗することができない。

2　改正後の民法95条の第1項第一号は、本文において述べているように、いわゆる意思の不存在の錯誤、すなわち不慮の意思と表示の不一致の場合の規定である。本来なら「意思の不存在」なのだから、「無効」とすべきであるが、あえて瑕疵ある意思表示たる詐欺・強迫による意思表示と同視しようとするも

のである。その理由は、第1項第二号の「法律行為の基礎とした事情の認識が真実に反する錯誤」、いわゆる動機の錯誤をも基礎とするとの表示とその錯誤の重要性（法律行為の目的および取引上の社会通念に照らして重要なもの——改正前の「重要性」の解釈を若干現代的にしたつもりであろうが）の2つの要件を備えるなら錯誤による「取り消し」を認めようと企図した結果、意思の不存在たる一号の錯誤も「無効」ではなく「取り消すことができる」としたものであろう。

　これには、実は立法的前例があり、ドイツ民法（BGB 1900年）の119条が第一項は「意思の欠缺」錯誤なのに、第二項においていわゆる「取引本質的性質の錯誤」が理論的には動機の錯誤であるが、一項の錯誤と同視する（いわゆる「みなす」）としておきながら、効果を取り消しうるものとしていたことを参考にしたものであろうと推察しうる。理論的にはドイツ民法第119条ともども問題があり、将来的には再検討されるべきであろう。

3　問題となるのは、「法律行為の基礎とした事情」と認識の誤り、すなわち事実錯誤であり、動機の錯誤をいかなる理論によって「取り消しうるもの」としうるかということである。具体的事例を想定もしないで規定化されたようであり、今後の判例と学説の展開に注目すべきであろう。

　法律行為の「基礎」たる事情の事実との不一致に一定の保護を与える立法例にドイツ民法779条がある。これは「和解の基礎に関する錯誤」を無効とすると規定する有名な唯一の規定である。ドイツ民法779条は、争いを止める（または不明確を除去する）契約たる和解は「契約の内容上確定したものとして基礎とされた事情が事実に一致せず、かつ当事者が真の事情を知っていたとしたら争いあるは不明確を生じなかったであろう場合には、無効である（unwirksam）」と明定している。私見は、このドイツ民法779条の「和解の基礎」をローマ法源およびサヴィニーの理論にしたがい付款としての「前提（modus）」（合意）のある場合と理解している。

　今回の改正に関わった委員たちが、ドイツ民法の「和解の基礎」を参考にしたとは考えられないし、私見の「前提理論」を考慮したとも考えられない（「和解の基礎」および「前提理論」に関する私の研究については、高森『法律行為論の研究』〔関西大学出版部、1991年〕のうち、特に第一章第一節「和解の基礎に関する錯誤」を、「前提理論」については『法律行為論の諸相と展開—高森八四郎先生古稀記念

論文集』〔法律文化社発行、2013年〕の筆者の「錯誤と『前提理論』について」という論文を参照してほしい）。

私は、「表意者が法律行為の基礎とした事情」を表意者によって「法律行為の基礎とされていることが表示されている」ことを要件に、法律行為の取消しを認めるという95条第2項の条文の意味を今後の研究によって究明したいと考えるが、あえて予測をいえば、私見のいう「前提」ないし「基礎」とする当事者の「合意」があると解釈される場合に集約されるのではないかと考える。

4 95条第三項は、表意者の錯誤が表意者の重大な過失によって生じた場合には、意思表示の取消しをすることができないと定め、改正前の「自ら無効を主張することができない」と同条を定めながら、さらに2つの例外の場合には表意者は取消しができるとした。その例外に2つあり、その1つは、相手方が表意者に錯誤があることを知っているとき、または重大な過失によって表意者の錯誤を知らなかったときである（3項一号）。2つは、相手方が表意者と同一の錯誤に陥っていたとき、すなわち、いわゆる「共通錯誤」の場合には、表意者は重大な過失による錯誤の場合でも「取消しができる」ものとした。この条文については、だいたいにおいて妥当であろう。

5 最後に、錯誤による意思表示をいわゆる詐欺・強迫による意思表示と同様、瑕疵ある意思表示とした（民法101条）結果、第4項において、錯誤による意思表示の取消しを「善意・無過失の第三者」に対抗しえないものとした。私見は、第1項一号の錯誤の場合には表意者を保護すべきであり、善意・無過失の第三者に対しても取消しをもって対抗できるとすべきだと考える。

以上、今回の95条改正には種々の問題があるが、動機の錯誤については従来の私見である、「合意された動機の錯誤」の観点から、合意内容に従い、保証、前提、条件、負担などによって錯誤者を保護していく研究を続けたいと思う。

Ⅳ—瑕疵ある意思表示

詐欺または強迫による意思表示のことを、民法は瑕疵ある意思表示と呼ぶ（120条）（改正後は錯誤も含まれる）。意思と表示はともあれ一致するが、効果意

思を形成する過程で他人に欺されたり、脅かされたりしたので（意思の形成過程の瑕疵〔キズのこと〕）、自己の意思の自由な形成を妨げられたとみているわけである。表示に対応する意思が欠けているわけではないので、この行為を一応有効として扱い、後に取り消すことができるものとした。

①　詐欺による意思表示

(1)　意義・要件

①　詐欺による意思表示とは、他人に欺罔（ぎもう）されて錯誤におちいり、その結果としてなされた意思表示、つまり、欺されてなした意思表示のことである。例えば、下水道・道路完備の宅地との宣伝文句を信じ、荒地を買ってしまったというような場合である。

②　この場合、詐欺者は、他人を欺罔して錯誤におとしいれる故意と、この錯誤に基づいて意思表示をさせようとすることについての故意とを必要とする。積極的に相手に虚偽の事実を教えたり、でたらめを言ったりした場合だけではなく、場合によれば沈黙も詐欺になることもある。もっとも、すべての欺罔行為が常に民法96条の詐欺になるわけではなく、社会一般の取引通念からみて違法とされる程度のものでなければならない（露天商の口上などは詐欺にはならない場合が多い）。

(2)　効　　果

①　**取消し**　　詐欺による意思表示は、取り消すことができる（96条1項）。契約の当事者ではなくて、第三者が詐欺をする場合がある。例えば、保証契約は債権者（銀行）と保証人との契約であるが、債務者が自分の土地に抵当権をつけるからと偽って、友人に保証人になってもらった場合などであり、この場合は表意者（保証人）が詐欺によって意思表示をしていることを債権者（銀行）が知っているかまたは知ることができた場合に限り取り消すことができる（96条2項）（この条文も改正されているので注意）。

②　**取消しと第三者**　　詐欺による取消しは、「善意・無過失の第三者」には対抗することができない（96条3項）。善意の第三者とは、詐欺の事実を知らないで、詐欺による意思表示によって生じた法律関係に基づいて、新たに独立し

た利害関係を有するに至った者である。例えば、Aを欺して安く土地を手に入れたBが、さらに事情を知らないCに転売した場合のCが典型的であり、AはCに取消しを主張しCから土地を取り戻すことができない。ところが詐欺による意思表示によって、自然に（いわば反射的に）利益を得たにすぎない者は、ここでの善意の第三者ではない。例えば、一番抵当権が詐欺によって放棄された場合の二番抵当権者（大判明治33・5・7民録6輯15頁。一番抵当権放棄事件）、連帯債務者の1人が債権者を欺して代物弁済をした場合の他の連帯債務者（大判昭和7・8・9民集11巻1897頁。連帯債務者詐欺事件）などは、たとえ善意であっても取消しをもって対抗される。

さらにA→B→Cの順次売買の例で、Cについて民法96条3項の保護が与えられたとして、CがAに対してその保護を主張する場合に、登記を備えていなければならないか。近時の判例によれば、対抗要件は不要と判示している（最判昭和49・9・26民集28巻6号1213頁。農地売買仮登記事件）。しかし、この事件は、転得者が知事の許可を受けていないので所有権移転請求権保全の仮登記のみを経由していたケースであるから、実質的に対抗要件を取得していたと評価し、判例が一般的に対抗要件不要説を支持したと断ずるのは早計との意見もある。

③　**取消しと登記との関係**　　(i)　AがBに詐欺されてその所有する不動産をBに譲渡し、さらにBからCに転売された。他方、Aは詐欺を理由にBに対して、その意思表示を取り消したと仮定しよう。

通説・判例は、ⓐAによる詐欺取消し前の第三者（C）とⓑ取消し後の第三者（C）とに区別して、両者を異なって取り扱っている。ⓐの場合は、Aの取消しがB・C間の売買よりも後になされているから、Aは取消しをもって善意の第三者たるCに対抗できない。民法96条3項は、このような場合の第三者の取引の安全を保護するためのものであることを理由とする。ⓑの場合、Aが取り消した後にBがC´に転売しているから、AのBからの所有権復帰とC´のBからの所有権取得は対抗関係に立ち（177条）、登記を先に具備した方が優先するとされている（大判昭和17・9・30民集21巻911頁。詐欺取消者敗訴事件）。この通説・判例の見解は、Aの取消しによって復帰的な物権変動があったとの一般理論に従い、対抗要件（登記・引渡し）で問題を処理すべしと説いており、これ

を取消し一般に及ぼしているから、例えば、制限行為能力者の取消しや強迫の場合の取消しにも、取消し後の第三者と取消権者との関係を復帰的物権変動関係とみて、登記の先後によって優劣が決まるということになる。そうなると、民法96条3項で第三者が保護されないこれらの場合、取消し前の第三者は善意でも保護されないのに、取消し後の第三者は悪意でも保護される場合があってバランスを失する。しかも、取消権者は取り消すことができるのに、取り消さないでいれば登記なくしても第三者に勝てることになり、これも不都合である。さらにつきつめて考察すれば、取消し前に第三者が出現したときは、取消しによって遡及的に無効となることを認め（遡及的無効）、取消し後に第三者が出現したときは、初めにさかのぼって無効となるのではなく、取消しによってBからA、BからC'との二重譲渡と同じになると考えるのだから、理論的に矛盾している。

　(ii)　そこで、取消しによる遡及的無効を一方で徹底させつつ、他方で取消しの前後で分けるのではなく、取り消しうべき法律行為を取り消しうるにもかかわらず放置している者は、民法94条2項の類推適用によって、取消しをもって「善意無過失」の第三者に対抗できないと説く、94条2項類推適用説がある（幾代通「法律行為の取消と登記」『於保先生還暦記念論集　上』所収）。この説によれば、詐欺の場合は、取消し（追認）可能時前の第三者は96条3項によって善意の第三者は保護される。それより後の第三者は、取消権者が取り消して有効に登記等を除去しうるのにそれをしていない点で虚偽表示者の容態に準じるから、善意・無過失であれば、保護されるということになる。しかし、取り消して登記を除去できる状態以後は取消権者の非難性はより大きくなるのに、第三者が保護を受けるためには、善意・無過失のほか、取消しによって登記の除去が可能になったことを証明するという余計な負担を課せられるのは不合理だと批判し、結局、取消しと転得者の関係は民法96条3項でだけ処理すべきであると主張する学説もある（下森定「民法96条3項にいう第三者と登記」『民法学の諸問題─薬師寺博士米寿記念』所収、四宮和夫「遡及効と対抗要件」新潟大法政理論9巻3号）。

2 強迫による意思表示

(1) 意義・要件

① 相手に脅かされて怖くなり、売りたくない不動産を売らされてしまうというのが、強迫による意思表示である。

② 強迫者には、害悪を告知して脅かそうという故意と、怖れさせて売らせてやろうという故意との二段構えの故意のあることが必要である。売ってくれなければ、かつての盗みを警察に告訴すると脅すのも強迫になる。

③ 強迫による意思表示は、強迫されて怖くなったために意思表示をしたというだけで足り、その結果、完全に意思選択の自由を失うという程度におびえることは必要でないとされている（最判昭和33・7・1民集12巻11号1601頁。労働組合員不動産譲渡強要強迫暴行事件）。日本刀などをつきつけられ、抵抗の自由がまったく奪われているときなどは、強迫というより、もはや完全に意思は拘束されているのであるから、意思無能力者の行為と同様絶対に無効であろう（前掲、最判昭和33・7・1）。

(2) 効　果

強迫による意思表示は、取り消すことができる（96条）。詐欺と異なる効果は、第三者の強迫があった場合にも、相手方の知・不知に関わりなく常に取り消すことができる点、および善意の第三者に対しても取消しをもって対抗できる点である（96条2項および3項の反対解釈）。

強迫された者を詐欺された者より厚く保護するのは、詐欺よりも強迫の方がキズが深い（欺された者は行為のとき効果を欲していて、あとでしまったという心理状態だが、脅かされたものは嫌々ながら売りたくないのにおそろしくなって売りますという心理状態）と評価されているのであろう。

なお、詐欺・強迫は、ともに不法行為として損害賠償請求権を発生させる場合が多い（709条）。

＊強迫行為の成立が認められた例

① Aが詐欺行為をしたと誤信したBがAを告訴したうえで、定期米売買の精算書の交付を迫ったので、Aは畏怖を感じて和解契約に応じた場合（大判明治37・11・28民録10輯

1529頁)。

②　不正の利益の掴得(かくとく)を図って、会社の取締役の不正を告発すると通知して、畏怖させ、その結果、たいして価値のない株式を相当の価格で買取らせた場合(大判大正6・9・20民録23輯1360頁)。

③　詐欺者Aから欺されたBは、自分の売却した山林を取り戻し、かつ、損害賠償も取ろうとして知り合いの警察官に頼んだところ、この警察官が令状もないのにAを引致し、数日間にわたって尋問し、すみやかに損害賠償請求に応ずべき旨強要し、損害金支払いのための消費貸借契約を締結させた場合(大判大正14・11・9民集4巻545頁)。

④　被用者が横領したので、使用者がその身元保証人に、証書を差し入れないと告訴するといって、借金証文を差入れさせた場合(大判昭和4・1・23新聞2945号14頁)。

⑤　解雇され居住に不安を感じた労働組合員が会社所有の住宅を自分たちに売却させるため、会社代表者と多数をもって面会・交渉し、その席上野次をとばしたり、他の者が代表者に暴行を加えたりしたので、会社側がやむなく売却に応じたという場合(最判昭和33・7・1民集12巻11号1601頁。前掲、労組員強迫暴行事件)。

V—意思表示の到達と受領

1 意思表示の到達

(1)　意思表示の効力発生時期

意思表示は、意思の表白によって完了(成立)する(97条3項参照)。特定の相手方のいない意思表示においては、原則として、それは成立と同時に効力を生じる。遺言は例外で、それは遺言者が死亡したときに効力を生じる(985条1項)。

相手方のある意思表示のうち、対話者間では、相互の表白が終わったときに効力が生じれば問題はないが、隔地者間で手紙などで取引する場合に効力発生時期が問題となる。すなわち、意思の表白(手紙を書く)、発信(投函)、到達(受領)、了知(読了)の各段階のうちで、いつにすべきかということである。両極端の表白と了知は難点がある。表白をとれば、投函しなくても意思表示は効力を生じてしまうし、了知をとれば、手紙がついても放置したり、都合が悪い場合には受け取って破り捨てると効力は生じなくなるなど、常識的にみておかしくなるからである。結局、発信か到達かである。

(2) 到達主義の原則

①　発信では、相手方が意思表示の内容を理解しないのに効力を生じることになり、特に理由のある場合を除いて、到達が妥当であると考えられる。民法も原則として到達主義、例外として発信主義を採用した（97条1項）。発信主義がとられる重要な例は、契約の承諾の意思表示である（改正前の民法526条1項）。申込みの内容は申込者が了知しているわけだから、承諾者は単に許諾をすればよく、発信主義をとっても不都合がないからであると解されていた。ただし今回の改正によって526条1項はなくなったので、発信主義は消滅したのであろうか。

②　到達とは、意思表示の書面の占有取得のことではなく、その意思内容について支配を取得することであるといわれている。夫が不在がちだったときに同居の内縁の妻が本人の不在を理由に、借家契約解除の前提である催告（541条）の郵便による通知の受領を何度も拒絶した場合に到達ありとされ（大判昭和11・2・14民集15巻158頁。内縁妻郵便受領拒絶事件）、また社長の娘がたまたま事務所へ遊びにきていて手交された手紙を受け取って、社長の机の中へ入れ、社員に告げずに帰ってしまった場合にも到達ありとされている（最判昭和36・4・20民集15巻4号774頁。社長令嬢催告書受領事件）。

③　到達主義の結果、不着・延着は表意者の不利になるが、発信後・到着前なら撤回することができる点では有利になる（97条2項）。なお、延着の承諾は申込者によって新なる申込みとみなされうる（524条）。

(3) 表意者の死亡・能力喪失

表意者が発信したあとで死亡し、または制限行為能力者となっても、意思表示の効力の発生には妨げとならない（97条3項）。発信のときすでに意思表示は成立しており、発信のときに表意者の意思は外部に向けて客観化されていると考えられるからである。例外として、契約の申込み発信後に、申込者の死亡もしくは能力喪失の事実を相手方が知った場合には効力は生じない。申込者が申込みとともに反対の意思を表示している場合も、民法97条3項は適用されない（改正後526条）。

平成29年の改正によって97条に第2項が追加された。改正後の第2項は「相

手方が正当な理由なく意思表示の通知が到達することを妨げたときは、その通知は、通常到達すべきであった時に到達したものとみなす。」となっており、従来条文が欠けていたので、明文化したものである。妥当な改正であろう。

[2] 公示による意思表示

　到達主義をとると、相手方が誰か、またその行方はどこか表意者にとってわからない場合（よくある蒸発を考えよ）、意思表示の効力を生じさせられないのでは非常に困る。このため、特殊な意思表示の到達方法が民法で認められている。公示による意思表示がこれである（98条1項）。

(1)　公示による意思表示の手続

　①　表意者は相手方が誰であるかわからないとき（例えば、相手方が死亡し、相続人が多数いるときなど）には、表意者自身の住所地の簡易裁判所、相手方の所在地だけがわからないときには、相手方の最後の住所地の簡易裁判所に対し、公示による意思表示の申立てをする（98条4項）。

　②　裁判所は、公示に要する費用を表意者に予納させて（98条5項）、公示送達に関する民事訴訟法の規定（民訴179条）に従い、裁判所の掲示場に掲示し（簡易裁判所の前に行くとこの種の掲示が必ず1つか2つ掲示板に貼りつけられているのがわかる）、その掲示のあったことを官報と新聞に少なくとも1回掲載する。ただし、裁判所が相当と認めるときは、官報および新聞の掲載に代えて、市役所・区役所・町村役場、またはこれに準ずべき施設の掲示場に掲示することができる（98条2項）。

(2)　公示による意思表示の効力発生時期

　公示による意思表示は、最後に官報もしくは新聞紙に掲載した日、またはその掲載に代わる掲示を始めた日から2週間を経過した時に相手方に到達したものとみなされる。ただし、表意者が相手方を知らなかったこと、またはその所在を知らなかったことについて過失があったときは、到達の効力は生じない（九八条三項）。

③ 意思表示の受領能力

意思表示が到達しても、相手方に到達したといえるためには、その者が意思表示の内容を理解しうるだけの能力がなければならない。幼児や狂人に届けても、到達したといって効力を生じさせるのは誰の目からみても好ましくない。制限能力者のうち、未成年者と成年被後見人が受領しても、意思表示をもってその相手方に対抗することはできない。ただし次に掲げる者がその意思表示を知ったときは、この限りではない。すなわち、①相手方の法定代理人、②意思能力を回復し、又は行為能力者となった相手方（平成29年改正後の98条の2）がその意思表示を知った後は、その意思表示をもってその相手方に対抗することができる（平成29年改正後の98条の2第1項）。

2 代 理

I ―代理の意義と性質

① 代理の意義

(1) 意 義

代理とは、ある人のした意思表示の効力を直接他の人に帰属せしめる法律制度である。意思表示をする者を「代理人」、効力の帰属者を「本人」、代理人と取引する相手方を「第三者」という。意思表示行為者と効力帰属者が分かれている点に代理の特色がある。民法99条の、「代理人がその権限内において」とは与えられた代理権の範囲でという意味であり、「本人のためにすることを示して」とは「本人の名において」という意味である。本人の名における行為、つまり代理行為とそれをする権限たる代理権とが民法上代理の本質を構成している。

このような代理制度が必要とされる理由は3つある。

① 人はみな権利能力をもっているが、意思能力や行為能力のない者が具体的に権利を得、義務を負うときには、誰かが代わってしてやらなければならない。

②　法人は観念的な存在であり現実には行為することはできないから、法人の行為を自然人が代わってしてやらなければならない。法人の代表機関が必要なのはそのためである。代表が法人の機関として行為するときの形式は代理にほかならない。

③　人の活動範囲が広くなってくると、自分だけでは処理できない場合やそれでは不便な場合が多くなるので、誰かに代わってやってもらう制度を必要とする。

①の要請をみたすものが「法定代理」、②が「代表」、③が民法上は「委任による代理」、民法学上「任意代理」と呼ばれる。

しかし、「代表」は、法人の章の規定に服するほか、対外的な取引については、すべて民法の代理の章が適用されるので、代理の種類というときは、法定代理、任意代理に分類され、代理の規定は原則として、後者を念頭において構成されている（法定代理人は各所に規定があるほか、代理の規定も適用される）。

(2)　代理の機能

法定代理は、代理人が代理人となるについて本人の意思に基づかないものであり、その代理権の範囲も法律によって定まっている。法定代理は、制限行為能力者の能力の補充を図るのであるから、私的自治の補充という社会的作用を営む。

任意代理は代理人が本人の委嘱を受けて代理人となるものであり、代理人の代理権とその範囲はいずれも本人の意思によって定まるものである。任意代理は、私的自治の範囲の拡張という作用を営む。代理制度は、本質的には、私的自治の原理と相容れないものではなく、むしろそれを補充し、その範囲を拡張するものなのである。

(3)　代理の種類

①　**任意代理・法定代理**　　この区別については、すでに述べた。法定代理と任意代理との相違は、民法上は復任権、すなわち復代理人を選任する権限に示されている（104条・106条）。法定代理のほうが任意代理よりも、よりゆるやかな要件のもとに復代理人を選任することができる。任意代理は、本人が代理人

の能力、人格を見込んでその者に代理権を与えたものであるから、容易に他の者に代わられるべきではないとの配慮による（なお、代理権の消滅についても両者に差異がある。111条参照）。

② **能働代理・受働代理**　代理人が相手方に対して意思表示をなす場合（九九条一項）が能働代理であり、意思表示を受領する場合（99条2項）が受働代理である。

③ **有権代理・無権代理**　代理人が正当な代理権を有する場合が有権代理であり、このような代理権を有しない場合が無権代理である。後述する表見代理は、通説によれば、特殊な無権代理の形態である。

代理とはおおまかにいって以上のようなものであるが、民法にいう代理は意思表示についてだけ認められ、事実行為や不法行為については代理は成立しない。また、あらゆる法律行為について当然認められるというものではない。

なお、身分法上の行為は、特殊な例外を除き（例えば代諾養子——797条）。代理に親しまないとされる。このような行為については本人自らの意思決定を絶対的に必要とするからである。

② 代理の性質

(1) 代理と委任

代理と委任とは、本来別のものである。民法は「委任は、当事者の一方が法律行為をすることを相手方に委託し」（643条）と規定し、他方、代理には法定代理のほか「委任による代理」（104条・111条2項）を規定して、委任と代理とを密接不可分なものと考えているかのように規定している。民法の起草者も委任から直接代理関係が生ずるし、代理が成り立つ以上、必ず委任が伴うと考えていたようである。しかし代理とは、代理人が相手方と行為し、その行為の結果が本人に直接帰属する関係をいうのに対し、委任は、受任者が委任者の事務を処理する契約であって、もっぱら委任者と受任者の内部的な義務づけの関係にほかならない。したがって今日、代理（権）は委任から生ずることが多いが、雇傭・請負・組合などの契約からも生ずることは肯定されており、代理も委任の単なる外部的な関係とは理解されていない。

(2)　代理と類似の制度

　代理を知るために、社会的機能においてこれと類似する制度と比較してみよう。

　① **間接代理**　問屋（商551条）や仲買人の取引のように、他人の計算において行為するが、他人の名ではなく、自己の名において行為する場合を「間接代理」という。ここでは行為の効果はいったん問屋自身に帰属し、これを改めて本人に移転させなければならない。相手方との間に成立する法律行為の当事者は間接代理人であって、本人ではない。これに対し民法99条の代理を直接代理と呼ぶことがある。

　② **使　者**　代理人は、自らの意思を表示して意思表示を完成させるが、使者は、他人たる本人のなした意思表示をそのまま伝達するにすぎない。通説は、代理と使者との区別を本人と仲介者の内部関係、すなわち仲介者に裁量の余地の有無、意思決定の自由が与えられているか否かに求めている。使者は、本人の作成した手紙などを持参し、また口上をそのまま口伝するので裁量の余地はない。代理人は、広狭の差はあるが、ともあれ自己の意思表示の内容を決定するものであり裁量権があると説かれる。実際上の差は、使者が誤って伝えた場合は、本人の言違いと同じく意思と表示の不一致＝錯誤（95条）の問題となる。代理なら、本人の意思と異なっても、錯誤ではなく、無権代理（117条）か表見代理（110条）の問題となる。

　③ **第三者のためにする契約(537条以下)**　これは意思表示をした者＝契約者が契約から生ずる法律効果（の一部）を第三者＝受益者に帰属させる点において代理と似ている。しかし、受益者はあくまでも契約当事者ではないので、彼が取得するのは権利だけであり、義務を負うことはない。ここの点が代理と異なる。

　④ **代　表**　法人の代表にあっては、代表機関の行為がそのまま法人の行為となるのに反し、代理人は本人とは別個独立の人格を有し、その行為はあくまでも代理人の行為であって本人の行為ではないので、両者は本質を異にするというのが通説である。しかし、代表者の法律行為には代理の規定を適用すべしと説かれているから、実際上の差異はないであろう。代表者の不法行為が法人自体の不法行為となる点に両者の最大の差異がある。

　なお、代表の概念は、法人代表についてだけではなく、親権者の子に対する関係でも用いられる。つまり、親権者は法律行為について子を代表する（824条）のである。民法は代表と代理とを厳密には本質的に異なるものとは考えていないのではなかろうか（復代理人の権限についての107条も代表と表現されていることをあわせ参照されたい）。

Ⅱ—代 理 権

1 代理権の発生と消滅

(1) 代理権の意義

　代理権とは、代理人が本人の名において意思表示をなし、またはこれを受領することによって本人に代理行為の効果を帰属させる力である。代理人によって相手方と売買契約が締結されると、買主になるのは本人、売主になるのは相手方であって、行為の主体はあくまでも本人であるから、代理人には何らの効果も生じない。したがって、代理権は代理人にとってまったく実体を欠く単なる資格（Legitimation）にすぎない。条文の文言に従い（99条）、代理権は「権限」であるというべきであって、通常の意味の権利（所有権・物権・債権・親権など）とは異なる。代理権はあくまでも単なる対外的な資格にすぎない。この代理権行使および行使の態様について本人にいかに義務づけられているかという関係とは別のものである。この関係、つまり、本人・代理人間における実質的な権利義務関係を「内部関係」または「代理の基礎となる関係」という。そして内部関係には、具体的には、委任・雇傭・請負・組合など様々な関係がありうる。

(2) 代理権の発生

　代理権はどのようにして発生するか。法定代理と任意代理とで異なることはすでに一言した。前者は法律の規定（ないし本人以外の者の意思）により、後者は本人の意思に基づくことはいうまでもない。

　①　法定代理権の発生は次の3つに大別される。(i)親権者（818条）、配偶者後見人（840条）のように、本人との間で一定の身分関係のある者が法律上当然

に代理人となる場合、(ii)協議離婚の際の協議で決められた親権者（819条1項）や、遺言による指定後見人（839条）、遺言執行者（1006条1項）のように、本人以外の者の協議または指定により代理人の定まる場合、(iii)相続財産管理人（918条3項・952条）、不在者の財産管理人（25条1項）や選定後見人（840条・843条）のように、裁判所の選任による場合などである。

　② 任意代理権の発生は、本人の意思、すなわち代理権授与行為に基づく。この授与行為の性質については後述のように論争がある。民法上の「委任による代理」ということからもわかるように、起草者は常に委任から生じそれと合体してのみ代理権が発生すると考えていたようであるが、今日、委任以外の契約からも生ずることは肯定されており、代理権は前述の本人・代理人間の代理権授与行為によって生ずると一般に解されている。

　ただ、授権行為が契約であるか単独行為であるかについては争いがあり、単独行為説をとる有力学説（末弘嚴太郎「代理権授与行為の性質について」『民法雑記帳 上』）もあるが、通説は委任に類似した一種の無名契約（民法の債権各則に規定されていない特殊の契約）であるとしている。授権行為は、厳密にいえば、代理人がした一定の意思表示の結果が自分（本人）に帰属することをあらかじめ認める意思表示である。代理が有効に生ずるためには、この効果帰属受認の意思表示（ただし注意しなければならないのは、代理人の行為の結果たる法律効果全体を総体として受容すること、いいかえれば、行為の主体となることの受諾である）たる代理権授与行為と代理人の代理行為とが合体することが必要であり、また、これで足りる。したがって、先に代理行為があり、後に本人がその効果の自己に帰属することを承認すれば、代理人の行為はさかのぼって完全に有効な法律行為となる。これが「無権代理の追認」といわれる問題である（116条）。さらに直接代理人に対して授権するのではなく、第三者に対して表示してもよいか（ドイツ民法は明文でこれを肯定する。ドイツ民法167条）、いわゆる外部的授権を認めるかについては、起草者はこれを肯定していたようである（109条）。しかし、通説はこれを認めていない。なお、代理権の授与は、明示的にも黙示的にもなされるが、普通は委任状を交付することが多い。だからといってそれが代理権授与の要件なのではなく、方式はいっさい問わない。

　③ なお、平成29年改正前は、民法102条において「代理人は行為能力者で

あることを要しない。」と定められていた。このことの実際の意味は、制限行為能力者が代理人としてした代理行為を能力の制限を理由に取り消すことができない点にある。この改正によって「制限行為能力者が代理人としてした行為は、行為能力の制限によっては取り消すことができない。」（102条本文）としたほか、ただし書を追加して「ただし、制限行為能力者が他の制限行為能力者の法定代理人としてした行為については、この限りでない。」と明記した（102条ただし書）。このただし書の事案について、今後の判例がどのように展開するかは興味のあるところである。

(3) 復代理人

代理人が急病になったり、自分の能力では手に負えない事態が生じたり（例えば、訴訟の必要のため弁護士を依頼することなど）したとき、代理人が本人のためにさらに代理人を選任することがある。これが「復代理」である。本人の必要のために適格者を選んで代理人とするものであるから、みだりに復代理がなされることは望ましくない。そこで民法は、法定代理と任意代理とに分け、各々一定の場合に限って代理人が復代理人を選任することを認めた。任意代理については「本人の許諾を得たとき」、または「やむを得ない事由があるとき」でなければ、復代理人を選任することはできない（104条）。法定代理については法定代理人は、その責任をもっていつでも復代理人を選任することができる（105条）。この場合において、やむをえない事由があるときは、本人に対してその選任および監督についての責任のみを負う（105条）。

なお、復代理人は、本人の代理人なのであって、代理人の代理人ではない。あくまでも本人を代表するところの代理人と同一の権利義務を有する（106条）。

> ＊平成29年の改正によって、改正前の105条の第2項が削られ、かつ改正前の106条もなくなり、改正後は105条に含められたので注意してほしい。のみならず、復代理人の権限等に関する規定内容は、改正後の106条に移された。そして、後述するが、今回の改正によって107条が追加された。「代理権の濫用」に関する規定である。
> すなわち「代理人が自己又は第三者の利益を図る目的で代理権の範囲内の行為をした場合において、相手方がその目的を知り、又は知ることができたときは、その行為は、代理権を有しない者がした行為とみなす。」と定められた。

⑷　**代理人の基本的義務**

代理人は本人から信任を受けて代理人となるものであるから、内部関係上、次のような基本的義務が認められる。

①　**善管注意義務**　　代理人は善良なる管理者の注意義務をもって代理行為をしなければならない（644条・671条）。

②　**忠実義務**　　代理人はもっぱら本人の利益のために行為しなければならず、自分のためまたは第三者のために行為してはならない。また本人の利益と自己の利益とが相反するような地位に身を置いてもいけない（108条・826条）。

③　**自己執行義務**　　代理人は補助者を使用することは妨げないが、代理行為自体を他人にやらせることはできない。ただし復任（代理人が本人の代理人を選任すること、代理権の設定的移転ともいわれる）は認められる（104〜106条）。

　＊代理権授与行為の性質をめぐる論争

　　任意代理権が本人の意思に基づき発生するものであることは疑いないが、この授権行為がどのような性質のものであるかについては、従来から論争のあるところである。この論争の中味は多岐にわたるが要約すると次のようである。

　　⑴　授権行為は委任そのものであるのか。起草者は代理権を発生させる行為がすなわち委任にほかならないと考えていたようであるが、今日、委任のほか雇傭・請負・組合などからも生ずると考えられていることについてはすでに述べた。

　　⑵　委任以外の契約も代理権の基礎となりうることを前提としたうえで、授権行為が委任その他の代理の基礎となる契約とは別個の、代理権の発生のみを目的とする独自の行為か否か（授権行為の独自性の問題、⑴の問題も含めて独自性の問題といわれることもある）。

　　⑶　独自性を肯定したとして、それは代理人となるべきものと本人との合意（すなわち契約）によって成立するのか、それとも本人の一方的な行為であるか（契約説か単独行為説か）。

　　⑷　⑴の基礎となるべき関係が効力を失っても（無能力・意思の欠缺・詐欺・強迫などにより）、授権行為は影響を受けず、代理権はなお有効に存続するか否か（授権行為の無因性の問題）。

　　⑸　代理権授与の相手方は、代理人のみであるか、それとも法律行為の相手方たる第三者にしてもよいか（外部的授権が認められるか否か）などである。

　【融合契約説】　代理権は委任その他内部的な契約によって直接発生すると解し、授権行為の独自性を認めない。したがって、独自性を前提とする⑶、⑷、⑸の問題は生ぜず、単独行為による授権、無因性、外部的授権の可能性はすべて否定される。この見解は、起草者のそれと近いが、近時の有力説（森島・来栖など）は、概念的にも実益的にも独自性を認める必要がないことを強調しつつ、日本の委任状による代理権授与の慣行を指摘して説得

力を増している。

【無名契約説】 代理権は内部関係を形成する契約とは、別個独立の授権行為によって生じ（独自性承認）、それは代理人と本人との間の一種の委任に類似した無名契約であると解する。これが通説である（鳩山・穂積・我妻・大西など）。この見解は、民法の「委任による代理」という文言（104条・111条）からあまりにもかけ離れた単独行為説はとれないこと、111条2項を根拠として授権契約と内部関係たる委任などとの関係については両者は必然的に牽連している（有因）ことを説く。すなわち、後者の無効取消しは前者の遡及的消滅をもたらし、ただ例外的に代理人無能力の場合（102条）と詐欺による取消しの場合（96条3項）に限り、両者は無因となるという。

【単独行為説】 無名契約説と同様に授権行為の独自性を肯定するが、それは単独行為であるとする。単独行為説は古くからあったが（岡松）、末弘博士が代理行為の相手方の保護という視角からこれを基礎づけた後に有力化している（川島・舟橋・柚木・加藤など）。授権行為を単独行為と解することによって、授権の際の代理人側の意思の欠点（無能力・意思の欠缺・詐欺・強迫）があっても、授権行為の効力には無関係（代理人の側からの無効取消の主張はできなくなる）だから、なされてしまった代理行為の効力に影響を与えないので、相手方が保護されるというのである。結局、授権行為の無因性を強調するものである。ただ、この説でも本人の側に意思の欠点があれば、本人によって授権行為が取り消されることがあるのは否定できず、また、111条2項の対内契約の消滅は代理権の消滅をもたらすとの趣旨をいかに説明するかという問題もある。

【外部的授権説】 代理権は内部的授権だけではなく、ドイツ民法のように外部的授権によっても生ずることを積極的に認める説である。したがって、授権行為の独自性は必然的に肯定される（木村常信・高橋三知雄など）。この説は、表見代理を有権代理と構成する点や無因性の問題は、内部契約の無効取消しが授権行為の無効取消しを惹起することを否定するためよりも、むしろ代理権の範囲と委任の範囲とが相違しうる場合があり、その限りで「委任なき代理」を認めざるをえないと主張する点などに特色がある（森島昭夫「委任と代理」『契約法大系Ⅳ』、同「代理権授与行為の性質」『ジュリスト・続学説展望』参照）。

(5) 代理権の消滅

代理権の消滅原因には、法定代理・任意代理に共通の消滅原因と各々に特有の消滅原因とがある。共通の消滅原因は、①本人の死亡、②代理人の死亡もしくは破産手続または後見開始の審判を受けたことである（111条1項）。したがって、代理人は未成年者・被保佐人・被補助人でもよいが被後見人ではだめである。

法定代理に特有の消滅原因は各々の規定による（25条2項・26条・834条など）。任意代理に特有の消滅原因は、委任その他の法律関係（いわゆる内部関係）の消滅である（111条2項）。委任の終了事由は、①委任者または受任者の死亡

と破産手続開始の決定を受けたことであり、②受任者が後見開始の審判を受けたことの2つである（653条）。なお、代理権の消滅は善意無過失の第三者には対抗しえない（平成29年改正112条1項）。なお平成29年改正法はさらに112条2項を追加した。すなわち「他人に代理権を与えた者は、代理権の消滅後に、その代理権の範囲内においてその他人が第三者との間で行為をしたとすれば前項の規定によりその責任を負うべき場合において、その他人が第三者との間でその代理権の範囲外の行為をしたときは、第三者がその行為についてその他人の代理権があると信ずべき正当な理由があるときに限り、その行為についての責任を負う。」、いわゆる代理権消滅後の表見代理を明定したわけである。

② 代理権の範囲とその制限

(1) 代理権の範囲

　代理人が行ったどのような範囲の行為によって本人に効果が帰属するかという問題を代理権の範囲の問題という。しかし、代理人の行為が代理権の範囲内の行為であると認められるなら、それは、すなわち代理権が存在したのであり、代理権が存在するということは必ず一定範囲の存在をも同時に意味しているのであって、「存在」と「範囲」とを分離してしまってはならない。ただ、代理人がいかなる範囲の行為をなしうるかを定める解釈の基準を明らかにすることが必要であり、それは授権行為の解釈によって決まるのであるから、法律行為解釈の一般原則に従うべきである。当事者の意思がはっきりしない場合があるので、民法は補充規定を設けた。すなわち、権限の定めのないときは、代理人は①保存行為（財産の現状を維持する行為、台風で壊れた家屋の修繕、消滅時効の中断、期限が到来した債権の弁済、腐敗しかかった物の処分——103条1号）、②利用行為（財産の収益を図る行為、保管をまかされた田畑の耕作など）、③改良行為（価値を増加させる行為。例えば、家屋に造作を施し、田畑に排水装置を設けたり、古くて危険になった機械の部品を購入して修繕したり、無利息債権を利息付にする行為——同3号）のみをなす権限を有する。ただし、②③は目的たる物または権利の性質を変更するものではあってはならない（103条）。一言でいえば、管理行為をなす権限を認めたわけである。

　法定代理人については、不在者の財産管理人につき28条、親権者につき824

条ほか、後見人につき859条などに各々権限の範囲が法定されている。

(2) 代理権の制限

① 自己契約・双方代理の禁止　「同一の法律行為については、相手方の代理人とな」ること、Aの代理人Bが他面で自己の資格でA・B間の売買契約を締結すること（自己契約）、「当事者双方の代理人となること」（双方代理）は禁じられている（108条1項）。代理人がいかようにも自分または一方当事者に有利な条件で契約を締結することができて、本人の利益を不当に害する危険が高いからである。

民法は、債務の履行および「本人があらかじめ許諾した行為」（平成16〔2004〕年の改正による）を除外例としてあげている（同条ただし書）。108条は本人の利益保護のための規定であるとされているので、本人の利益を害するおそれがない場合は許される。例えば、両当事者の代理人として登記を申請することなどである（最判昭和43・3・8民集22巻3号540頁参照）。

② 利益相反行為の禁止　平成29年の改正によって、108条に第2項が追加されて、代理人と本人との間の利益相反行為を原則的に禁止される旨が明規された（108条2項）。すなわち、108条の第2項は、「……代理人と本人との利益が相反する行為については、代理権を有しない者がした行為とみなす、ただし本人があらかじめ許諾した行為については、この限りでない」としている。法人についての改正前の57条、親権者についての826条1項・2項、後見人についての860条などがある（さらに商75条・265条参照）。すなわち、利益相反行為は無権代理で無効となる。なお876条の2第3項、876条の7第3項参照。

③ 共同代理　複数の代理人があり、すべての代理人が共同してのみ代理行為をしなければならない場合があり、親権者である父母は、共同してのみ法定代理権を行使しうる（818条3項）。これを「共同代理」という。

Ⅲ—代理行為

1 顕名主義

(1) 顕名方法

代理人が本人のためにする行為を「代理行為」というが、その行為の効果が本人に帰属するには、「本人のためにすることを示して」意思表示しなければならない（99条）。これを「代理における顕名主義」という。

具体的には、A代理人Bと表示するか、法人の場合なら「……支店支店長」という肩書で十分である。本人の名前が明示されなければならないというのではなく、本人のため代理人として行為していることが相手方にわかればよい。このことから100条ただし書の意味が問題となる。100条は、代理人が本人のためにすることを示さなければ代理人自身が法律行為の主体となる旨を定めたのが本文であり、これを受けてただし書において、相手方がそれにもかかわらず、代理人の背後に本人が存在していることを知りまたは知りうべきとは、本人に効果が生ずるとしているがゆえに、99条につき、代理人が本人の名を示さずとも当該の事情から客観的にみて本人のためにしていることがわかればよいとされていることといかに調和するかということである。

通説は、当該事情から代理行為であると判断できるときは代理となるという、いわば意思表示の解釈に関する一般理論からでてくる当然のことを注意的に規定したまでであると理解している。しかしそれでは、99条と100条とは同じことを重複的に規定したのと同じことになるから、異なった考え方が必要であろうかと思う。むしろ、99条は、代理人が代理人として行為している場合に、たとえ本人の名を明示しなくても、本人が背後に存在している限り代理となることを示しており、これに対し100条は、代理人が代理人でありながら、相手方からみればあたかも本人として行為しているかにみえる場合の規定であり（すなわち、形式的には本人として署名捺印しているような場合）、したがって代理人が自ら本人として責任を負わなければならないが、相手方がたまたま、代理権限内における代理人の行為であることを何らかの事情から知りえたとき、すなわち代理人の背後に本人が存在していることを推認できたときは、代理人

が本人のごとき行為をしているにもかかわらず、代理行為となることを意味していると考えたい。

(2)　非顕名主義（商504条）

①　ところが商法504条は、「商行為の代理人が本人のためにすることを示さないでこれをした場合であっても、その行為は本人に対してその効力を生ずる。ただし、相手方が本人のためにすることを知らなかったときは、代理人に対して履行の請求をすることを妨げない。」と規定している。一般に、これは、民法の顕名主義に対する例外として商法は非顕名主義を採用したのだと説かれている。代理人が代理意思をもってなした行為があれば、代理意思が表示されずに、したがって相手方が代理行為としてなされたことを知らずかつ知りえなかったような場合でも、本人に対して直接に効果が生じ、ただ善意・無過失の相手方は、表意者たる代理人個人に本人としての責任を選択的に追求することができる、と解されている。最大判昭和43・4・24（民集22巻4号1043頁）は、その理由に商行為の代理の非個性的性格をあげ、「営業主が商業使用人を使用して大量的、継続的取引をするのを通常とする商取引において、いちいち、本人の名を示すことは煩雑であり、取引の敏活を害する虞れがある一方、相手方においても、その取引が営業主のためになされたものであることを知っている場合が多い等の事由により、簡易・迅速を期する便宜のために、特に商行為の代理について認められた例外である」と述べている。

しかし、この説明はまったく合理的理由がない。なぜならば、そのいうとおり、使用人が営業主のためになすことが通常ならば、民法100条ただし書が適用されて、民法上そのまま本人に効果が生ずるからであり、相手方が知っている場合が多いというにおいては何をかいわんやである。なぜならば、代理人の代理意思を知っているないし知りうる限り本人に効果が生ずるということは、まさに民法上の顕名主義を説明しているものにほかならないからである。

行為のなされたときの諸事情からみて、本人のために、代理人が行為していると認められうる以上、非顕名主義を採用する理由はいささかも存在しないといわざるをえない。学説では、商法上は相手方が善意・無過失のとき本人と代理人いずれにも選択的に責任を追求できる点で、民法のように本人について

か、代理人についてかいずれかにかたまってしまうのと異なっているともいわれる。

　しかし、私見のように、代理人に代理意思があり、相手方がそれを欲する限り本人に効果が生ずるのは当然であるとの考えによるならば、本人はこれを否定できないし、本人のためにすることを知らなかった相手方が代理人を本人としてその責任を問う限り、これまた本人は自分に効果が生ずることを主張できないのも自明である。

　②　結局商法504条は、誤解の招きやすい表現で訂正されるべきだが、民法の意思表示の一般原則の表明にすぎず、したがって民法の顕名主義の例外であるとして、顕名がなくかつ相手方が善意・無過失にもかかわらず、本人に対して効力を生ずることがあるとの見解は克服されるべきではないか。商法504条に独自の意義を認めるのなら、挙証責任が逆になるというほかないであろう。すなわち顕名がなされない場合、民法なら、本人側が代理であると主張するには、相手方に本人の存在を知りまた知らなかったことに過失があったことを本人側が立証しなければならないが、商法なら、代理の効果を否認する相手方の方で、当該の行為が代理としてなされたことを過失なくして知らなかったことを立証しなければならないと解することになる（竹田省『商行為法』12頁、西原寛一『商行為法』123頁は古くからこの見解を表明していた。なお、林脇トシ子「代理意思について」慶応法学研究34巻4号、神崎克郎「商事代理における非顕名主義」神戸法学雑誌15巻2号294頁など参照。なお森本滋「商法五〇四条と代理制度」林還暦・『現代私法学の課題と展望』（中）299頁が、最判昭和48・10・30民集27巻9号1258頁の事案、代表者が非顕名で輸出入を業とする組合のため貸主と賃貸借を締結し、貸主は代表者個人との契約を主張した場合、「なぜ、組合ではなく代表者個人が借主、したがって〔契約終了に際して〕敷金返還請求権者であるとしなければならないのか。これが私の疑問の出発点である。」と述べているが、私見の立場からは、この疑問はいささか理解に苦しむところである。逆になにゆえ組合が借主とされなければならないのか。顕名がなされず、相手方も代表者の代理意思を知らずに賃貸借を結べば、本人との関係を相手方が欲しない限り、本人たる組合が借主となるはずはないからである）。

(3) 代理権の濫用（代理権の範囲内の行為を本人以外の者の利益のためにする、すなわち背任的意図がある場合）

判例によれば（最判昭和42・4・20民集21巻3号697頁。製菓原料店仕入主任濫用事件）、代理人の権限濫用行為があった場合、例えば、Aの代理人Bが、本来ならばAの利益のために行為しなければならないのに、代金を着服するつもりで自分のために代理行為をした場合に、相手方がこのBの背任的意図を知り、または知らなかったことに過失がある場合には、民法93条ただし書の規定を類推適用して、本人Aは、Bの代理権限内の行為についてその責に任じなくてもよいとされている。しかし、BがAの代理人として権限内の行為をしている以上、たとえ自分の利益のためという背任的意図をもっていても、代理意思はあったわけだからこれを心裡留保とみることはできず、したがって類推適用するにもその基盤はないといわなければならない。また、代理権限の濫用の場合、その濫用である範囲内において無権代理というべく、したがって相手方は表見代理の法理で、すなわち、善意・無過失の場合にのみ保護されるだけだと主張する説もある。

しかし、背任的意図はあっても与えられた代理権行使は客観的に相手方に向けられており、代理権は画一的にその範囲を考えるべきであるから、まったくの無権代理の場合と同一の法理で保護されるよりも、より厚く保護されてしかるべきである。したがって相手方に重過失のない限り、軽過失があっても、なお保護されるべきであろう。それゆえ、商法学者が多く採用するところの、権限濫用の場合でも有効な代理行為が成立していることにかわりないが、ただ悪意・重過失の相手方がこれを主張して本人に責任を追及することは権利濫用ないし信義則違反（1条2項・3項）の行為として許されないとの理由から、本人の責任を否定する説が最も妥当であると思われる（高森八四郎「代理権限の濫用」『法学セミナー』267号98頁〔本書附録2〕参照）。

　＊ただし以上の理論は平成29年改正法に第107条が創設追加されたので過去の議論となった。本書102頁を参照してほしい。

2 代理行為の効力

(1)　代理行為の瑕疵

　代理人は本人に代わって意思表示をするのであるが、法律行為の主体は本人となる。売買契約において買主側が代理人によってなされている場合には、本人が買主となる。代理人は相手方を確定し特定の商品を定め、価格を決定し、買受けの意思表示をする。しかし、購入の意思は本人が決定し、この購入の意思は包括的・抽象的であるから、代理人が具体化するのである。したがって、買受けの意思表示に心裡留保、虚偽表示、錯誤などの存否、詐欺・強迫をし、また受けたかどうか、あるいは、ある事情の知・不知につき過失があったかどうかは、代理人についてこれを定める（101条1項）。Qui facit per alium, facit per se（代理人の行為は本人の行為とみなされる）。ただし、我妻『民法講義1』は、代理人の詐欺は96条によるという。平成29年の改正によって101条は第2項が追加され、よりキメ細かくなった。

　他方、本人が特定の商品を指定して、代理人にその購入を指図したとき、その商品の欠陥があることを知っていたり、知らなかったことに過失があったとすれば、代理人がその欠陥を知らなかったとしても、本人は代理人が知らなかったといって、そのことから生ずる責任を免れることはできない（101条2項）。ここでの例においては、売主の担保責任（570条）を売主に問いえなくなる。

(2)　代理人の能力

　代理人は行為能力者たることを要しない（102条）。101頁③を参照してほしい。すなわち、制限行為能力者であってもかまわない。未成年者、被保佐人・被補助人でもよい。しかし、被後見人は許されないであろう（ドイツ民法165条参照）。後見開始の審判を受ければ代理権が消滅してしまうからである（111条）。もちろん意思能力は具備していなければならない。代理人の代理行為の効果はすべて本人に帰属するのであって、代理人には何らの効果も帰属せず、したがって利益も不利益も受けることがないので行為能力を問題にしなくてもよいと考えられている。本人が未成年者であっても十分交渉能力ありとして代理人に選任して相手方と取引上の交渉をさせても、いっこうにさしつかえない

わけである。また、代理人の制限行為能力を理由に、代理権授与契約が代理人側から取り消されることもない。代理の基礎となる委任などの関係が制限行為能力を理由に遡及的に消滅しても、代理権授与行為は影響を受けないからである。ただ委任の終了によって、将来に向かって代理権が消滅するだけである（111条2項）。

Ⅳ—無権代理・表見代理

　無権代理とは、代理権がないのに代理人と称する者が代理行為を行うことをいう。代理権がまったく不存在の場合と代理権の範囲をこえた場合とがある。民法典の構成に従い、表見代理を先に説明し、後に狭義の無権代理について言及する。

① 表見代理

⑴　表見代理とは

　本人と無権代理人との間に特殊、密接な関係があるために、本人について代理権が真実存在するのと同様の効果を生ぜしめる制度である。

　表見代理には3種あって、①授権表示による表見代理（109条）、②権限踰越の表見代理（110条）、③代理権消滅後の表見代理（112条）である。起草者はこの3カ条を必ずしも統一的な法理のもとに理解していたわけではないが、後の学説がこれを「表見代理」と呼び、まとめてからほとんど異論なく承認されている。

⑵　表見代理の三類型

①　授権表示による表見代理

　他人に代理権を与えていないのに代理権を与えたと外部第三者に対して表示した以上、与えたと称する代理権限の範囲内の行為を代理人がなした場合、本人が「その責任を負う。」（109条）。BがAからの委任状を持参してCに呈示し、あるいはAがBを代理人とする旨の新聞広告を出していたので、CがBをAの代理人と思って取引したところ、何らかの事情でA・B間には対内関係が

欠けていて、代理権は与えられていなかったという場合に成立する。本条は、授権行為が代理人の承諾を要しない単独行為であって、第三者に対してなされてもかまわないということを示している（いわゆる外部的授権）規定であるとみることができる。それゆえ、無権代理とみるべきではなく、有権代理と考える余地ありともいえるが、通説は無権代理とみたうえで、本条の保護を受けるためには、外観を信頼した（代理権がないのにあると信じた）こと、すなわち、相手方の善意無過失を要求している。平成16〔2004〕年口語化改正においては、本条に相手方の保護要件として善意無過失が明記された。そのほか判例は、白紙委任状がＡからＢ１に交付され、Ｂ１からＢ２にそれが渡ったのち、Ｂ２が相手方Ｃと取引した場合、すなわち、白紙委任状の転得者による委任状の濫用の事件も、授権表示にあたるとしている（最判昭和42・11・10民集21巻９号2417頁）。また自分の支店名義、商号、出張店などの名義の使用を許したり黙認していたり、官庁の部局ではないのに「東京地方裁判所厚生部」という名称の使用を許すことなども授権表示にあたるというのが、判例の態度である（最判昭和35・10・21民集14巻12号2661頁）。すなわち、名板貸的名義使用の場合である。この判例は109条のほか商法23条の法意も援用している。

　このような事案は、白紙委任状が濫用された事案ともども、明示的な外部的授権があったというよりも、その外観があったにすぎないと解釈することができるので、相手方が保護されるためには、善意・無過失が要求されるのは、けだし当然ということになろう。

　平成29年の改正によって、109条には第２項が追加された。すなわち、「第三者に対して他人に代理権を与えた旨を表示した者は、その代理権の範囲内においてその他人が第三者との間で行為をしたとすれば前項の規定によりその責任を負うべき場合において、その他人が第三者との間でその代理権の範囲外の行為をしたときは、第三者がその行為についてその他人の代理権があると信ずべき正当な理由があるときに限り、その行為についての責任を負う。」というものである。いわゆるこれまで判例などで問題となっていた「競合型表見代理」において、授権表示者の責任を明定したものである。この問題については、すでに本書115〜116頁に、さらに123〜124頁にかなり論じているので、それを参照してほしい。

＊白紙委任状と授権表示

1　民法109条が元来は外部的授権を承認していたものだとしても、すでにみたように判例は白紙委任状や名板貸的な名義使用の場合にも109条を適用するようになると、単純に有権代理的には構成できないことになる。当初の外部的授権による有権代理と構成しうる類型（明示的外部的授権類型）と少なくとも内部的には代理権授与がまったくなされておらず、その外観のみが生じていると考えなければならない類型（授権表示外観類型）との２つが認められなければならない。明示的外部的授権類型では、相手方の善意・無過失は問題にならない。梅博士も、明示的な、相手方に対する授権の表示は強い信頼を惹起するから、相手方を保護するために善意・無過失は要件として必要ではなく、それゆえ明記しなかったと述べている。もちろん、ここでも代理人が本人の意図に反して、ないしは、反本人的利益を図って行為していることを（背任的意図）相手方が知っている場合には（悪意・重過失―以下同じ）、本人は履行の責に任じなくてもよいが、しかし、これは、109条の問題ではなく、悪意者排除の一般理論の適用の結果にすぎない。これに対して、授権表示外観類型は代理権がまったく存在しないか、代理権の範囲を大幅に逸脱・踰越している場合であるから、代理権の不存在に関して悪意・有過失者を特に保護する必要はないわけで、したがって、表見代理における第三者保護の一般的要件としての、善意・無過失なる要件が付加されざるをえないのである。

　このように民法109条を「拡大した事案」（授権表示外観類型）に関して、判例・学説が、民法110条、112条ともどもに相手方保護の要件として善意・無過失を要求したのは、その意味で妥当であったといってよい。しかし、本来の109条の適用範囲は、これよりもはるかに限定されたものであったということ、それは有権代理的に考えなければならないということは忘れられてはならないと思われる。拡大された事案については、民法112条の文意のように、代理権の不存在をもって善意・無過失の第三者に対抗しえないという形で規律すべきである。平成29年の改正によって、112条が大きく変わったことに注意してほしい。

2　①　以上の考察を踏まえて、白紙委任状判例の事案を検討するならば、次のようになる。白紙委任状の事案は四宮和夫教授の整理に従うと（Ⅰ）転々予定型と（Ⅱ）非転々予定型に分けられる。前者は、白紙委任状が特定の目的のために、誰によっても使用されても妨げない趣旨で交付されるもので（記名株式譲渡の際に名義書換のために株券につけられた白紙委任状、債権担保として取立を委任された年金の証書につけられた白紙委任状など）、転々したのちの最終取得者が特定の目的のために使用する限り、本人が責任を負うことは問題がない。ここでは、表見代理のはたらく余地はないといえる（大判大正7・10・30民録24輯2087頁）。後者は、多かれ少なかれ、委任事項も代理人も相手方も限定する趣旨で交付されるもので、それにもかかわらず限定されないままで、空白のまま交付されるがゆえに表見代理が問題となるケースである。（Ⅱ）類型は、さらに②直接の被交付者が濫用する場合（直接型）と直接の交付者から転々としたのちの⑤転得者が代理人となって行為する（間接型）に分けられる。

　②　直接の被交付者が与えられた代理権の範囲をこえて、すなわち委任事項を濫用した、（Ⅱ）―②型は、事案類型としては、109条よりもむしろ110条で処理、規律されるべきである。ここではまさに権限を踰越している事案だからである。予定された相手方と取

引する場合と、予定していなかった相手方と取引する場合の２つが考えられるが、いずれも110条が適用されてよいと思われる。相手方にも代理権ありと信ずるについての正当理由が必要ということになる。福岡高判昭和37・2・27判時302号20頁は、農地を担保にして融資を受けるようＡが代理権をＢに授与して、登記に必要な書類とともに白紙委任状を交付しておいたところ、ＢがそれをＣに対する代金債務を担保するための抵当権設定に流用した場合、授権表示を肯定し、Ｃを保護している。しかし、保護の実質的要件はＣの正当理由の存否に求められるべきである。直接の被交付者がまったく何の権限も与えられていないのに、白紙委任状を濫用する場合も観念的には想定されうるが、判例上現れたことはないように思われる。

　③　（Ⅱ）―ⓑ①型は直接の被交付者以外の転得者が利用（委任事項そのものは濫用されていない）した場合であるが、ここでは、典型的に白紙委任状による授権の外観が作出されている。代理人（と称する者―以下同じ）が白紙委任状とその他の必要書類を持参してそれを呈示し、そのうえで行為したならば、少なくとも、相手方は、当該の代理人が特定の代理権を有していると考えるのは当然であろう。しかし、白紙委任状だけで代理人の自称する代理権ありと信じたとするならば、ほとんど保護に値しないであろう。なぜならば、何らかの権限が与えられているであろうというのではなく、代理人が自称している特定の代理権が代理人に与えられていると信頼したのでなければ、代理権の外観を信頼したとして保護を与えるわけにはいかないからである。この場合は、代理権ありと過失なくして信頼したとはいえず、第三者は有過失者として、保護を受けえない。

　売渡証書（または権利証）、実印（または印鑑証明書）とあわせて白紙委任状が転得者によって利用された場合、ほかに特別に疑わしい事情がない限り売買に関する代理権ありとの授権の外観があるといってもよいであろう。それゆえ、相手方が善意・無過失である限り保護されてよい。

　いずれにせよ、転得者が直接の被交付者に与えられた代理権の範囲内で行為している限り授権の外観ありとして、もっぱら、相手方の善意・無過失の要件によって保護を図ればよいであろう（大判大正3・4・6民録20輯256頁は、ＡがＢの保証人になるために、Ｂに代理人部分空白の委任状を交付したところ、Ｂの選んだＣが代理人となってＢの債務について保証契約を締結した事案で、復代理のケースであった）。

　④　(i)最も困難な問題は、（Ⅱ）―ⓑ⑪型すなわち間接型のうち、転得者が白紙委任状を濫用するものである。この場合にも、細かくみれば、さらに、①取引予定でない相手方と取引したが委任事項は濫用していない場合、②予定していないものと取引するとともに委任事項も濫用した場合に分けられる。しかし、いずれにせよ、授権（表示）の外観は作出されたと見うるから、第三者はもっぱら、善意・無過失か否かで保護されるかどうかが決まるといってよい。

　(ii)　一説によれば、①のケース（最判昭和42・11・10民集21巻9号2417頁。ＢがＣを通じて他人から融資を受けるに際して、Ａは保証人になることを了承し、Ｃに白紙委任状を交付したが、Ｃは融資を受けることに失敗したので、委任状をＡに返すためにＢに交付したところ、Ｂはそれを使用して、別のＤから借金し、Ａの代理人として、連帯保証契約を締結した事案において、授権表示を肯定している）は保護されやすく、②のケースは保護されにくい、特に濫用の程度が大きいときに保護されにくいと指摘されているが、その理由については何も述べられていない（四宮272頁）。①のケースで第三者が保護されるの

は、本人Aが融資を受ける目的で代理人Bに白紙委任状を渡し、それがB_2……B_nに至って、B_nが行使したという場合で、この場合は、Aは誰から借りようと自分は融資を得たいわけであるから、融資条件があまりに不利にならない限り、本人に債務者として責任を負わせればよく、代理人によって着服横領されようとも、相手方が善意・無過失である限り、保護されてよいと思われる。もちろん、このケースでも白紙委任状のみを代理人が持参・呈示しただけでは、容易に善意・無過失は認められないのは、前述したとおりである。

　ただし注意しなければならないのは、代理人の債務のために本人を（連帯）保証人にする場合で（前掲、最判昭和42・11・10民集21巻9号2417頁がそうであるが）、ここでは、よほどの信頼誘起事情がほかに存在しない限り、相手方は本人に確認すべきで、容易に善意・無過失を認定すべきではない。

　(iii)　②のケースは最判昭和45・7・28民集24巻7号1203頁〔山林交換事件〕である。自己の所有する山林W_1を売却したAは、買主Cの代理人BにW_1のCへの移転登記に必要な、売渡証書（名宛人白地）、実印、印鑑証明などとともに白紙委任状を交付したところ、受け取ったBはいったんCの所へ行き、この一件書類を全部Cに渡したのち、さらにCがDの所有するW_2との交換契約のために、それら一切を再びBに託してDのもとへ行かせた。このときBはCではなく、Aの代理人と称し、Dと取引して、W_1とW_2とを交換してしまった。DがAの責任を追及したものである。最高裁は、BもAの「信頼を受けた特定他人」だという理由づけで109条の授権表示を肯定し、あわせて110条をも援用してAの責任を肯定しようとしているが、売渡証書を提示されて交換契約に応じたDに過失なしとはいえないとともに、AはCよりW_1の代金を受領できれば問題ないわけで、もしまだ代金を受領していなければ、交換を認めてCにW_2を移転しW_1の代金をCより受領すれば、A、C、D、三者の思惑どおりに解決される可能性があり、このゆえに最高裁は代理人Bの行為についてAの責任を肯定したのかもしれない。いずれにせよ、BがなぜAの代理人と称したかという経緯にも関わる微妙なケースであった。しかも本件は、BがCに一件書類を渡したことを無視すれば、Aから直接交付を受けたBがDと取引したものと構成することができたケースで、最高裁の理由づけ（110条の援用）は、このことを意味しているのかもしれない。

　(iv)　いま1つの判例は否定例であるが、最判昭和39・5・23民集18巻4号621頁である。債務者Aが債権者Bから不動産を担保にして金融を得ることになり、抵当権設定のため登記用書類とともに白紙委任状をBに交付した。Bはそれらを自己の金融を得る目的でCに交付し、Cは、Dとの継続的商品取引をする際に、白紙委任状の代理人部分を、C自身の名前で勝手に補充し、Aの代理人として、Aの不動産について極度額100万円の根抵当権を設定したというものである。最高裁は本件において授権表示を否定してAを保護しているが、最判昭和42年、同じく最判昭和45年に授権表示を肯定し、本件にそれを否定して、両者を区別することの合理的理由は見出しがたい。無権代理人の委任状濫用の程度が大きく、本人を保護する必要性が高いといっても、いずれも他の書類とともに白紙委任状を持参し、しかも空白の欄を代理人が補充して使用する限り、授権表示の外観そのものは作出されたとみなければならない。ただ、相手方の善意・無過失の認定において代理人自身の債務を保証するために白紙委任状が呈示された場合、前述のように、代理人と本人との利益が実質的に相反しているから、相手方も慎重でなければならず、本人に問い合わせ

などをするのが望ましく、他に特別な事情がない限り、善意・無過失を認めるべきではないのである。本件も、授権表示を肯定したうえで相手の善意・無過失（実質的には正当理由）を厳しくチェックする仕方で判決されるべきであった。

3　以上をまとめるならばこうである。

（Ⅰ）　転々予定型（有権代理）

（Ⅱ）　非転々予定型（表見代理）

　①直接型（直接の被交付者濫用型）―110条適用型

　②間接型（転得者利用・濫用型）―109条適用型（原則）

　　ⅰ転得者利用型―109条適用型

　　ⅱ転得者濫用型

　　　①取引予定者以外の者と取引した場合―109条適用型

　　　②取引予定者以外の者と取引し委任事項をも濫用した場合―109条・110条併用適用型

②　権限踰越の表見代理

①　代理権のある者がその権限外（踰越）の行為をした場合に、相手方が権限内の行為であると信ずべき正当の理由が存在するとき、本人が責任を負う（110条）。本人AはBを代理人にしてC（銀行）に行かせ、従来100万円から200万円くらいまでの借金の交渉をさせてきたところ、たまたま、今回は50万円の借財についてのみの代理権をBに与えCのもとに行かせた。Cとしては従来の取引のあり様から見て、Bが200万円を借りたいといい、A名義の不動産に抵当権を設定すると称して実印を持参すれば、Cとしてはおそらく、Bが200万円の借金権限と抵当権設定契約に関する権限を有すると信じても無理からぬと誰もが考えるであろう。このような状況が権限ありと信ずべき「正当な理由」なのである。

②　通説によれば、110条の表見代理が成立するためには、第1に、何らかの基本となる権限（基本権限）があり、この権限の範囲をこえた場合であること（基本権限外行為の存在）、第2に、権限ありと信ずべき正当理由のあること（正当理由＝善意無過失）が必要であるとされている。第1の要件に関しては、いくつかの問題がある。(ⅰ)基本権限外行為が基本的権限の量的踰越（50万円を200万円借りる）ではなく質的な踰越でもよいか。例えば、物上保証人となるために実印と印鑑証明書を預けたところ、代理人は目的不動産を売却してしまったという場合である。通説・判例は本条の要件は質的踰越でも充足されるとし

ている。

次に、(ii)事実行為も基本権限となるか。例えば、保険勧誘員がその子に勧誘をまかせていたところ、その子が勝手に父親を顧客の保証人とした場合などに、判例は事実行為は本条の基本権限にあたらないとして本人の責任を否定した（最判昭和35・2・19民集14巻2号250頁）。

また、(iii)「公法上の代理権」は基本権限といえるか。印鑑証明書下付申請行為の代理権に基づき、預った印鑑証明書を利用して、別の印鑑を作って使用して権限外行為をしても本条の表見代理にはならないとされている（最判昭和39・4・2民集18巻4号497頁）。ただし最判昭和46・6・3（民集25巻4号455頁。兄弟間贈与事件）は、登記申請行為を委任された者が、その権限をこえて第三者との間に取引行為をした場合、登記申請自体は公法上のものであっても、それが私法上の取引行為の一環として、契約による義務履行のためになされたものであるときは、その権限を基本代理権として本条の表見代理が成立すると判示している。

すなわち、基本権限は、原則として「私法上の法律行為を為す権限」でなければならない、ということである。

③　第2の要件たる「正当理由」とは、通説によれば「普通の人が代理権があると信ずるのがもっともだと思われること」＝「善意・無過失」と説明されているが、より正確には「本人に代理権の有無・範囲について問い合わせすることをまったく不要と感じさせるほどの客観的事情があり、それゆえ代理権ありと信じたこと」というべきであろう。具体的には、「相手方がこれまで代理人を通して本人と同種同量の取引をしてきたが、いずれもこれらの取引は本人によって承認され、つつがなく履行されてきた、あるいはこれに準じるような本人の認容的言動のあること」ということになろう（高森『表見代理理論の再構成』2章、3章参照）。白紙委任状の交付や実印の預託などは、それだけでただちに正当理由ありとはいえない。他の事情とあいまって（例えば、従来から同様の取引が同一代理人によってなされていたとか、父に代わって世帯主として家政いっさいを処理している長男がかつて一度でも山林を処分した事実があり、その後無断で山林を処分したとか、本人不在中抵当目的物その他の財産の管理権を有して抵当債務の整理・支払い・納税などいっさいの処理を委託されていたものが、抵当債務弁済のため有

利に売却する必要があったとかなどである）、はじめて正当理由ありと判定されることが多い。

　特に夫婦・親子など実印の保管を委託するのが通常の身分関係にある場合は、実印所持だけでは正当理由は認められにくい。いわゆる留守居妻が実印を冒用して夫の財産を勝手に売却した事案において、正当理由は認められなかった（最判昭和27・1・29民集6巻1号49頁。陸軍司政官夫人事件）。

＊日常家事行為と表見代理

　1　夫婦の一方が正当な代理権なしに他方を代理してその財産を処分したり、借金をしたりした場合につき、日常家事に属する行為についての夫婦の連帯責任を定める民法761条と110条とがどのような関係にたつかは種々の議論がある。761条が夫婦の相互の法定代理権を認めたものか、それともこの規定の基礎に任意代理権の存在を肯定すべきか、法定代理ならば、これに表見代理を認めてよいか（法定代理ならその相互の代理権は日常家事行為に法定されているから、日常家事行為外の行為をしたからといって権限ありと信ずべき正当理由ありとは認められないことになる）など争いがある。

　通説的には、761条は夫婦相互の代理権を法律上付与したものと解し、さらに表見代理の規定が適用されると解されている。日常家事行為代理権を基本代理権として非日常家事行為について110条を適用することになる。この場合の日常家事とは婚姻共同体の日常生活に必要ないっさいの家事を指し、その範囲は社会慣習の外に個々の夫婦の社会的地位、職業、資産収入等にかんがみ現実の生活状態を考察して客観的に定められるという。そうすると、夫婦の一方と取引した相手方は、日常家事の範囲内なら他方に責任を問えることを期待してよいが、範囲外とされたなら、他方に責任を追及できなくなる。この問題については、761条の日常家事行為代理権を基本代理権として日常家事行為外行為について110条を適用しうるとして、これを肯定するのが最高裁昭和44年判決以前の学説の多数説であった（幾代通『民法総則』392頁）。

　この多数説に対しては、110条の適用を直接肯定することは夫婦の財産的独立を侵害するおそれがあるとの批判があり、このように批判する学説は「日常の家事の範囲は、……各夫婦の共同生活の事情により、またその行為をなす目的によって異なり、外部から正確に判断することは困難である。それにもかかわらず、内部的事情にしたがってその範囲を限定することは、第三者を害するおそれが多いのみならず、──第三者に過当な警戒を強いることになって──ひいては夫婦共同生活の運営を妨げる。したがって、表見代理の趣旨を類推適用して、日常の家事の範囲内と信ずるについて正当な事由がある場合には、第三者は保護されると解すべきである」（我妻栄『親族法』107頁）と主張した。

　2　この我妻説に従って最判昭和44・12・18（民集23巻12号2476頁）は「夫婦の一方が右のような日常の家事に関する代理権の範囲を越えて第三者と法律行為をした場合においては、その代理権の存在を基礎として広く一般的に民法110条所定の表見代理の成立を肯定することは、夫婦の財産的独立をそこなうおそれがあっ」て、相当ではないから、「夫婦の一方が他の一方に対しその他の何らかの代理権を授与していない以上、当該越権行為の

相手方である第三者においてその行為が当該夫婦の日常の家事に関する法律行為の範囲内に属すると信ずるにつき正当の理由のあるときにかぎり、民法110条の趣旨を類推適用して、その代理権の保護をはかれば足りるものと解するのが相当である。」と判示した。この最高裁判決の判旨＝我妻説（110条の類推適用説）が、現在のところ日常家事行為と表見代理に関する通説である。

　ところが我妻説は日常家事行為に関して、我妻・前掲106頁は、「家族の食料・光熱・衣料などの買入、保健・娯楽・医療、子女の養育・教育、家具・調度品の購入などは当然に含まれる。問題となるのは、これらの目的のために資金を調達する行為——既存の財産の処分と借財——だが、これも、普通に家政の処理と認められる範囲内（例えば月末の支払いのやりくりのための質入・借財など）においてはもとよりのこと、これを逸脱する場合でも、当該夫婦の共同生活に特に必要な資金調達のためのものは、なお含まれると解すべきものと思う。」としており、これは日常家事行為の具体的範囲を判断するにあたって広範囲に行為者の主観的意図（目的・動機）を考慮する立場である。

3　確かに最高裁昭和44年判決に影響を与えた我妻説のごとく、日常家事行為の範囲を行為者の目的・動機などを重視して広くとらえ、かつ110条の正当理由を「普通の人が代理権があると信ずるのがもっともだと思われること」（我妻『新訂民法総則』371頁）という事情があり、代理権の存在についての善意・無過失のことをいうとあまりにも漠然と説明すると、110条の成立するケースがかなり広くなり夫婦の財産的独立を侵害するおそれが強いから、「日常の家事の範囲内と信ずるについて正当な理由があるときのみ相手方は保護される」という制限的要件を付加せざるをえないであろう。また我妻説にたてば、妻が夫名義で借財するとき子どもの入院費にあてるためなら日常家事行為、遊興費にあてるためなら非日常家事行為となるから、妻が相手方に子どもの入院費にあてると説明し相手方がそれを信じたが、実際は遊興費に費消していたという事案では、相手方は実際には日常家事行為ではなかったのにその範囲を誤信していたことになって、その目的・動機の誤信についての正当理由が110条の類推適用という形で判断されることになるのであろう。

　我妻説の立場では、ある行為が日常家事行為に該るか否かを判断するについて行為者の目的を重視するから、真実は日常家事的な目的で行為するのではないのに日常家事的な目的であると相手方に説明したうえで行為し（我妻説の立場ではこれは非日常家事行為である）、相手方が行為者の説明した目的からその行為が日常家事行為であると誤信したとき、そのように誤信したのはもっともかどうかが問題とされる。しかしこのように解すると、もともと日常家事行為の範囲が広いうえに、広げた日常家事行為の範囲内にも含まれないような非日常家事行為について、行為者の目的の説明に対する相手方の誤信から、他方配偶者に責任を負わせる結果となり、夫婦の財産的独立を侵害する危険性はまことに大きいといわねばならない。

4　これに対して私見は次のように考える。夫婦の一方が他方の承諾を得ずになした行為が761条の日常家事行為と判断されれば、他方は連帯責任を負わされるのであり、加えて761条が夫婦の一方と取引した第三者保護の規定であることを考えあわせれば、日常家事行為の具体的な範囲については、その夫婦の資産・収入・職業・社会的地位等の内部的事情と、その行為の種類、性質等の客観的事情を考慮して、社会通念に照らして客観的に判断すべきである。日常家事行為の概念と判断を曖昧にする行為者の目的や動機といった主観的意図は考慮にいれるべきではない。それゆえ日常家事行為とは、「夫婦の共同生活を

維持するために日常的に反復継続されることが、社会通念上当然予想される行為である」といえる。この観点からは、借財については、一般的には月収１～３割程度（ただし、サラ金等の高利のものを除く）の金額のものが日常家事行為の範囲内に含まれると解される。また他方名義の不動産処分は、原則として日常家事行為には入らない。

　次に私見は、110条の「正当理由」の説明について、従来「普通の人が代理権があると信ずるのがもっともだと思われること」（我妻）という事情があり、代理権の存在についての善意・無過失のことをいうとあまりにも漠然と説明されていたのに対し、110条の正当理由を否定した判例（例えば、最判昭和42・11・30民集21巻９号2497頁、最判昭和45・12・15民集24巻13号2081頁、最判昭和51・６・25民集30巻６号665頁等）がしばしば用いる「代理権有無の確認手段」「本人の意思確認」という表現を「正当理由」の具体的な説明の中に盛り込んでいくべきだと考える。すなわち110条の正当理由を否定した判例が「本人の意思の確認」を広汎に要求するならば、「正当理由」の内容の説明において、この表現を採用し「本人に代理権の有無・範囲について問い合わせをすることがまったく不要と感じさせるほどの客観的事情があり」、それゆえ「代理権の存在を信じた」ことが、相手方が代理権ありと信ずべき正当理由のあることと定式化すべきである（髙森「不動産取引業者と民法110条の『正当理由』」『法律時報』56巻３号119頁以下、のち髙森『表見代理理論の再構成』に転載）。

　5　結局、私見は、日常家事行為の範囲については、その夫婦の資産・収入・職業および社会的地位などの内部的事情と、その行為の種類・性質等の事情を考慮して、社会通念に照らして客観的に判断し、客観的に非日常家事行為と判断された行為については110条を直接適用し、相手方に代理権ありと信ずべき正当理由があったか否かを、「本人に代理権の有無、範囲について問い合わせをすることがまったく不要と感じさせるほどの客観的事情があり」、それゆえに「代理権の存在を信じた」といえるかについて厳格に検討すべきであると考える（髙森八四郎＝哉子「夫婦の日常家事行為と表見代理」『名城法学』38巻〔別冊　本城先生還暦記念号〕）。

③　代理権消滅後の表見代理

　代理人が代理権がなくなったにもかかわらず、なお代理人として行為した場合に、相手が過失なくして代理権の消滅を知らなかったときにも、本人は代理権の消滅したことを相手に主張することはできない（112条）。本人は無権代理人の行為につき責めに任じなければならないのである。注文取り兼集金人たる雇用者が不始末をしてクビになった後にもなお集金人のような顔をして集金したような場合である。第三者に対して代理権の消滅した旨を知らせておかなければ、本人はクビにした者が代理人として行為することがあると覚悟しなければならないということになる。新聞などに「左の者は以後会社となんらの関係もありません」という広告がなされているのを時折見かけるが、本条の適用をさけるためである。

　なお、平成29年の改正によって代理権消滅後の表見代理の規定たる112条１項の文言が詳しくなり、さらに競合型表見代理に関する規定たる第２項を追加した。すなわち１項本文において第三者に責任を負うべき者（すなわち他人に代理権を与えた者＝本人）は「……その他人（筆者注—代理人）が第三者との間でその代理権の範囲外の行為をしたときは、第三者がその行為についてその他人の代理権があると信ずべき正当な事由があるときに限り、その行為についての責任を負う。」というものである。競合型表見代理については次に詳しく解説しているので参照してほしい。

＊競合型表見代理

　①　110条と112条の競合
　以上の表見代理のほか、さらに判例によって認められている場合がある。かつて存在した代理権が消滅した後にもとの代理権の範囲外の行為がなされた場合に生ずる。110条にいう正当事由がある限り、真実の代理権の範囲をこえた行為がある場合にくらべ相手方保護の点でさほど差がないので、表見代理は成立すると理解されている。複合型ないし競合型表見代理である。
　判例は、当初は、112条と110条の競合、さらには109条と110条の競合（授権表示の範囲をこえた代理行為）に関しても表見代理の成立を否定していたが、後に、110条と112条の競合について大審院連合部判決でこれを肯定するに至った（大連判昭和19・12・22民集23巻626頁）。最高裁も同様である（最判昭和30・11・29民集11巻12号1994頁）。最判昭和45・12・24（民集24巻13号2230頁）は無権代理行為が追認されたのちに、無権代理人が新たに無権代理行為をした場合にこの種の競合を肯定している。追認は遡及効を有し初めにさかのぼって効力を生ずるものであるから、追認後の無権代理行為について表見代理を肯定する判例の態度には納得できない。
　②　110条と109条の競合
　109条と110条の競合についての最高裁判例は山林交換事件（買主の代理人が売主の代理人として他人と山林を交換した。最判昭和45・7・28民集24巻7号1203頁）である。このような競合についても学説は一般に肯定している（競合型表見代理を批判するものとして髙森八四郎＝哉子『表見代理理論の再構成』205頁以下参照）。

② 無権代理

(1)　無権代理とは

　無権代理は、本人の名において行為がなされながら代理人と称するものが、実はまったく代理権を有していなかった場合をいう。民法は契約における無権代理（113〜117条）と単独行為の無権代理（118条）とに分けて効果を定めてい

る。本人は無権代理人の行為を欲していないのだから、本人に対して効果は生じないし、代理人は、本人のためになしたのであって、自分のためになしたのではないから、本来なら、自分にも効果は生じないはずである。

　意思表示とは、欲するがゆえに欲するがままの法律効果を生じさせようとする制度だからである。しかし、これでは相手方が困るので、代理権もないのに代理行為をした無権代理人が自分の行為の責任を負うべきだとして、善意無過失の相手方の選択により、履行または損害賠償の責めに任ずるようにした（117条）。無権代理行為でも、本人がそれを知り、かつ、その効果を欲するなら、本人、代理人、相手方の三者は欲するままの効果を享受することになるので、それを拒否する理由はない。これが「本人の追認」である。追認は別段の意思表示がない限り、契約時に遡及する（116条）。ただし、第三者の権利を害することをえない（同条ただし書）。

(2)　**無権代理と相続**

　息子が父の名前を用い、父の代理人と偽って、父親所有の不動産を売却した後に、父親がこの無権代理人の行為を追認しないまま死亡し、その結果、息子が父親の地位を相続したという場合、判例は相続により、父の地位と子の地位が混同したとして、あたかも父親が自ら行為したのと同じになるとしている（最判昭和40・6・18民集19巻4号986頁）。すなわち「代理権の追完」を認めたことになる。無権代理人が本人を相続した以上、本人の追認を拒絶する権利を行使できるとすることは信義に反すると考えられているのであろう。

　これとは逆に、父親が無権代理行為をして後死亡し、本人たる息子が相続した場合には、「相続人たる本人が被相続人の無権代理行為の追認を拒絶しても、なんら信義に反することはないから、被相続人の無権代理行為は、一般に本人の相続により当然有効となるものでない」（最判昭和37・4・20民集16巻4号955頁）とされている。ただし、本人は無権代理人を相続することによって民法117条の責任を負うことになる。

　無権代理人が本人を相続した場合と本人が無権代理人を相続した場合の取扱いを異にすべきか否かに関して、私見は、いわゆる併存貫徹説を主張している。この説は、無権代理人が本人を相続した場合も、本人が無権代理人を相続

した場合と同様に、本人的地位に基づき追認を拒絶しても妨げないと考えるものである（高森哉子『無権代理と相続』〔法律文化社〕参照）。

＊無権代理の意義と効果

1　無権代理人の責任

①　無権代理の意義と効果　　無権代理とは、代理人が代理権もないのに代理行為（契約）をすることをいう。代理権を授与していない本人に効果は帰属しないし、代理人は代理意思を有していた以上、本人への効果帰属を欲していたのであり、自己への効果の帰属を欲していないので、代理人にも効果は帰属しない。すなわち、それは効果不帰属という意味において、いわゆる「無効」であるといわれている（113条は「効力を生じない」と規定する）。無権代理行為がなされた場合、本人がこれを拒絶すれば、もちろん効力は生じないが、本人がこれを了として「追認」すれば、契約締結の時にさかのぼって有効となる（116条。ただし第三者の権利を害してはならない。同条ただし書）。他方、相手方は、相当の期間を定めて本人に対して追認をするよう催告をすることができるし（114条）、代理権ありと信じていた（善意）相手方は本人による追認がなされない間ならば、いっそのことそれを取り消してしまうこともできる（115条）。

②　無権代理人の責任の発生　　しかし代理人に代理権があると信じていた相手方にとっては、本人にも無権代理人にも責任を追及できないとなれば、いかにも気の毒であり、ひいては代理制度そのものの信用を根底から失うことにもなりかねない。そこで民法は、相手方が欲するならば、無権代理人は「履行又は損害賠償」の「責任を負う」と定め（117条）、無権代理人に重い責任を課した。

③　無権代理人の責任をめぐる問題点　　問題点はいくつかある。まず、この無権代理人の責任がなぜ生じるのか、その責任の性質ないし根拠をどこに求めるべきかということ、次にその責任の発生要件と内容とを具体的に吟味すること、さらに無権代理行為がなされたのちに無権代理人が本人の死亡によってそれを相続したり、逆に無権代理人を本人が相続したりして、本人の地位と相続人の地位とが同一人に帰した場合にいかなる効果が生じるか、最後に、契約でなく、単独行為について無権代理がなされた場合、契約と異なりどんな効果が生じるかということなどが問題である。

2　無権代理人の責任の根拠

①　起草者の見解　　起草者、ことに梅博士は117条の無権代理人の責任を過失責任と考えていたようである。「代理権ナク而モ代理人トシテ契約ヲナス者ハ大ナル過失アル者」といわざるをえない、相手方がこうむった損害は「全ク自称代理人ノ過失ニ因リテ生シタルモノ」というべし（梅『民法要義　増補訂正』巻之一、299頁）と述べている。そして純理からいえば、損害賠償責任のみを基礎づけるべきだが、相手方にとっては、有効だと思ったものが無効となるために損害をこうむるのだから、むしろそれよりも代理人をして（有効と同じく）履行の責任を負わせる方がよいのであるとしている。それゆえ、結局は、「履行又ハ損害賠償」責任は法定の特別責任であると解しているものといえる。この過失責任であるとする見解は、今日の学説の一部に継承されている（石田穣『民法総則』

456頁〔悠々社・1992年〕、佐久間毅「無権代理人の責任」『民事法理論の諸問題（上）』31頁以下〔成文堂・1993年〕）。

②　通説・判例　　通説は鳩山博士（「無権代理人の責任を論ず」『民法研究』一巻271頁以下）の見解に由来する。鳩山博士は、無権代理人の責任は「代理権ありと主張し又は代理人なりと信ぜしむる行為をなしたるの事実に付て法律が特に規定したる特殊の責任」であるとする。鳩山説は、代理制度は取引安全の観点からみて、ある程度危険を合わせもつものであり、これを予防して代理制度に対する信用を維持するために表見代理と並んで無権代理人の特別の（重たい）責任を規定したものであるとの基本的認識に基づいている。この既存の法理（過失責任の法理）を超えた無過失の法定責任とする考え方が鳩山説以後確立し、今日に至っている（前掲・佐久間論文15頁参照）。四宮和夫『民法総則〔第4版〕』（255頁）は、「民法は、取引の安全をはかり、代理制度の信用を維持するため、善意の無過失の相手方に対する無権代理人の無過失責任を認めた」と述べており、近時の学説を代表するものである（於保不二雄編『注釈民法(4)』204頁〔中川淳〕〔有斐閣〕1967年）。

判例も、民法117条による「無権代理人の責任は、無権代理人が相手方に対し代理権がある旨を表示し又は自己を代理人であると信じさせるような行為をした事実を責任の根拠として、相手方の保護と取引の安全並びに代理制度の信用保持のために、法律が特別に認めた無過失責任である」と鳩山説と同旨を明言している（最判昭和62・7・7民集41巻5号1133頁）。

③　私　見　　私見も鳩山説を結論的に支持したいと思う。ただし私は、無権代理人の責任を「法定の保証責任」として根拠づけるべきであると考える。これはドイツでもイギリスでも主張されている考え方である（イギリスでは implied warranty といわれている。これは黙示的保証と訳されることもあるが、法定保証と訳すべきである。同旨、長尾治助『表見代理論序説』76頁〔成文堂・1971年〕。もっとも長尾氏は「擬制的権限担保」の訳語をあてておられる）。これは法定追認（125条）の制度と同じく、代理人の一定の行為（事実）のありたることをもって代理権の存在を代理人が保証したものと「看做ス」（「擬制」）ものである。法定ないし擬制するがゆえに代理人の保証意思、すなわち効果意思に基づく責任ではなく、法定の一定の要件を具備してはじめて認められる一種の無過失の契約上の責任である。それゆえ不法行為責任ではない。過失責任説では損害賠償責任を基礎づけることはできても、「履行責任」を根拠づけることはできない。明示的保証があっても制限行為能力者たる無権代理人は責任を免れうるのだから、重い無過失責任を課せられる117条責任を制限行為能力者が免責される理由もそこにある（117条2項）。同様にして相手方が代理権の不存在につき、善意無過失の場合にはじめて代理人が責を負う理由も法定の保証責任だからである。効果意思に基づく保証（約束）の責任ならば、相手方が保護を受けるために少なくとも無過失である必要はないからである（保証約束の場合には悪意の相手方に対しては約束者は責任を免れるが、過失ある相手方には責任を負うのが原則である）。以上によって法定の無過失責任であるとの通説・判例の結論は支持されてよいと思う。

3　無権代理人の責任の発生要件

無権代理行為が本人の追認を得られない場合には、無権代理人は、相手方に対して、無過失で「履行」責任または「損害賠償」責任のいずれかを相手方の選択によって負わなけ

ればならない（117条）。

① 他人の代理人として契約をした者は自己の代理権を証明することができず、かつ、本人の追認を得ることができなかったとき（117条1項）。

「代理権を証明することができず」の意味は、自称代理人が代理権の存在したことを証明しなければならないということであり（ドイツ民法179条1項の表現にならったもの）、相手方は、代理権の不存在を特に証明する必要はない。本人の追認があれば、代理人の責任が問われる必要はないのはいうまでもないが、本条は、契約関係の存在を前提としているから、相手方が契約（無権代理行為）を取り消した場合には（115条）、契約関係が消滅するので、本条の責任は発生しない（近江幸治『民法講義I』217頁以下〔成文堂・1991年〕）。

② 相手方が無権代理人に代理権のないことにつき善意・無過失のとき（117条2項、平成29年の改正によって2項1号、2号）。

相手方の善意・無過失の立証責任も無権代理人側にある。これは、722条2項を排除する趣旨であろうか（幾代通『民法総則』365頁〔青林書院新社・1972年〕参照）。

③ 無権代理人が制限行為能力者でないこと（117条2項3号）。

無権代理人は自らの制限行為能力を立証して本条の責任を免れうる。制限行為能力者が法定代理人の同意を得て無権代理行為をした場合には、本条の責任を免れないと考えるべきであろう（ドイツ民法179条3項は同旨を規定している）。本条における制限行為能力者の免責は、不法行為上の一般原則（712条・713条）とどのような関係に立つであろうか。幾代・前掲書（366頁）は、本条で免責されても、無権代理人の故意・過失で損害を受けたことを相手方が立証した場合に制限行為能力者でも責任能力のある場合があり、それがあることを要件に、制限行為能力者たる無権代理人（例えば、18～19歳の未成年者やかつての浪費準禁治産者を想定すればよい）は相手方に対して賠償義務を負うとする学説を紹介しつつ（梅・前掲書301頁等）、次のように論ずる。「しかしながら、117条の責任は一種の法定責任ではあるが、それはなお、法律行為に関連した責任（履行責任またはそれに代わるべきもの）である（だからこそ、そこでは無能力者は免責される）。したがって、無能力者が本来自己の取引として行った行為を取消した場合に、それによる相手方の損失は不法行為法では救済されえない」（121条ただし書を救済の限度とすることになる）と解するのがよく、そうであれば、ここでも同様に「117条2項は一般不法行為法の適用を排除する趣旨と解する余地があ」り、実際、「不法行為の成立は別論ということになると本条2項は実際上大幅にその意義を失うのではあるまいか」と述べているが、私見も全面的にこの意見に賛成したいと思う。

4 無権代理人の責任の内容（効果）

責任の内容としては、無権代理人は、相手方の選択に従い、履行または損害賠償の責任を負わなければならない（117条1項）。

① 履行責任　　ここでいう履行責任とは、有権代理ならば、本来、本人との間で発生すべきものであった法律関係が、そのまま相手方・無権代理人間の法律関係となるということである。したがって義務だけでなく権利も取得する（売買で売主側なら代金支払請求権を目的物引渡義務と引換えに取得する）ことはいうまでもない。さらに例えば、本人と相手方がともに商人であったならば、無権代理人が商人でなくても、相手方は商人間売買

に関する商法上の権利を無権代理人に行使することができる（大判昭和 8・1・28民集12巻10頁）。

②　損害賠償責任　　この損害賠償は法文が「履行又は」と表現していることからも明らかなように、信頼利益ではなく、履行利益の賠償である（大判大正 4・10・2 民録21輯1560頁。無権代理人から土地を買った者が無権代理人に対して損害賠償を請求した事件。地価は売買当時3520円、訴提起時には4050円余で買主はこの差額を請求し、認められた）。信頼利益とは、契約が無効である場合に、その契約を有効であると信じたことによってこうむった損害（利益）のことである。例えば、契約締結のための調査その他の準備費用、契約書作成費用などがこれに属す。履行利益とは、契約が有効であることを前提に、契約が履行されたなら得たであろう利益（履行されなかったがゆえにこうむった損害）のことである（近江・前掲書218頁）。目的物の転売利益などが典型的にこれに属す。ドイツ民法179条 2 項は、代理人が代理権なきことを知らずに、すなわち善意のときは、履行利益の限度を超えない範囲で、信頼利益を賠償すべしと規定している。したがって悪意のときは、履行利益の賠償を負い、代理人の善意・悪意で区別しているが、日本の民法はこの区別を設けていないわけである。

③　相手方の選択　　無権代理人が「履行」責任か「損害賠償」責任か、いずれの責任を負うかは、相手方の選択に従う（117条 1 項）。したがって相手方の債権は 1 種の選択債権であり、406条の規定の趣旨（選択権は債務者に属す）は本条によって排除される（407条以下は適用あり）。

④　無権代理人と本人との間の間係　　すでに述べたところは、無権代理人と相手方との関係であったが、本人との関係はどうなるか。無権代理行為は、本人の追認がない限り、本人・相手方間のみならず、本人・無権代理人間においても当然には何の法律関係も生ぜしめない。本人が現実に被害をこうむれば、無権代理人の不法行為責任が生じうる。もし本人が追認をしたときは、本人と無権代理人の間には原則として事務管理（697条以下）が成立すると解されている（幾代・前掲書368頁、川島武宜『民法総則』398頁〔有斐閣・1965年〕）。ただしこれは無権代理そのものの効果ではない。

5　本人・無権代理人の地位の同化

①　無権代理と本人からの権利取得　　無権代理人が、権利譲渡（本人との贈与・交換・売買等による権利取得）などにより、本人の権利を承継した場合、無権代理人の代理行為が有効となるかという問題がある。これについて検討する。判例は、本人Aの無権代理人BがCに対してAの土地を賃貸したのち（正しくは賃貸借に関する和解を無権代理した）、BがAから土地所有権を取得した場合、Bについて賃貸借の効力が生じるとしているし（最判昭和34・6・18民集13巻 6 号737頁）、本人Aの無権代理人BがAの不動産を無権代理でCに売却した場合、BがAから不動産の所有権を取得すれば、B・C間に売買契約が結ばれたのと同じになるとする（最判昭和41・4・26民集20巻 4 号826頁）。すなわち、一種の処分行為の追完、ここでは代理権の追完が生じると解しているようである。しかし他人の物の売買（560条以下）の場合と異なり、代理権の追完は生じないと考えるべきである。なぜならば、Bの無権代理行為について善意のCは取消権を行使しうるし（115条）、取消しをしない場合にも、必ずしも履行責任を求めるとは限らず、損害賠償を求めるかもしれず、上述のように当然の追完（当然有効化）を認めれば、Cの右の選択の

余地を封じてしまうからである。さらにＢの無権代理人の責任は、相手方Ｃの善意無過失の場合に限られるのに、右当然の追完を認めれば、Ｃが悪意・有過失にもかかわらず、Ｂの責任が完遂されてしまう。それゆえ、あくまでも無権代理人は、117条の要件に則り「履行又は損害賠償」の責任を負うのみと考えたい。

　　②　無権代理と相続　　次に相続によって無権代理人が本人の地位を承継したり（無権代理人相続型）、逆に、本人が無権代理人の地位を取得することがある（本人相続型）。また無権代理人が本人を相続したのち死亡し、さらに相続人が無権代理人を相続したり、逆に本人が無権代理人を相続したのち、さらに本人の死亡により相続人が本人を相続して地位を二重に承継する場合もある（いわゆる二重相続型）。これらの場合に、本人たる地位ないし資格と無権代理人たる地位ないし資格を各々使い分けることができるであろうか。

　⒜　無権代理人相続型（無権代理人が本人の地位を相続した場合）　　無権代理人Ｂが、本人Ａが追認または追認拒絶をせぬまま死亡して、本人Ａの地位を相続によって取得した場合に、ＢはＡの立場において追認の拒絶をすることができるか。判例は、無権代理人と本人の資格が同一人に帰した以上、本人が自ら法律行為をしたと同様の法律上の地位を生じたものとみなして、Ｂの追認拒絶を認めず、無権代理行為が当然有効になるとしている（大判昭和２・３・22民集６巻106頁、最判昭和40・６・18民集19巻４号986頁）。

　このような当然有効説（ないし資格融合説）につき、学説は、あるいは、人格ないし法律上の地位の承継または資格の融合と構成し（穂積重遠・判民昭和２年度二一事件、四宮和夫・判民昭和17年度一二事件評釈）、あるいは代理権の追完と構成し（於保不二雄・民商法１巻４号706頁、川島・前掲書400頁）、あるいは、資格の使い分けを信義則違反と構成したりして（杉之原舜一・民商法九巻五号八七五頁、安永正昭・判例評論三七二号一九八頁、他の文献につき幾代・前掲書364頁）、前記判例の見解を支持しているものが多い。ただし、無権代理人が本人を他の相続人とともに共同相続した場合においては、「他の共同相続人全員の追認がない限り、無権代理行為は、無権代理人の相続分に相当する部分においても、当然に有効となるものではない」とする判例がある（最判平成５・１・21民集47巻１号265頁）。

　しかしこれに対して当然有効説を否定して、無権代理人には本人から承継した追認権・追認拒絶権が帰属し、両資格は融合することなく、資格の使い分けは可能であり、しかも決して信義則に反するものではないとの有力な見解も主張されている（幾代・前掲書363頁、なお365頁注（六）掲記の文献参照。髙森八四郎＝哉子「無権代理と二重相続」『法律行為論上の基本的諸問題』219頁以下〔関西大学出版部・一九九〇年〕、石田・前掲書462頁）。

　石田説によれば、「相続がなければ本人は追認を拒絶でき、また、無権代理人は第三者が善意無過失の場合に限って履行責任を負うのに、相続があると無権代理人は無条件に履行責任を負うとすることには疑がある」。「117条によれば無権代理人は悪意過失ある第三者に対し責任を負わなくてよいのであり、本人の承継人の立場に立って追認を拒絶しても信義誠実の原則に反しない」と述べられている。また髙森説は「相続という偶然の事情により（責任の程度が）増減させられる必要はないし、相手方に望外の利益を与える必要もない……可能なかぎり本人と無権代理人との地位の併存を貫徹」する方が合理的かつ衡平であるとも主張している（髙森哉子「無権代理と相続──併存貫徹説の立場から」『21世紀の民法──小野幸二教授還暦記念論集』562頁〔法学書院・1996年〕）。

　私見は後説を支持している。理由としては、１において述べたところと同じである（相手方の取消権選択権行使の機会を封ずる必要がないことと、無権代理人は自己の行為につき相手方の善意無過失の場合にのみ責を負い相続という偶然の事情により悪意・有過失者にまで責任を負ういわれはないこと）。

(b)　本人相続型（本人が無権代理人の地位を相続した場合）　　本人Ａが無権代理人Ｂを相続し、その地位を承継した場合、ＡはＢの無権代理人の117条の履行責任を相続するが、相手方ＣはＡにその履行責任を追及することができるか。判例①（最判昭和37・4・20民集16巻4号955頁）は、応召中の息子Ａ（本人）の不動産を勝手に処分しＣに移転登記した父親ＢをＡが相続した事案において「相続人たる本人が被相続人の無権代理行為の追認を拒絶しても、何ら信義に反するところはないから、被相続人の無権代理行為は一般に本人の相続により当然有効となるものではない」と判示して資格の併存を認めている。本人は無権代理行為の追認を拒絶できるとするものであろう。

　上記判例①は単独相続の場合であったが、次の判例②（最判昭和48・7・3民集27巻7号751頁）は共同相続の例で、息子Ａ（本人）に無断で、他人の手形貸付債務につき連帯保証をした父親ＢをＡが他の共同相続人七人とともに相続した事案において、「本人は相続により無権代理人の右債務〔117条責任〕を承継するのであり、本人として無権代理行為の追認を拒絶できる地位にあったからといって右債務を免れることはできない」と判示している。判例①は、無権代理行為は当然有効となるものではないと判示するに止まり、117条の責任の承継についてまで判断していなかったが、判例②は、事案上Ａら相続人がＢの責任の承継を否定したので、本人Ａとともに無権代理人を相続した他の相続人も無権代理人の債務（責任）を免れない旨判断したのである。上記二判決はともに資格併存を認め、無権代理行為の追認拒絶をも認めたうえで、本人（他の共同相続人も）は117条の責任をその要件に従い承継することを判示しているとみるべきである。

(c)　二重相続型（本人と無権代理人をともに二重に相続した場合）　　無権代理人の地位と本人の地位とが同一相続人に帰属するという場合、各々の資格の使い分けは可能であろうか。判例は、無権代理行為をなしたる者の家督相続人が隠居をなしたる後、さらに他家の家督相続をして本人の地位に就いた場合には、「本人自ラ法律行為ヲ為シタルト同様其ノ行為ノ効果ノ自己ニ帰属スルヲ回避シ得」ざることは、無権代理人が本人の相続をした場合と何ら異なるところはない、と判示している（大判昭和17・2・25民集21巻4号164頁、なお東京高判昭和60・6・19判例タイムズ565号107頁参照）。これらは、相続人が無権代理人を単独相続した後、本人を単独相続したことによって、無権代理人の地位と本人の地位とが同一相続人に帰属した事案であったが、判旨は、無権代理人相続型と同一の処理（本人自らが法律行為をしたとの法理）、すなわち、相続人は追認の拒絶はできず、資格の使い分けをなしえないとしている。さらに判例は、無権代理人Ｂを本人Ａとともに相続し、無権代理人の地位を承継した$X_1 \cdot X_2 \cdot X_3$が後に本人Ａを共同相続して本人の地位も承継したという事案において同旨を明らかにし、「本人以外の相続人は、共同相続であるとはいえ、無権代理人の地位を包括的に承継していることに変わりはないから」、「本人の資格において追認を拒絶する余地はなく」、「本人が自ら法律行為をしたと同様の法律上の地位ないし効果を生ずるもの」であるとしている（最判昭和63・3・1法律時報1312号92頁）。

　これとは逆に本人を相続した者がのちに無権代理人をも二重に相続した事案は、判例上

表6 「無権代理と相続」一覧表（A＝本人、B＝無権代理人、C＝その他の代理人）

	相続の内容	単独相続・共同相続	追認拒絶の可否	記 号	判例および判旨
無権代理人相続型	AをBが相続	単独	×	Ⅰ－1	大判昭和2・3・22民集6巻3号106頁 最判昭和40・6・18民集19巻4号986頁〔本人自らの……法理〕※
		共同	○	Ⅰ－2	最判平成5・1・21民集47巻1号265頁「他の共同相続人全員の追認がない限り、無権代理行為は、無権代理人の相続分に相当する部分においても、当然に有効となるものではない」
本人相続型	BをAが相続	単独	○	Ⅱ－1	最判昭和37・4・20民集16巻4号955頁「本人が被相続人の無権代理行為の追認を拒絶しても、何ら信義に反するところはないから、被相続人の無権代理行為は一般に本人の相続により当然有効となるものではない。」
		共同	○	Ⅱ－2	最判昭和48・7・3民集27巻7号751頁「民法117条による無権代理人の債務が相続の対象となることは明らかであっても、このことは本人が無権代理人を相続した場合でも異ならないから、本人は相続により無権代理人の右債務を承継するのであり、本人として無権代理行為の追認を拒絶できる地位にあったからといって右債務を免れることはできないと解すべきである。」
二重相続型	BをCが相続した後さらにAをCが相続した場合	単独	×	Ⅲ－1の①	大判昭和17・2・25民集21巻4号164頁 東京高判昭和60・6・19判タ565号107頁
		共同	×	Ⅲ－1の②	最判昭和63・3・1判時1312号92頁〔本人自らの……法理〕※
	AをCが相続した後さらにBをCが相続	単独	○?	Ⅲ－2の①	?
		共同	○?	Ⅲ－2の②	?

※ 〔本人自らの……法理〕「本人が自ら法律行為をしたと同様の法律上の地位ないし効果を生ずるものと解するのが相当である。」

現われていないようである。上記の判例の傾向からうかがうならば、本人相続型とみなして、二重相続人は本人的地位に従い、追認拒絶できると判断するように思われる。

　私見は、いずれの場合でも本人的地位と無権代理人的地位を相続人は使い分けることができ、本人的地位を包括的に承継する以上、117条の要件に則り、無権代理人の責任を負担すればよいと考える。このことは、無権代理人相続型、本人相続型、二重相続型のいずれにも妥当し、かつ各々の型における単独相続・共同相続の如何を問わず妥当するであろう。

6　おわりに

　以上無権代理人の責任の諸相を論じてきたが、残された問題がいくつかある。

　①　無権代理人の責任と表見代理　　民法109・110条・112条はいわゆる表見代理責任を規定している。各々の要件を充たすならば、無権代理人の行為について本人は「責任を負」わなければならない。したがって、表見代理が成立したならば、本人が履行責任を負う以上、無権代理人の責任は生じない。そこで、かつては117条の無権代理人の責任は補充的なものであり、表見代理の不成立の場合に限って発生すると考えられていた。しかし近時の判例は、夫たる本人Aに無断でC信用組合に対して他人（ただし従妹）の債務につき連帯保証した代理人Bに対し、Aに対する表見代理責任の追及において敗訴したCが117条に基づき保証債務の履行を求めた事案において、117条2項の「過失」は「重大な過失」に限定されない旨を判示しつつ、「無権代理人の責任をもって表見代理が成立しない場合における補充的な責任すなわち表見代理によっては保護を受けることのできない相手方を救済するための制度であると解すべき根拠はなく、右両者は、互いに独立した制度である」と判示した（最判昭和62・7・7民集41巻5号1133頁）。結局、無権代理人の責任の要件と表見代理の要件がともに存在する場合には、相手方はどちらの責任を追及するかの自由があるということになる。両責任の根拠が異なるので妥当な解釈であろう（中島秀二「民法判例百選37事件」『別冊ジュリ』136号、臼井豊「表見代理と無権代理人の責任の競合に関する一考察」『同志社法学』48巻4号208頁以下）。

　②　117条の類推適用　　117条は本来実在する人を無権代理した場合の規定である。実在しない人を無権代理した場合に適用があるか。

　判例は、「設立中の会社」の代表者の無権代理行為（会社設立に関しない行為）について本条を類推適用して代表者は第三者に対し責任を負うとしたし（最判昭和33・10・24民集12巻14号3228頁）、実在しない労働組合の代表者として労働金庫と取引をした者にも本条を類推適用して責任を認めている（最判昭和44・7・4民集23巻8号1347頁）。したがって虚無人たる自然人を本人として代理人が契約をした場合にも同様に扱ってよいであろう。

　③　単独行為の無権代理　　一方的意思によって法律関係の変動を生ぜしめる単独行為の無権代理行為は、原則として無効であり、本人の追認も認められない。

　(i)　相手方のない単独行為の無権代理行為…絶対無効である。例えば、寄附行為や所有権の放棄などである。

　(ii)　相手方ある単独行為の無権代理行為（118条）…契約の解除・取消し・債務免除などの無権代理は、原則として確定的無効であるが、相手方が、ⓐ代理人が代理権なくして行為することに同意していた場合、またはⓑ代理人の代理権をその行為の当時相手方が争

わなかった場合、には契約における無権代理と同じになる（113条から117条の準用がある。118条前段）。上記は意思表示を相手方に向けてなす能働代理の場合であるが、相手方の意思表示を受領する受働代理の場合には、上記の@と同じく代理人の「同意を得て」相手方が単独行為をした場合に限り、契約における無権代理と同じになる（118条後段）。

　（髙森八四郎「無権代理人の責任」法学教室213号35頁、髙森八四郎＝哉子「無権代理と二重相続」関大法学論集39巻 1 号 1 頁参照）。

第4章
無効と取消し

Ⅰ—無　　効

1 無効の意義

(1)　無効とは

　法律行為の無効とは、法律行為の効力が当然に最初から生じないことをいい、法律行為の取消しとは、一応有効に成立した法律行為を後に取消しの意思表示によってはじめにさかのぼって、無効とすることである。無効とは、少なくとも理念的には、法律上何ら法律行為としての効果が生じないものであり、無効な法律行為をした者が後にその効果を欲しても、すなわち「追認」しても有効な行為とはならない（119条）。無効なものはあくまでも無効であるというのが民法119条の態度である。しかし、当事者が無効を主張しない間は、無効の法律行為に基づく外形的な結果が現実に存在する。

(2)　追　　認

　この無効の意義にぴったりあてはまるのは、法律行為が強行法規に反している場合（91条）、またはその内容が公序良俗に違反している場合（90条）の無効である。この無効は119条のただし書すら適用がない。何度追認してもやはり無効である。民法総則で無効とされるその他の法律行為は、心裡留保の例外の場合（93条ただし書）、虚偽表示（94条1項）、ちょっと性質は異なるが、無権代理行為の無効（113条1項。これは本人に効果が帰属しないとの意味で無効といわれるが、代理人と相手方の間には一定の効果が生ずるので、その点が異なっている）などがある。このような無効な法律行為は追認しても有効とならないが、当事者が無効であることを知って追認すれば、新たな法律行為をしたものとみなされて（119条ただし書）、その時から効力を生ずる。だから、無効行為の追認には遡及

的効果がないことを原則とする（ただし無権代理行為の無効は例外、116条参照）。

② 絶対的無効・相対的無効

(1) 無効から有効までの段階

　法律行為の効力は完全無効から完全有効までの間に段階があり、種々ヴァリエーションをもっている。表8を見てほしい。

　このうち、一般に、①誰からでも、②誰に対しても、③いつでも主張することのできる無効を「絶対的無効」という。

　(1)①、(2)①、(3)①が絶対的無効の典型であろう。すなわち、公序良俗違反行為（90条）、強行法規に反する行為（91条）、明文の規定はないが原始的不能による無効（契約締結当時の目的物の不存在）、意思無能力者の行為（明文なし）などもこれに入れてよいかもしれない。

　相対的無効にも種々の段階があるが、ここではまとめて列挙すると、心裡留保（93条）、虚偽表示（94条）、錯誤（95条）、無権代理行為の無効（113条）などである（なお、財産的法律行為ではないが、婚姻の無効〔742条〕、縁組の無効〔802条〕なども無効の一種である）〔条件付法律行為の無効については後述〕。以上をまとめれば、表7のようになる。

表7　効力のヴァリエーション

(1) 効力の確定性の程度による分類	(2) 効力の主張者による分類	(3) 効力主張者の相手方による分類
①確定的無効（強行法規・公序良俗違反） ②不確定無効（無権代理） ③不確定有効（制限行為能力者の法律行為） ④確定的有効	①すべての人によって主張されうる無効（公序良俗違反無効など） ②特定の人によって主張されうる無効（錯誤） ③特定の人によって主張されうる有効（虚偽表示者に対する善意の第三者） ④すべての人によって主張されうる有効	①すべての人に対して主張されうる無効（公序良俗違反無効など） ②特定の人に対して主張されうる無効（九六条三項など） ③特定の人に対して主張されうる有効（九三条本文） ④すべての人に対して主張されうる有効

出所：川島『民法総則』421頁。

(2) 一部無効

　法律行為の一部だけが無効とされる場合がある（価格統制違反の売買契約が典型）。一部の無効が行為の全体にいかなる影響を及ぼすかは問題である。①明

文の規定があるとき（133条・278条・360条・410条・580条1項・604条、利息1条）
は、それによるが、②そうでないときは法律行為の効力はできるだけ維持すべ
きであるとの原則から、当事者の意思を推定して決すべきである。判例も、契
約について、契約の一部の目的について無効原因が存する場合でも、その部分
を除いてなお契約当事者の意図した目的の達成が可能であるときは、この目的
の達成が可能である範囲で有効とすることが契約当事者の意思に合致し、公平
の原則にかなうとしている（最判昭和47・12・19民集26巻10号1969頁。根抵当権一
部無効事件）。

　一般的には無効な部分を除いた残部の効力を維持することが、当事者の意図
するところに明白に反したり、法律秩序全体の理念（公序良俗）に反する（前借
金契約と結合した芸娼妓契約）ものでない限り、一部無効にとどめるべきであろ
う（ドイツ民法139条は「法律行為の一部が無効であるときは、その全部は無効であ
る。但しその無効の部分がなかったとしても法律行為を為したるものと認められるとき
はこの限りでない」と定めている）。

③ 無効行為の転換

1　無効行為の転換とは、ある法律行為がそれとしては無効であるが、他の法
律行為の要件を具備しているとき、その法律効果を生じさせることをいう。遅
延した承諾（523条）、条件を付した申込みや変更を加えた承諾（528条）を新た
な申込みとみなし、秘密証書遺言の方式（970条）を欠く遺言が、自筆証書遺言
の方式（968条）をそなえる場合、後者の遺言としての効力を認めることを転換
の例としてあげるのが一般である。これは意思表示の解釈を法の擬制によって
行ったと考えるべきであろう。手形としては無効なものを借用証書として効果
を認めることなどが転換の適例といえようか。転換とは、従前の行為内容に包
摂されている転換後の行為（意思）の発見ともいうべきであろう。ドイツ民法
は、「無効である法律行為が他の法律行為の要件に適応する場合には、当事者
が、その無効を知ったならば、他の行為の効果を欲したであろうと認められる
ときは、他の行為がその効力を生ずる」（BGB140条）と規定している。参考と
されるべきである。

2　判例は、妾との間の子を嫡出子として届け出ることに認知としての効力を

認めるが（大判大正15・10・11民集 5 巻703頁。嫡母預金返還事件）、他人の子を養子とするため、いきなり自分の嫡出子として届け出ても、養親子関係を生ずることはない（最判昭和25・12・28民集 4 巻13号701頁。藁の上からの養子事件）という。

4 無効行為の追認

1　無効な法律行為は、当事者が追認しても初めから有効とはならない（119条）。当事者が法律行為の無効であることを知ってこれを追認すれば、そのときに同一内容の行為を「新たに」したものとみなされる（119条ただし書）。例えば、統制法規違反の無効行為をこの法規が廃止された後にあらためて追認すれば、まったく有効となる。もっとも、こうなるためには、それが新たな行為としての要件を備えていなければならないから、目的の不能・公序良俗違反によって無効となった行為は、何度追認しても有効にはならない。また、手形行為の場合は、追認も手形行為の形式をとらなければならない。

2　無効な行為は、追認によって遡及的には有効とならない。将来に向かってのみ有効となるにすぎない。ただし、当事者の間で、その効力を遡及させて初めから有効とすることは、第三者の権利を害しない限りさしつかえない（116条参照）。もっとも、第三者であっても、例えば不法行為者のように正当な利益を有しない者には、遡及効を主張してもよい。A所有の山林をBが無権限で自己の名においてCに売却し、一方、Dはその山林を盗伐してしまった。のちに、AがB・C間の売買を追認した場合には、AはDに対してAの山林所有権侵害に基づく損害賠償請求をすることはできないとされている（大判昭和10・9・10民集14巻1717頁。上岡村山林処分事件）。大審院はBが自分の所有物として売却した場合にも、無権代理として売却した場合と区別する理由なしと説いた。最高裁は、ある物件につき、何ら権利を有しない者がこれを自己の権利に属するものとして処分した場合において、真実の権利者が後日これを追認したときは、116条の類推適用により処分の時にさかのぼって効力を生ずるものと解するのが相当である、と判示している（最判昭和37・8・10民集16巻 8 号1700頁）。そうであるならば、Cが追認の遡及効、すなわち処分のときにさかのぼって有効となると主張して、Dに対して損害賠償請求することは認められる

というべきであろう。

＊無効の時効

　無効は、取消しと異なりいつまでも主張することができる。いわゆる無効の時効はないのである。無効な法律行為に基づいて生じた義務が未履行であれば、相手方よりの履行請求をいつまでも拒否することができるし、既履行であれば、同様にいつまでも返還を請求することができる（ただし公序良俗違反の行為は、民法708条の不法原因給付となり、返還請求できない場合もある）。

　永久的な無効主張権は取引の安全を脅かすということから、無効にも時効を認めるべきではないかとの議論があり（末弘厳太郎「無効の時効」『民法雑記帳上』170頁）、フランスでは無効訴権が時効にかかることを認めていることにかんがみ、一考すべきである。

Ⅱ─取　消　し

１ 取消しの意義

1　取消しはいったん発生している法律行為の効力を後から行為の時にさかのぼって失わせることである（121条）。取り消しうべき法律行為は、取消の意思表示をなすことにより初めて無効となるのである。それまでは有効である。取り消しうべき法律行為として、日本の民法は、制限行為能力者がなした行為（5条2項・9条・13条4項）および平成29年の改正により錯誤・詐欺・強迫による意思表示（96条）、すなわち瑕疵ある意思表示を定めている（120条）。したがって、制限行為能力者またはその代理人、承継人もしくは同意権者（能力の制限により取り消しうべき行為について同意をなすことのできる者）が取消権者となる（同条）。錯誤・詐欺または強迫による取り消しうべき行為については。瑕疵ある意思表示をなしたる者またはその代理人・承継人が取消権者となる（同条2項）。承継人は包括承継人（例えば相続人）のみならず、特定承継人（譲受人）も含むと解されている。取消しをすれば、法律行為は原則として遡及的に無効となる（121条）ので、債務は履行する必要がなくなるし、事実上債務が履行されている場合は、給付者は相手方に不当利得の返還を請求することができる（703条・704条）。ただし、制限行為能力者が取り消した場合には、善意・悪意を問わず、現受利益を返還すれば足りる（平成29年の改正により121条の2の3項）。受けとった物が現形のままか形を変えて存在していれば、利益は現に受

けており、必要な出費にあてた場合も出費さるべき他の財産が減らずにすんでいるのであるから同様である。遊興費などに費消してしまった場合には、もはや現に利益を受けていないとされるであろう（未成年者の取消しにつき、大判昭和7・10・26民集11巻1902頁）。取消しの意思表示は相手方がはっきりしていれば、その相手方に対してなせばよい。取消しの結果は無効として何人に対しても主張できるのが原則であるが、錯誤・詐欺による意思表示の取消しは善意・無過失の第三者に対抗できない（96条3項）。

*今回の改正によって「取消権者」と「取消しの効果」について若干の変更がなされた。すなわち、取消権者のうち制限行為能力者には120条1項のカッコ内で（他の制限行為能力者の法定代理人としてした行為にあっては、当該他の制限行為能力者）が追加されているし、瑕疵ある意思表示者の中には錯誤者も含まれていることはすでに述べた（改正後の120条第2項参照）。
　さらに取消しの効果に関しては、121条で「取り消された行為は、初めから無効であったものとみなす。」と簡潔に定め、ただし書を削除した。そのうえで「121条の2」という新しい規定を追加した。その第1項では「無効な行為に基づく債務の履行として給付を受けた者は、相手方を原状に復させる義務を負う。」として原状回復義務を明記し、第2項においては「前項の規定にかかわらず、無効な無償行為に基づく債務の履行として給付を受けた者は、給付を受けた当時その行為が無効であること（給付を受けた後に前条の規定により初めから無効であったものとみなされた行為にあっては、給付を受けた当時その行為が取り消すことができるものであること）を知らなかったときは、その行為によって現に利益を受けている限度において、返還の義務を負う。」としている。さらに第3項においては、「行為の時に意思能力を有しなかった者は、その行為によって現に利益を受けている限度において、返還の義務を負う。行為の時に制限行為能力者であった者についても、同様とする。」 以上である。特に第2項については、具体的にどのような行為者が含まれているのか判例の展開を待ちたいと思う。

2　取消しは無効とは異なって、いつまでも取り消すことができるわけではない。取消権は追認することができる時から5年、取り消しうる行為の時から20年経過すると時効で消滅する（126条）。後者は除斥期間と解されている。立法論としては、上記の5年を1年に、20年を5年ないし3年に短縮するのが望ましい。それによって、いわゆる「取消しと登記」との関係は実質的に解決されるであろう（ドイツ民法124条参照）。

② 取り消しうる行為の追認

(1) 追　認

　取消権者は、制限行為能力者、瑕疵ある意思表示をした者、それらの代理人・承継人もしくは同意をなすことができる者（保佐人・補助人）である（120条）。それとちょうど逆で、取り消しうる行為を取り消さないものときめる意思表示を「追認」という。いいかえれば、取消権の放棄であるから、追認をなしうる者は取消権者に限られる（122条）。取消しにしろ追認にしろ、相手方に対して意思表示しなければならないが（123条）、追認は「取消しの原因となっていた状況が消滅し、かつ取消権を有することを知った後にしなければ、その効力を生じない。」（124条1項）。詐欺に気がつかずまた強迫中に追認しても無意味だからであり、また能力制限を理由として取り消すことができる行為を追認するときには、法定代理人はいつでもできるが（同条2項1号）、制限行為能力者が（成年被後見人を除く）法定代理人、保佐人または補助人の同意を得て追認をするときは、1項の取消しの原因となっていた状況が消滅した後にする必要はない（平成29年改正124条2項）。制限行為能力者の保佐人または補助人が追認をなす場合には、そのような制限はなく、いつでも取り消すことができる（平成29年の改正によって124条2項1号・2号）。

(2)　法定追認

　取消権者が、追認をすることができるようになった後に「異議をとどめ」ることなく、一定の行為をすると、もはや取り消すことはできなくなる。これを「法定追認」という（125条）。取消権者の現実の意思にかかわりなく追認したものとみなしてしまうわけである。取消権者が、取り消しうる行為によって負った義務の全部または一部を履行し（同条1号）、逆に相手方に履行を請求し（同2号）、更改契約をし（同3号）、担保を提供し（同4号）、取り消しうる行為によって取得した権利の全部または1部を他に譲渡し（同5号）、強制執行する（同6号）などである。

(3)　撤　回

　まだ終極的な効果を生じていない法律行為に関して、将来に向かって効果の生ずるのを妨げ、または既発生の効力の存続を阻止する一方的意思表示を「撤

回」という。改正前民法は、この撤回にあたる場合にも「取消し」ということ
ばを用いていた（407条2項・521条・524条・530条・540条2項・919条1項・1022条
など）。一般に意思表示は到達によって効力を生ずるから、到達するまでは撤
回できる。

③ 民法上の「取消し」一覧

　民法第一編第五章第四節の取消しは、制限行為能力者の意思表示と瑕疵ある
意思表示にのみ関するものである。本節の規定は意思表示以外の取消しには原
則として適用されない。そこで改めて取消しの一覧を示すと以下のとおりであ
る。

①　制限行為能力者の法定代理人（または保佐人・補助人）の同意を得ないで
　　なした行為の取消し（5条2項・9条・13条4項・17条4項）

②　錯誤・詐欺・強迫による意思表示の取消し（96条）

③　無権代理行為の取消し（115条）

④　詐害行為の取消し（424条）

⑤　書面によらない贈与の撤回（550条）

⑥　夫婦間の契約取消し（754条）

⑦　婚姻の取消し（743条）

⑧　縁組の取消し（803条）

なお、意思表示以外にも「取消し」のことばが用いられることも多いが、こ
れは表意者ではなく、裁判所が行うもので、遡及的消滅という効果が似ている
ので用いられたものであろう。例えば、後見開始の審判の取消し（10条）、失
踪宣告の取消し（32条）など。なお法人設立許可の取消し（68条4号）は将来に
向ってのみ効力を失うであろう。

＊無効・取消し・解除の区別

1　無効と取消し

　法律行為の無効とは、当事者の意欲した法律行為の効力が法律上当然に初めから生じな
いことをいう。これに対して、法律行為の取消しは、いったん有効に成立した法律行為
を、成立時の瑕疵を理由に、あとで取消しの意思表示をすることによって初めにさかの
ぼって当時の法律行為の効力を消滅させることである。比喩的にいえば、無効とは、効力

がまったく生じないという意味でまっ黒な行為である。取消しは、当初はまっ白にみえるとはいえ潜在的に存する瑕疵のため、途中で突然まっ黒くなる行為とでもいえようか。無効と取消しとの主な相違は、次の3点にある。

① 無効な行為は、当初より当然に効力がないが、取り消しうべき行為は、特定の人の取消しという積極的な意思表示があって初めて遡及的に効力を失い（121条）、取消しがあるまでは行為は有効なものとされる。

② 無効な行為は、当事者が無効であることを知って追認しても、その欠陥は治癒されないのを原則とするが（119条）、取り消しうべき行為は追認によって有効に確定する（122条）。

③ 無効な行為は、時の経過により有効化することはないが、取り消しうべき行為は、放置しておけば、一定時間の経過により、もはや取消しができなくなる（126条）。

2　取消しと解除

　いったん発生している法律行為の効力を、あとから行為の時にさかのぼって失わせるという点において、取消しと解除は同一である（545条）。しかし、基本的には次の諸点において異なる。

① 取消しは、行為能力制限（未成年者・被後見人・被保佐人・被補助人）や瑕疵ある意思表示（詐欺・強迫）という行為時に存した事由により遡及的に消滅するのに対して、解除は、契約当事者の一方の債務不履行という行為後の事由によって効力が遡及的に消滅する。

② 解除は、両当事者の合意によっても行うことができるが、取消しは、常に一方の取消権の行使によってしかなされえない。

③ 取消しは、法律行為一般について成立するが、解除は、もっぱら契約についてのみ成立する。

第5章
条件・期限・期間

Ⅰ—条件と期限

①法律行為の附款

　総則第四章法律行為の第五節は、条件と期限と題されている。いずれも法律行為の附款と呼ばれている。法律行為の効力を一定の仕方で制限するところの約款というほどの意味で、法律行為の内容の一部を成すものである。例えば、「この時計をあげよう」と意思表示し、相手が「どうぞ下さい」といえば、ここに贈与契約が締結される。合意が真正に成立すれば、即時に法律行為の効力が生ずる。しかし、留学試験にパスしたならばあげようという場合もあれば、また、来年の1月1日がきたならばあげようという場合もある。試験にパスするか否かは将来の不確実な事実であり、この事実の成否に贈与契約の効力を依存せしめている。来年の1月1日の方は、将来の確実に到来する事実であり、この事実が到来しない限り、契約は効力を生じない。前者が条件であり、後者が期限なのである。附款には、このほか負担（553条・1002条）というものもある。

②条　　件
(1)　条件の意義

　条件とは、法律行為の効力の発生または消滅を将来の不確実な事実の成否にかからしめる附款のことをいう。

　1　条件にはいろいろの分類の仕方がある。最も重要なのは、法律行為の効果はまだ発生していないが、条件の成就した時に法律行為の効果を発生させる停止条件（127条1項）とすでに発生している法律行為の効果が条件の成就によって消滅する解除条件（同条2項）とである。先ほどの、留学試験に合格したら

時計をあげようというのが停止条件の例であり、いま時計をあげるが、もし試験に落第したら返してもらうというのが解除条件である。条件の効果はいずれも条件成就の時から始まるのを原則とするが、当事者が特に既往にさかのぼらせる意思を表示すれば、それに従うことになる（127条3項）。

　条件付法律行為の効果は条件事実の成否にかかっているから、もし、条件の成就により不利益を受ける者が故意に条件の成就を妨げるときは、相手方はその条件を成就したものとみなしうる（130条1項）。判例は、不動産の売主が不動産仲介業者に売却斡旋の成功による報酬の授与を約束していたのに、業者を排除して直接買主と取引した場合、本条を適用して業者に報酬請求権を認めている（最判昭和39・1・23民集18巻1号99頁）。　逆に、条件が成就することによって利益を受ける当事者が不正にその条件を成就させたときは、どうなるのか。これまで明文が欠けていたが、平成29年の改正によって130条第2項が追加され、「相手方は、その条件が成就しなかったものとみなすことができる。」と定めた。妥当な規定であろう。

2　条件は、法律行為の一内容をなすから、当事者の意思に基づくものでなければならない。しかし、これとは別に法律行為の効果を生じさせるために必要な要件が法律によって定められていることがある。これを法定条件という。例えば、平成18年改正前の社団・財団法人の設立行為についての主務官庁の許可（旧34条）、農地の所有権移転についての知事の許可（農地3条4項）などである。この許可がなければ、設立行為は効力を生じないし、農地の売買も効力を生じない（しかしまったく無効なのではない。AがBに「知事の許可を条件に、この農地を売却する」と約したとき、この条件はしてもしなくても同じである。法律上当然のことだからである。ただ場合によれば、Aが知事に許可を申請し、それをとりつけようと努力するとの義務を負うことがあろう。だから、無効とは違うのである）。

(2)　条件付法律行為の効力

　条件付法律行為の効力について民法はいくつかの注意規定をおいた。

　(1)　条件がつけられることによって、法律行為全体が不法性をおびる場合、不法行為をしないことを条件とする場合、その法律行為は無効である（132条。不法条件）。条件だけが無効で、法律行為自体の効力に影響を及ぼさない場合も

ありうる。

(2)　不能の停止条件をつけた法律行為は無効である。不能の解除条件をつけた法律行為は無条件（133条）である。焼失してなくなった別荘について、それが売れたならばこの時計をあげるといったら、これは前者で無効であり、別荘が地震によって壊れたらあげた時計を返してほしいというのは、後者であり無条件となる。すなわち、時計を永久に返さなくてもよい。

(3)　停止条件付法律行為において、その条件の成否が債務者の意思のみにかかるとき（純粋随意条件、もし債務者の気がむけば支払う」のごとし）にはその法律行為は無効である（134条）。

(4)　条件事実の成否が法律行為の当時すでに客観的に確定していた場合（既成条件）、停止条件ならば（試験に合格したら、自動車を買ってやるといったとき、すでに合格がきまっていた）無条件となり、解除条件ならば（受胎した馬だから買うといったとき、すでにその馬は受胎していなかった）無効である（131条）。既成条件は、将来の事実でないから、本来の条件ではないともいいうる。

(3)　条件に親しまない行為

条件付法律行為においては、法律効果の発生・存続が不確定になるから、法律効果が確定的に発生・存続することを必要とする法律行為には、条件はつけられない。条件をつけることのできない行為は次の2類型に区別される。

①　**公益的見地からの不許可**　　条件をつけること自体が、強行法規または公序良俗に反すると考えられる場合には、絶対に条件をつけられない。婚姻・縁組（人間の全人格的・無条件的な結合だから）はこれに属する。相続の放棄のように多くの利害関係人の法的地位をいたずらに不安定にする場合、または、手形行為などの要式行為のように取引の全体的秩序を混乱におとしいれるような場合（手1条2号・12条1号・75条2号、小1条2号）などにも条件はつけられない。

②　**私益上の不許可**　　条件をつけると、特定人、特に法律行為の相手方の地位を一方的に不安定にするような場合にも、条件はつけられない。相殺については明文がある（506条）。解除・取消し・追認・買戻し（579条）・選択債権の選択（407条）などの意思表示がそうである。ただこの場合には、相手方の同意があるか、相手方の地位を不当に不利にしないときは、条件をつけてよい（1

週間以内に家賃を払わなければ、借家契約は解除されたものとするというごとし）。

(4) 条件付権利者の地位

条件付法律行為の当事者の一方は、条件の成否未定前にも、条件の成就によって一定の利益を受けることを期待している。民法はこの期待を一定範囲で保護している。

① 条件の成否未定前に、条件成就のあかつきには、受けるはずの相手方の利益を害してはならない。試験に合格すればあげるといっていた時計を他人にくれてしまったり、わざと壊してしまったりすることであり、損害賠償をしなければならない（128条）。

条件付権利を第三者が侵害すれば、不法行為の一般原則に従い、損害賠償義務が生ずる。

② 条件付権利義務は、一般の規定に従い、これを処分・相続・保存または担保を設定することができる。そのために不動産については仮登記の手続が定められている。例えば、停止条件付売買における不動産の買主は、所有権移転請求権保全の仮登記（不登2条2号・32条）をしておけば、例えば売主が条件の成否未定の間に他に譲渡してしまっても、条件が成就したならば、仮登記を本登記になおして買主は確定的な所有権者として、第三者の譲受人に優先することができるのである（不登7条2項）。

③ 130条が規定している、妨害による条件成就の擬制も期待権保護の一制度である（最判昭和39・1・23民集18巻1号99頁。直接取引事件）。

③ 期　　限

(1) 期限の意義

① 期限はすでに一言したように、法律行為の効力の発生・消滅または債務の履行を、将来発生することの確実な事実にかからしめる法律行為の附款である。期限には始期と終期、確定期限と不確定期限という区別がある。来年の1月1日がきたら土地をやろうというのは法律行為の効果に始期を付したことになる。また、来年の1月1日に借金を返済するというのは、債務の履行について始期を付したものだし、自分が死ねば貸家を返してくれという条項は借家契

約が貸主の死亡で終了するという趣旨であるから、終期を付しているわけである。始期付法律行為において期限が到来したら、法律行為は効力が発生し、その履行を請求することができ、終期付法律行為において期限が到来したら、法律行為の効力は消滅するのである（135条）。

②　来年の1月1日のように必ず到来し、しかもいつ到来するかも確定している期限は、確定期限である。貸主の死亡のように到来はするが、いつ到来するかわからないものを「不確定期限」という。不確定期限と条件とは、ときに区別が困難なことがある。判例上問題となったものにいわゆる「出世払証文」がある。出世したら、借りたお金を返そうというものである。出世するか否かは不確実だから、条件とみるのが素直である。しかし判例は、期限と解している。出世したら返済するという約束が、文字どおり、出世したら返すが、出世しなかったら返さなくてもよいという意味まで含むなら条件にちがいない。けれども、必ず返さなければならないが、ただその時期を猶予して、出世のときと定める、したがって出世しないことに確定したならば、その時に返さなければならないという意味しかもたないと判断されるなら、「出世のときまたは出世不能の確定したとき」という将来到来することの確実な事実に返済をかからせたわけで、期限ということになる。判例は後者とみたわけである（大判大正4・3・24民録21輯439頁）。同様に、「家屋売却のうえ速やかに返済すべき旨」（大判大正4・12・1民録21輯1935頁）、「山林の特売権を得たとき」（大判大正10・5・23民録27輯957頁）、「債務者の婚家または分家したるとき」（大判大正4・2・19民録21輯163頁）という約旨も期限と解されている。条件を期限と区別するためには、結局、諸般の事情を総合的に考慮して、当事者の意思に可能な限り適合するよう解釈しなければならないということである。

③　法律行為の効力に始期がつけられ、それが到来するなら、その効力が発生し、債務の履行につけられた始期が来れば、債権者は履行を請求することができる（135条1項）、法律行為につけられた終期が到来したら、その行為の効力は消滅する（135条2項）。なお、期限の効力には、遡及効がなく、当事者の特約があっても、それは認められないものと解されている。

(2) 期限の利益

①　期限が到来しないことによって当事者が受ける利益のことである。無利息で金を借りた者が1年後に返済する約定になっているなら、1年間支払いを猶予される利益は債務者の側にある。それゆえ民法は、特約や法律行為の性質から反対の趣旨が認められない限り、期限は債務者の利益のために存在するものと推定した（136条1項）。しかし、定期預金など考えればわかるように、債権者（例えば預金者）にも期限の利益はあるので、反証があればくつがえるのはいうまでもない。問題は、債務者は期限前に債務の弁済をすることができるか、債権者は期限前に履行を請求することができるかである。

②　前者は期限の利益の放棄の問題であり、これはできる。放棄により、期限が到来したのと同じになる（136条2項）。ただし、相手の利益を害することはできない。つまり、利息付債務ならば、利息の収益が債権者にも存するから期限前に弁済することは許されない。しかし期限までの約定の利息を支払えばよいと解されている（136条2項ただし書）。

③　後者は期限の利益の喪失の問題である。債務者が期限前でも弁済しなければならないことがある。債務者が、破産手続開始の決定を受けたり（137条1号、ただし、今日では破産法103条3項があるので、これは適用の余地はない）、担保を「滅失」・「損傷」または「減少」したとき（同2号）、担保を供する義務があるのにそれを提供しなかったとき（同3号）には、債務者は期限の利益があるではないかと主張することはできない（137条）。このことは、結局、債務者の信用状態が客観的にみて悪化したときは、債務者は請求があれば、弁済しなければならないということである。債権者としてはもっともな不安があるのに手をこまねいて見ている必要はないということになる。妥当な処理であろう。

＊期限の利益喪失約款

　　当事者の特約によって期限の利益を失わせることである（それゆえ137条の喪失を法定喪失と呼んでよいかもしれない）。テレビなど電気製品の割賦売買契約で、1回でも割賦金の弁済を怠った場合には、ただちに残金全額の支払いをしなければならないと定めたり、Aが銀行に定期預金を有し、他方銀行より債務を負っているときに、Aに対する他の債権者から上記の定期預金に対して差押えを受け差押命令が発送された場合には、Aは自己の債務について当然期限の利益を喪失し、ただちに弁済しなければならないと定めたり

するのが、期限の利益喪失約款である（改正銀行取引約定書ひな型5条1項3号参照）。後者は「差押えと相殺」で複雑な問題を提供する。期限の利益喪失約款を相殺の予約と結合させることによって、定期預金を銀行のために安全な担保として確保するために利用されるのである。

Ⅱ─期　　間

１ 期間の意義

一定の時点から一定の時点に至るまでの時の長さを「期間」という。期間は時効（162条・167条）、権利の存続期間（例えば借地2条）などにおいて重要な意味をもっている。期間の計算方法は、法令、裁判所の命令または当事者の意思表示で特別の定めがあればそれが優先的に適用される（138条）。民法の計算方法は補充的な性格をもつ。

２ 期間の計算方法

１　民法は、期間の計算方法を2通り定めている。

①　1つは自然的計算方法である。今からレンタカーを5時間貸すというような場合においては、「即時から起算」し（139条）、その終了をもって満了点とする。12時に貸したなら、5時で満了することになる。

②　もう1つは暦法的計算方法である。日・週・月・年を単位とする計算方法である。起算点について初日不算入の原則がある（140条）。4月1日から10日間というとき、1日は入らないから、日が単位になっている期間の満了点は、期間の末日の終了をもって、すなわち2日から数えて10日、つまり11日の終了をもって期間の終了日となる（141条）。もっとも、利息の発生する日は、元本を受けとった日から（最判昭和33・6・6民集12巻9号1373頁）、また年齢は生まれた日から計算されることに注意しなければならない（後述）。初日不算入の原則には例外もあるから注意したい（140条ただし書）。暦法的計算方法においては、暦に従って計算するわけだから（143条1項）、月の大小、平年かうるう年かは問わない。

③　週・月・年が単位になっている期間の満了点については、暦に従って計算し、期間の最後の週・月・年の起算日に応当する日（同じ数字の日）の前日

の終了をもって期間の終了時点となる（143条2項本文）。例えば、2月1日にこれから1カ月という場合には、2月1日は初日だから入れないので、起算日は2月2日、1カ月後の応当日は3月2日であり、その前日、すなわち3月1日が期間の満了日になる。ところで、例えば、1月30日にこれから1カ月というときは、応当日たるべき2月31日もその前日たる2月30日もない。このような場合は「その月の末日に満了する」（同条2項ただし書）。2月28日、うるう年なら2月29日が満期日となる。なお期間の末日が祝日・日曜日その他の休日にあたり、しかもその日に取引しない慣習がある場合には、期間はその翌日をもって満了する（142条）。

2　民法と異なる計算方法を定めている例は多い。「年齢計算ニ関スル法律」によれば、年齢は出生の日から起算するとされている。戸籍法は、戸籍の届出期間は届出発生の日から起算する（戸籍43条1項）。例えば、11月15日に出生した子について、同月29日に出生届をしたのでは届出期間（14日）内に届出したことにならない（大判大正11・4・10民集1巻182頁。黒田かの出生届遅滞事件）。公職選挙法256条本文、国会法14条・133条、刑法23条などは民法と異なる計算方法を定めている。

退職金の優遇措置を受けられるのはいつかをめぐり、満60歳とはいつになるかが争われた事件において、判例は「明治45（1912）年4月1日生れの者が満60歳に達するのは、右の出生日を起算日として、60年目のこれに応当する日の前日の終了時点である昭和47（1972）年3月31日午後12時であるが、日を単位とする計算の場合には、右単位の始点から終了点までを1日と数えるべきであるから、右終了点を含む昭和47年3月31日が勧奨退職に関して右の者が満60歳に達する日である」と判示した（原告は4月1日に満60歳になると主張したが認められなかった。最判昭和54・4・19判例時報931号56頁）。

③ 民法に規定のない期間

1　民法によれば、期間の計算は現時点から将来に向かっていく場合を想定している。しかし実際には、将来のある時点から過去に向かってさかのぼって計算しなければならない場合がある。例えば、社団法人の総会の招集は、少なくとも5日前に到達していなければならない（62条）。同じく時効期間満了前6

カ月（158条）という場合もある。このような場合にも民法の規定は類推適用されるべきであると考えられている。だから、10月15日開催のために 5 日前に通知する場合には、15日を初日として算入せず、14日を起算日として 5 日を数えて10日となり、その前日までに届いていなければならないから、結局、通知は10月 9 日までに到達していなければならない。また10月 5 日からこれより 6 カ月前といえば、 5 日は初日で算入せずに 4 日から数え、 6 カ月前の応当日、 4 月 4 日の翌日（過去にさかのぼるので前日ではない）の 5 日の午前 0 時（4 日の24時といってもよい）が 6 カ月前ということになり、少なくとも 4 月 4 日までに事をおこしていなければならないということになろう。

2　連続しない 2 個以上の時間帯を合算した 1 個の期間（不継続期間・分割期間）の計算方法は、日、時以下の単位で定められたときは自然な計算方法による。日もしくは年をもって定められた期間（弁護 5 条 4 号参照）の場合には、 1 カ月は30日、 1 年は365日とするように一律的な換算を考えねばならないであろう（石田＝高橋『民法総則講義〔補正版〕』153頁）。

第6章

時　効

Ⅰ—時効制度

① 時効の意義と存在理由

(1)　時効の意義

　時効とは何であるか。その本質は何かと問うとき、実体に即した解答を与えることは難しい。法律家は、真実の権利関係のいかんを問わず、永続せる事実状態を権利関係にまで高める制度であると説明している。しかし、一般人は殺人犯の訴追についても時効ということばが使用されることを知っており、同じ時効ということばでも、この刑事訴訟法上の公訴時効は、検察官がたとえ犯人であるとわかっていても、訴追できなくなることだということも知っている。民法上の時効は権利の変動（得喪）、刑事訴訟法上は、訴追不能と法律効果は著るしく異なるのになぜ同一の時効ということばが使われるのか疑問になるであろう。しかし、両者には決定的な共通点がある。それは一定の時の経過そのものに法律上の効果が結びついているということである。したがって、時効の本質は時の経過にあるといってもよいのではないかと思う。「亀の甲より年の功」ともいわれるように、時の経過は法律的にも重大な意味が付与されているのである。

(2)　時効制度の存在理由

　①　民法上の時効制度は、義務があるのにそれを果たさないまま時間が経つと義務が消滅してしまったり、他人の物であるのに、それを長期にわたって使用していると自分のものになったりするわけであるから、真実の権利関係を明らかにして権利者を権利者、義務者を義務者として取り扱おうとする法の理念に反しているようにみえる。なぜこんな制度が必要とされるのであろうか。学

説は、次の３つの存在理由をあげている。

（i）　ある事実状態が継続すると、社会一般がその事実状態を正しいものと信頼して、それを基礎としてそのうえに新たな法律関係が形成されてくる。それを真実の権利関係に基づいてくつがえすと、事実状態を信頼して取引をした者は不測の損害をこうむることになるから、事実状態を権利関係に高めて、社会の秩序ことに取引社会の安定を図ることが望ましい。

（ii）　長い時間が経過すると証拠が散逸して真相がわからなくなることが多い。そうすると裁判所は、不確実な証拠で権利の存否を判定しなければならず、苦労する。この立証の困難性を救い、一定の時間がたつと、時間がたったという理由だけで判断してもよいとする必要が生ずる。

（iii）　長い間権利を行使しない者は、「権利の上に眠る者は保護に値しない」といわれてもしかたがない、というのである。そしておそらくこれらの根底に、長期にわたる事実状態の継続は真実の権利関係であることを強く推認させるという経験則上の配慮が存在するのであろう。

②　以上のような理解に対し、近時発想の転換を迫る有力な見解がでている。義務者に義務を免れさせたり、非権利者に権利を取得させることの根拠を問題にするのではなく、「ある種の時効については弁済をした義務のない者や真の権利者を保護するための制度である、と考えたほうがよい」というのである。「債権者が古い債権証書をたてに未だ弁済がないと主張したり、売主がかつての所有権の証拠を持っていて自分の物だと主張したようなときに、弁済者・所有者が弁済・所有権取得の証拠方法がないため敗訴になったり、そこまでゆかなくても、訴訟で煩わされるのでは、気の毒である。そこで、これらの者を保護して、安心させるために、弁済や所有権の取得の証明に代えて、時の経過その他の要件があれば、債務が消滅しており所有権が存在すると認めようというのが、時効の制度である」と説く（星野英一『民法概論Ⅰ』251頁）。この考え方によれば、真実の権利者の保護という上の趣旨に合しない限り時効を認めない方がよいということになる。

③　時効は２種に分かれる。取得時効と消滅時効とである。前者は非権利者が権利を取得し、後者は権利者の権利が消滅するものである。

2 時効の遡及効

　時効は完成すると初めにさかのぼって効力を生ずる。起算日にさかのぼるわけである（144条）。消滅時効が完成し、それを援用すれば、借金は初めからなかったことになり、取得時効が完成しかつ援用があれば、占有の初めから権利を有していたことになる。

3 時効の援用と放棄

(1)　時効の援用

　民法は時効が完成すると権利を「取得する」もしくは「消滅する」と規定しながら（162条・167条）、他方において当事者（平成29年の改正によって消滅時効にあっては、保証人、物上保証人、第三取得者その他権利の消滅について正当な利益を有する者を含むとされた）が援用しなければこれによって、「裁判をすることができない」と規定している（145条）。援用とは、時効の利益を受ける者が時効の利益を受けようとする意思表示である。債務がある以上は支払う、自分の物と思っていたが、他人の物であることがはっきりしているなら返そうと考える潔き者の徳義心はこれを生かすべきであるとの考え方に基づく。一種の「良心規定」とみてよい。時効の効果を受けようとする者がその意思を表示してから初めて時効の効果の発生を確定しようというのが援用の制度である。

　時効を援用しうる者は「当事者」（145条）であるが、当事者の範囲が問題となる。判例は「時効によって直接に利益を受ける者およびその承継人」という表現によって比較的限定的に理解していたが、近時は「当事者」の範囲をしだいに拡大していく傾向にある。平成29年の改正前であるが、判例によれば、債務者、連帯債務者のほか、保証人・連帯保証人・物上保証人にまでは援用を認め、さらに物上保証人の債権者は前者の援用権を代位行使（423条）しうるとしていた（最判昭和43・9・26民集22巻9号2002頁）。また抵当不動産の譲渡を受けた第三者（第三取得者）についても肯定されるにいたった（最判昭和48・12・14民集27巻11号1586頁）。

(2)　時効利益の放棄

　時効利益を享受しようという援用のちょうど裏にあたるものが時効利益の放

棄である。時効の利益を受けないという意思表示である。時効完成前のあらか
じめの時効利益の放棄は無効である（146条）。そうしなければ、権利者は常に
放棄特約をつけて時効制度をなきものとすることができて不当だからである。
高利貸しが金を貸すときに債務者を強要することを想起すればよい。したがっ
て、その弊害のない、時効完成後の時効利益の放棄は認められる。

(3) 時効援用権の喪失

　時効完成後に債務の存在を承認すること、例えば、返金を猶予してほしいと
か利息をまけてくれとかいったとき、放棄にあたるかということが問題となっ
た。債務者の多くは時効を知らなかったり、時効のあることは知っていたが、
その完成していることを忘れたりしているときに生ずる。放棄する以上、時効
の完成を知ってなすのでなければ、放棄とみられないとの議論もあったが、今
日、判例によって、時効完成後に債務を承認する行為があれば、もはや時効の
援用はできないということになった（最大判昭和41・4・20民集20巻4号702頁。
木材商債務承認事件）。「援用権の喪失」と呼ばれる。援用権の喪失事由として
は、債務の承認、債務支払の約定、支払延期証の差入れ、履行延期の申込み、
和解などがある。さらに、一部弁済も喪失事由となる。債務の減額懇請は古く
は放棄とは認めなかったが、先ほどの最高裁大法廷判決は減額懇請を「債務承
認」として処理している。ただし、この法理の行き過ぎを反省する判例が最近
出てきている（東京簡判平成11・3・19判タ1045号169頁、福岡地判平成13・3・13判
タ1129号149頁）。

④ 時効の完成猶予と更新（平成29年改正後の用語）

(1) 時効の完成猶予

　①　権利を行使することができるときから時効が進行するわけであるから、
権利を行使しないで放っておくと時効が完成してしまう。これでは大変だとい
うので、権利を行使すると時効期間が切れてそこから改めてまた初めから時効
期間が進行する。これを「時効の完成猶予と更新」という。改正後の「時効の
完成猶予と更新」も要するに、権利者が権利を主張し、また義務者が相手方の
権利の存在を承認することに帰する。権利行使は明確な形をとることが望まし

いので、ある一定の事由を定めている。

　まず第1は、①裁判上の請求、②支払督促、③民事訴訟法275条第1項の和解または民事調停法もしくは家事事件手続法による調停の3つが挙げられる（147条第1項1号、2号、3号）。さらに④破産手続の参加、再生手続参加または更生手続参加（147条4号）。この場合、上記事由が終了するまでの間は時効は完成しない（同147条1項）。これを時効の「完成猶予」という。しかし、確定判決または確定判決と同一の効力を有するものによって権利が確定したときは、時効は「上記に掲げる事由が終了した時から新たにその進行を始める」。これを時効の「更新」という（同条第2項）。

　第2に、①強制執行（148条1項1号）、②担保権の実行（同2号）、③担保権の実行としての競売の例による競売（同3号）、④財産開示手続（同4号）等の場合には、上記の事由が終了するまでの間は、時効は完成しない（同条1項）。ただし、上記の場合は上記の事由が終了した時から新たに時効の進行を始めるので注意してほしい（同条第2項。ただし申立の取下げまたは法律の規定に従わないために取消しによってその事由が終了した場合は、時効の進行は始まらない。同ただし書参照）。

　第3に、①仮差押え、②仮処分があり、この事由の場合は、その事由が終了した時から、「6カ月を経過するまでの間は」、時効は完成しない（149条1項1号、2号）。

　第4に、「催告による時効の完成猶予」がある（150条）。すなわち、催告があったときは、その時から6カ月を経過するまでの間は、「時効は、完成しない。」（同条1項）。ただし、催告によって時効の完成が猶予されている間にされた再度の催告は「時効の完成猶予の効力を有しない。」（同条2項）。

　第5に、「協議を行う旨の合意による時効の完成猶予」がある（151条）。①その合意があった時から1年を経過した時（151条1項1号）。②その合意において当事者が協議を行う期間（1年に満たないものに限る）を定めたときは、その期間を経過した時（同条同項2号）。③当事者の一方から相手方に対して協議の続行を拒絶する旨の通知が書面でされたときは、その通知の時から6カ月を経過した時。

　以上の合意、すなわち権利についての協議を行う旨の合意が「書面でなされたとき」は、以上の時のいずれか早い時までの間は、「時効は、完成しない。」

158

（151条1項本文）。ところがややこしいことに、151条には、2、3、4、5項まであり、1項の効力を制限したり、拡張したりしているので注意を要する。

時効の「更新」については、「承認による時効の更新」がある。すなわち、時効は、（義務者による）「権利の承認があったときは、その時から新たにその進行を始める。」（152条1項）。この承認をするには、相手方の権利についての処分につき行為能力の制限を受けていないこと、または権限があることを要しない（152条2項）。

第6に、裁判上の請求等による時候の完成猶予および更新（148条）、または仮差押え等による時効の完成猶予は、「時効の利益を受ける者に対してしないときは」、「その者に通知をした後でなければ」、時効の完成猶予または更新の効力を生じないので注意してほしい（154条）。

②　時効の完成猶予または更新の効力が及ぶ者の範囲について一言する。すなわち、裁判上の請求等による時効の完成猶予および更新（147条参考）、または、強制執行等による時効の完成猶予または更新（148条参考）は、その事由が生じた当事者およびその承継人の間においてのみ、「その効力を有する」（153条1項）。さらに仮差押え、仮処分による時効の完成猶予（149条）、催告による時効の完成猶予（150条）、協議を行う旨の合意による時効の完成猶予（151条）は、完成猶予の事由が生じた当事者およびその承継人の間においてのみ、その効力を有する（153条2項）。しかも「時効の更新」についても、以上の規定による「更新」は、更新の事由が生じた当事者およびその承継人の間においてのみ、「その効力を有する。」（153条3項）ものであることを忘れてはならない。なお、改正後の154条を熟読してほしい。

(2)　時効の進行が一時的に停止する完成猶予

改正前の「時効の中断」は、それまで経過してきた期間は御破算になるが、同じく完成前の「時効の停止」は一時的にストップするだけで、停止事由が存続する間だけ時効期間が一時的に延長するものであった。時効期間満了直前になって権利者が権利行使することが著しく困難である場合に認められていた。典型的なものは時効期間「満了の時」に、「天災」その他避けることのできない「事変」が起きて、時効を中断したくともできないときに、「その障害が消

滅した時」より「2週間」、平成29年の改正によって「3箇月」だけ時効完成
が延びることを定めた161条である。その他の停止事由は、158条1項（制限行
為能力者に対する時効停止）、同じく158条2項（財産管理人に対する制限行為能力者
の時効停止）、159条（夫婦間の権利の時効停止）、160条（相続財産に対する時効停止）
などがある。これをまとめると表8のようになる。

　　＊　今回の改正によって、改正前は「時効の停止」と呼ばれていた制度も「……から6カ
　　月（または3カ月）を経過するまでの間は」時効は完成しない、という形での完成猶予制
　　度に姿を変えて残している。
　　　第1に、「天災・事変による完成猶予」は、時効の期間の満了時にあたり、天災その他
　　避けることのできない事変のため」裁判上の請求等（147条）、強制執行等（148条）の手
　　続によって時効の進行を止めることができないときは、「その障害が消滅した時から3カ
　　月を経過するまでの間は」時効は完成しない（161条）。
　　　第2に、「未成年者又は成年被後見人に対する時効の完成猶予」（158条1項、2項）、
　　「夫婦間の権利についての時効完成猶予」、「相続財産に関する時効の完成猶予」等々、改
　　正前の「時効の停止制度」をほぼそのままで残している。それゆえ、本文も旧版を若干手
　　直しして、ほぼそのまま残した。

表8　旧「時効停止にあたる完成猶予」一覧

名　称	猶予原因	猶予の期間	条　文
制限行為能力者に対する時効の完成猶予	「時効の期間満了前6箇月以内の間に未成年者又は成年被後見人に法定代理人がないとき」	当該未成年者または成年被後見人が「行為能力者となった時又は法定代理人が就職した時から6箇月」	158条1項
財産管理者に対する制限行為能力者の権利の時効の完成猶予	「未成年者又は成年被後見人がその財産を管理する父、母又は後見人に対して有する権利に付いて」	当該制限行為能力者が「行為能力者となった時又は後任の法定代理人が就職した時から6箇月」	158条2項
夫婦間の権利の時効の完成猶予	「夫婦の一方が他の一方に対して有する権利について」	「婚姻の解消の時から6箇月」	159条
相続財産に対する時効の完成猶予	「相続財産に関して」	「相続人が確定した時、管理人が選任された時又は破産手続開始の決定があった時から6箇月」	160条
天災・事変による時効の完成猶予	「時効の期間の満了の時に当たり、天災その他避けることのできない事変のため時効を中断することができないとき」	「その障害が消滅した時から3箇月」	161条

Ⅱ—取得時効

1 取得時効の意義と要件

　時効の完成によって権利を取得するのが取得時効である。これには所有権の取得時効と所有権以外の財産権の取得時効とがある。

(1) 所有権の取得時効

　①　時効による所有権の取得は2つに分かれる。20年時効と10年時効である（162条1項・2項）。前者は「所有の意思」をもって「平穏に、かつ、公然と他人の物を占有」することによって所有権を取得する。所有の意思とは、内心における自分のものにしたいという意思ではない。他人の物を借りているのにこれは自分のものにしたいと内心で思っていても、占有（物を事実上所持すること）権原の性質上、他人の物を借りていることに変わりなく、何年占有していても所有権は取得しない。あくまでも所有者としての占有でなければならない。借り物についてならば、貸主（所有者）に対して「所有の意思があることを表示」するか、「新たな権原により更に所有の意思をもって占有を始める」（185条）とき、つまり、借り物をもらうか買い取るとかしなければならない。ただ占有は所有の意思を推定されるから（186条）、所有の意思がないことは時効取得を否定する者が主張立証しなければならない。

　取得時効の客体は、「他人の物」である。しかも判例は、取得時効の対象物が他人の物とされたのは、通常の場合において、自己の物について取得時効を援用することは無意味であるからにほかならないのであって、所有権に基づいて占有する者であっても、「その登記を経由していない等のために所有権取得の立証が困難であったり、または所有権の取得を第三者に対抗することができない等の場合に」は、取得時効を主張できるとする（最判昭和42・7・21民集21巻6号1643頁）。したがって、買主が売主に対して取得時効を主張することもできる（最判昭和44・12・25判時654号51頁）。

　②　占有の初めが善意・無過失ならば、10年間の占有継続で時効取得する（162条2項）。善意・無過失とは、自己に所有権があるものと信じ、かつそう信

じるにつき過失がないことをいう。「過失ある占有」とは、判例によれば、所有名義につき登記の真否を確かめない場合、隣地所有者や公図等について境界を確認するなどの調査をしなかった場合（最判昭和50・4・22民集29巻4号433頁）、禁治産宣告のあったのを調査しなかった場合（大判大正10・12・9民録27輯2154頁）などである。しかし、登記簿を調査しなかったとしても必ずしも過失ありとはいえない（最判昭和42・6・20判時492号49頁）し、買主自ら公図等を調査しなかったとしても、測量士が公図を参照し、隣地所有者にあたって測定した結果を信頼したときは、買主は無過失であるとされた（最判昭和46・11・25判時655号26頁）。

(2)　所有権以外の財産権の取得時効

　所有権以外の財産権の取得時効も所有権に準ずる（163条）。すなわち、所有権以外の財産権を「自己のためにする意思をもって……行使する」ことが一定の期間継続すればよい。「占有」するのではなく「行使」することとは、占有を伴う権利（地上権・永小作権・質権）においては「占有」であるが、その他の権利では「準占有」（205条）である。所有権に準ずるとは、時効期間が善意・無過失の要件によって、10年または20年に区別されるということである。ただ、注意しなければならないのは、例えば、地役権は不表現または不継続なら時効取得できない（283条）（判例は、他人所有の土地を永年にわたり通行してきたという事実だけで地役権の時効取得の要件としての「継続」の要件を備えたことにならず、要役地所有者による通路の「開設」が必要としている。最判昭和33・2・14民集12巻2号268頁）、留置権や先取特権など直接法律の規定によって成立する権利なども時効取得できない。取得時効は、自己の意思に基づいて任意に占有を中止したら時効完成しないし、他人に占有を奪われても同様である。取得時効は占有の継続が要件であるから当然のことである。

　なお、平穏公然の占有であることも推定される（186条1項）。

② 取得時効と登記

　不動産物権を時効で取得した場合にも、第三者に対して権利主張するときには登記を備えていなければならないか。取得時効と登記の問題である。判例に

162

よると、時効が完成する以前にいかなる物権変動があっても、時効取得者は登記なくして対抗できるが、完成後に第三者が権利を取得したときは、この第三者に対しては、登記なくして対抗できない（177条が適用される）、とされている。時効取得者は時効完成後もうかうかしておれないということである（大連判大正14・7・8民集4巻412頁）。

Ⅲ─消滅時効

1 消滅時効の意義と要件

時効の完成によって権利が消滅するのを消滅時効という。

(1) 所有権以外の財産権の消滅時効

所有権以外のすべての財産権は時効によって消滅する。共通の要件は、権利不行使状態の継続であり、消滅時効期間は、権利の種類や発生原因によって長いものから短い期間のものまである。普通の債権は①債権者が権利を行使することができることを知った時から5年間行使しないとき、②または権利を行使することができる時から10年間行使しないとき、に時効によって消滅する（166条1項）。166条1項、2項の債権の消滅時効については、平成29年の改正によって3項になったが、1項、2項の規定は、「始期付権利又は停止条件付権利の目的物を占有」している第三者にとって、その占有の開始の時から「取得時効が進行する」ことをあらためて認めている。そのうえで、「権利者」はそれを止めるべく、「その時効を更新するため、いつでも占有者にその権利の承認を求めることができる。」ようにした。このことは改正前と何ら変わらない。ただし、166条第1項第2号に対応して、「人の生命又は身体の侵害による損害賠償請求権については、「10年間」ではなく「20年間」とする旨新たに規定するに至った（167条）。債権または所有権以外の財産権は権利を行使することができる時から20年間行使しないときに時効消滅する（166条2項）。

ある期間にわたって継起的に金銭その他の代替物を給付することを内容とする債権たる定期金債権（例えば、年金債権・終身定期債権、689条）は、①債権者が定期金債権から生ずる金銭その他の物の給付を目的とする「各債権を行使す

ることができることを知った時から10年間行使しないとき」(168条1項1号)、または、上記債権を「行使することができる時から20年間行使しないとき」は、時効によって消滅するということになった (168条1項)。ただし、定期金の債権者は「時効の更新の証拠を得るため、いつでも「その債務者に対して承認書の交付を求める」ことができるようになった (168条2項)。このこと自体は、改正前と同様である。「中断の証拠」が「更新の証拠」に変更されただけである。

　なお、改正前にあった「定期給付債権」すなわち「年又はこれより短い時期によって定めた金銭その他の物の給付を目的とする債権」(例えば、家賃、地代、利息) の短期 (といっても5年) 消滅時効に関する規定は削除された。

　所有権は消滅時効にはかからないことに注意されたい (所有権の恒久性という)。改正前はそのほか債権の種類によって5年 (商人間の債権は5年が普通、商522条)、3年 (医師、助産師、薬剤師の治術、勤労・調剤に関する債権や技師、棟梁、請負人の工事に関する債権、170条)、2年 (弁護士、公証人の職務に関する債権、172条。生産者、卸売商人、小売商人の産物や商品の代価債権、居職人や製造人の仕事に関する債権、生徒および習業者の教育、衣食および寄宿の代料に関する校主、塾主、教師および師匠などの教育を行う者の債権、173条)、1年 (使用人の給料債権、運送賃、動産の損料、旅店、料理店、貸席および娯遊場の宿泊料、飲食料、席料、木戸銭、消費物代価や立替金債権、174条) など短期の消滅時効があったが、平成29年の改正によってすべて削除された (170条から174条まで)。なお、確定判決によって権利の存在が確定されたならば、10年未満の債権でも時効期間は10年となる (169条)。なお、労働基準法115条は「賃金 (退職手当を除く。)、災害補償その他の請求権は二年間、この法律の規定による退職手当の請求権は五年間行わない場合においては、時効によつて消滅する」との規定を残している。

(2)　形成権の消滅時効

　取消権や解除権のような形成権については、時効期間の定められている場合 (126条取消権)、期間制限だけあって時効とも除斥期間ともはっきり定めていない場合 (564条)、期間制限の規定のない場合 (例えば解除権) がある。判例は、期間内に形成権が行使されるとその結果発生する請求権 (給付した物の返還請求

など）につき、さらに別の消滅時効期間が進行するとしているし（大判昭和12・5・28民集16巻903頁）、形成権は10年の消滅時効にかかるともしている（大判大正6・11・14民録23輯196頁〔ただし商事だから5年としている〕）。学説には、形成権は一方的に行使さえすればよいのだから、中断を問題とする必要はなく、除斥期間と解すべきである、とする説もある。

② 除斥期間と消滅時効

(1) 除斥期間と消滅時効との違い

除斥期間は消滅時効と似てはいるが異なるものと考えられている。その差異は、除斥期間には、①平成29年の改正前の（改正後の「完成猶予」）「中断」が認められない、②当事者が援用しなくても、裁判所はこれに基づいて裁判しなければならない、という点にある。ともかく期間内に権利を行使しないと権利が消滅してしまうのである。権利の存続期間といってもよい。形成権の期間制限は一般的には除斥期間と解すべきであろう。請求権については、長期と短期の「時効」期間が定められている場合には（724条・884条・1042条）、短期は消滅時効、長期は除斥期間と解するのが、現在の通説である（126条・426条・919条3項なども同様である）。条文において「時効によって」と表現されていても、文字にとらわれず、権利の性質や規定の趣旨・目的などを考察していずれであるかを決すべきである。

(2) 権利失効の原則

権利が長期間行使されない場合には、たとえ時効期間が経過していなくても、権利者はもはや権利を行使しないであろうとの相手の期待が生じ、この期待を保護するために、その権利の行使は許されない（権利の失効）という原則である。ドイツの Verwirkung の理論を根拠にしてこれを承認すべしとの有力説がある（成富信夫『権利の自壊による失効の原則』）。判例も一般論としてはこの原則を認めている（最判昭和30・11・23民集9巻12号1781頁）。

③ 抗弁権の永久性

(1) 意　義

　請求権には期間の制限（消滅時効）があるのに対し、抗弁権は期間の制限に服しない、という原則（"Quae temporalia sunt ad agendum, perpetua sunt ad exipiendum."; Unverjährbarkeit der Einrede）のことを「抗弁権の永久性」という。川島武宜博士によって日本に導入された考え方である（川島『民法総則』578頁以下）。すなわち、実体法上の権利が、何人かに対して現状の変更を要求する請求権は、攻撃的な形で訴訟上現象するがゆえに、消滅時効のような期間制限に服するべきであるが、何人かの請求に対抗して現状の維持を主張する抗弁権は、防禦的な形で訴訟上現象するので、期間制限に服しなくてもよいという考え方である。ドイツ民法では、478条、821条、853条等においてこの趣旨が規定されている。ただし日本民法にはこの趣旨の規定は見当たらない。

(2) この法理の存在理由

　川島博士によれば、法律には「現状の維持」という要請があり、ある権利に基づいて現状を維持しようとする者は、その現状の変更を要求する者がいないのに現状維持を求めて訴訟を起す利益をもたないから、他からの攻撃的な要求（現状変更の要求）がないのに抗弁権が期間の経過によって消滅するものとするならば、抗弁権は事実上その機能を発揮することができなくなる、と説かれる。もっともな主張であって、解釈論としてこの法理を承認すべきである。

附　録

①　労働金庫の員外貸付の効力と信義則

最高裁昭和44年7月4日判決棄却
昭和43年(オ)第916号土地建物所有権移転登記抹消登記手続等請求事件
民集23巻8号1347頁

　　労働金庫の員外貸付の効力が無効とされ、員外貸付によって生じた債務を担保するために設定された抵当権の実行による所有権の取得を否定することが、信義則上許されないとされる場合があるだろうか。

【事　実】

　訴外A（岡山労働金庫）は、従前岡山県勤労者信用組合と称して事業を行っていた当時からX（原告・控訴人・上告人）と一定の取引を結んでいたのであるが、昭和28（1953）年10月1日に施行された労働金庫法（法律第227号）に基づき組織変更のうえ、労働金庫として発足するに至った。ところが労働金庫法11条によれば、その会員資格が労働組合等に限定されているため、それに伴いXは員外者となり、従来の債務を一挙に決済しなければならないこととなった。そこでXは、数名の縫子を使用して婦人服仕立業を営んでいたところから池田洋服店従業員組合なる架空の団体を結成したと偽って、同団体代表者名義でA金庫との取引関係を継続した。昭和30（1955）年10月21日、Aに対するXの債務60万円を担保するため、X所有の本件不動産（土地・第1建物・第2建物）に限度額60万円の根抵当権が設定され、その後、Xが弁済を遅滞し、仕立業をも廃業するに至ったので、A金庫は本件抵当権の実行に及び、その結果、Y1（被告・被控訴人・被上告人）が競落し、昭和35（1960）年8月8日土地及び第2建物、同36年8月3日第1建物について、各々、所有権移転登記を経由した。Y2（被告・被控訴人・被上告人）は第2建物をY1から賃借し、現在占有している。XはY1に対しては、本件不動産の所有権移転登記の抹消登記手続、Y2に対しては、第2建物の明渡を請求して、本訴に及んだ（第二建物の建坪以外の土地及び第一建物がY1に引渡されているのか否かは不明。登記のみを求めているところからみて、いまだXが占有しているものか）。その主張するところは、要するに、池田従業員組合なるものは存在していないのであるからAとこの組合との消費貸借は無効であり、Xが存在しない組合を代表して、右契約を締結したとしてもXは民法117条1項所定の義務を負担するいわれはない。もしA・X間に本件消費貸借契約が締結されたものであるとしても、これはいわゆる員外貸付で無効であり、これが有効であることを前提とする競売は無効であるということにある。第1審・第2審とも、A・X間に貸借契約が成立しており、しかもAの貸付行為は有効であって、したがって抵当権も有効であるとして、Xの請求を棄却した。

X上告。民法117条2項の点に関し審理不尽を主張したほかに、員外貸付は無効であり、原審が、これを「無効なものとは考えられない」と認定したのは、事実誤認または審理不尽もしくは法令の解釈適用を誤った違法がある、と主張した。

【判決理由（棄却）】

判旨第1、「労働金庫におけるいわゆる員外貸付の効力については、これを無効と解するのが相当であってこの理は、農業協同組合が組合員以外の者に対し、組合の目的事業と全く関係のない貸付をした場合の当該貸付の効力についてと異なるところはない（最高裁判所昭和40年（オ）第348号、同41年4月26日第3小法廷判決、民集20巻4号849頁参照）。本件において、所論の貸付が前記労働金庫の会員でない者に対する目的以外の貸付であったことは原審の確定するところであるから、右貸付行為はこれを無効とすべきが相当である」。

判旨第2、「しかしながら、他方原審の確定するところによれば、上告人（X）は自ら虚無の従業員組合の結成手続をなし、その組合名義をもって訴外労働金庫（A）から本件貸付を受け、この金員を自己の事業の資金として利用していたというのであるから、仮りに右貸付行為が無効であったとしても、同人は右相当の金員を不当利得として訴外労働金庫に返済すべき義務を負っているものというべく、結局債務のあることにおいては変りはないのである。そして本件抵当権もその設定の趣旨からして、経済的には、債権者たる労働金庫の有する右債権の担保たる意義を有するものとみられるから上告人としては、右債務を弁済せずして、右貸付の無効を理由に、本件抵当権ないしその実行手続の無効を主張することは、信義則上許されないものというべきである。ことに、本件のように、右抵当権の実行手続が終了し、右担保物件が競落人（Y1）の所有に帰した場合において、右競落人またはこれから右物件に関して権利を取得した者（Y2）に対して、競落による所有権またはこれを基礎とした権限の取得を否定しうるとすることは、善意の第三者の権利を自己の非を理由に否定する結果を容認するに等しく、信義則に反するものといわなければならない。したがって、上告人の本訴請求は、この点において既に失当としてこれを棄却すべく、右請求を排斥した原審の判断は、結論において正当であって、本件上告は棄却を免れない」。

【研 究】

1 本件では、Xが架空の従業員組合の結成手続を踏んでAから貸付を受けているので、はたしてAの貸付行為が、この組合との間に締結されたのか、それともXとの間に締結されたのかが問題となる。この意味において民法117条の適用の可否が問題となるのであるが、実在しない人（団体）の代理人ないし代表者として契約した場合においてこのことが問題となる事例としては、次の2類型が主に考えられる。(1)は虚無人の代理人として契約した場合であり、(2)は法人格なき社団財団の代表者が契約した場合である。(2)の類型における大半の事例は、設立中の会社の名において会社の設立に関する行

為の範囲外の行為をなした発起人または代表者個人の責任を追及する必要から117条の
適用が問題となる場合である。この場合に、発起人ないし代理人に無権代理人の責任を
負わせた判例としては、東京高判昭和2年2月15日（評論16巻商350頁）があり、最高
裁も同じ態度をとっている。すなわち、最判昭和33年10月24日（民集12巻14号3228頁）
は「民法117条は、元来は実在する他人の代理人として契約した場合の規定であって、
本件の如く未だ存在しない会社の代表者として契約した上告人は、本来の無権代理には
当らないけれども、同条はもっぱら、代理人であると信じてこれと契約した相手方を保
護する趣旨に出たものであるから、これと類似の関係のある本件契約についても、同条
の類推適用により、前記会社の代表者として契約した上告人がその責に任ずべきものと
解するを相当とする」と判示している。法律上の手続きが未了であるために、法人格を
取得しておらず、それゆえ、法律上実在しない人を代理したことになるとはいえ、社会
的実体に即してみれば団体自体は実在しているこの類型にあっては、実在の本人につい
ての代理権の存在を信頼した場合の規定である117条を類推適用することは、妥当なも
のとみられよう。学説もおおむねこれに賛成している（北沢・会社法講座1巻214頁、
遠田・民商40巻5号98頁。なお、兼子・民事法研究1巻467頁参照）。

　さて、本件は、不存在の団体の代表名義でＸが貸付を受けた場合であるから、その法
律関係は、(1)の類型である虚無人の代理人として契約をした場合と同一に取り扱ってよ
いと思われる。この場合に民法117条の類推適用が肯定されるか否かについてはあまり
論じられていない。従来の判例でも、この事案が扱われたものはないようであり、実在
しない法人の代表者名義で手形を振り出した者は手形法八条の類推適用により手形上の
責任を負わねばならないという趣旨の理論を説いた最判昭和38年11月19日（民集17巻11
号1401頁、上柳・民商51巻1号146頁）も、具体的な事案はむしろ(2)の類型に属するも
のであるから、前記昭和33年判決ともども本件事案の先例とみて、ただちに117条の類
推を肯定するわけにはいかない。原審は、本件の事案においては、Ｘの行為は民法117
条1項にいう無権代理人としてなした行為に類似するとして、本条の類推適用を肯定
し、しかもＡ金庫がその貸付当時、組合の不存在を知悉していなかったものと認定した
うえで、「本人である組合と金庫との間に成立したであろう一切の法律関係は金庫とＸ
との間に成立したことになる」と判断している。この見解は、ドイツの学説に符合す
る。例えば、Enn. Nipperdey の「ドイツ民法」一巻（1951年版）785頁註①によれば、
日民法117条にあたる BGB179条が、虚無人の名において意思表示がなされた場合に類
推されるか否かにつき、同条は「現存する人の代理のみが考えられているが、代理人の
表示に対する相手方の信頼を保護しようとする同条の目的によれば右類推は肯定さるべ
きである」とする（同旨の見解については同所掲記の文献参照。なお、土井・判解民昭
和33年度292頁参照）。なお、Flume「法律行為」（1965年版）803頁も、この場合は、
179条を準用すべきであるとしている（RG106, 68ff 参照）。

　だが、本人の実在および代理権の存在を誤信した場合に、117条を類推し、Ａ金庫の
信頼を保護するのは、本人が実在していることを前提とする117条の趣旨からみて若干

過保護のきらいがあるのではあるまいか。A金庫の誤信の保護は、117条の類推により履行または履行利益の賠償にまで及ぶ必要はない。むしろ契約は無効であるとして受領者（代表名義人）Xに対するAの利得返還請求権が認められるケースではないかと思われる。Xは上告理由としてAの悪意、したがって117条2項の適用を主張してきたので、最高裁は前記引用の判旨第1に至る前の判決文中において、Aの悪意を認めず、117条2項の適用を排斥しているところから、本判決は、原審の判断を是認しそれを前提としていると解する見解もあるが（千種・法曹時報22巻2号162頁）、若干疑問の余地があるのではあるまいか。

2　原審のように民法117条を類推適用して、実質上A・X間に消費貸借が締結されたものとすれば、労働金庫法58条により、貸付を受けうる者が会員（同条1項1号）および会員を構成する者（同条同項6号）に限定されている関係上、同法11条に基づく会員資格を有しないXに対する貸付は会員以外の者への貸付、いわゆる員外貸付となる。この員外貸付の効力に関しては、古くは、判例学説とも、これを無効としてきたのであるが（喜多川・ジュリスト315号109頁）、農業協同組合法が、組合の定款において定めた場合には恒常的事業量の確保と協同組合の社会的意義を大ならしめるために（上柳・協同組合法〔法律学全集54〕）、一定の限度内で組合事業を員外者にも利用させる規定（農協104条4項）を設け、この員外利用のうちには、貸付も含まれていると解されている（喜多川・前掲）関係上、今日では、これを有効と解する者または無効と解する者（学説の詳細については、森・判解民昭41年度260頁）などに分かれている。

　員外貸付が問題となった判例は、戦後下級審においてもいくつか存在するが、それらの多くはほとんど農協の員外貸付であり、労働金庫のなした員外貸付が問題となった事例はないようである。だが労働金庫もその設立の趣旨や目的からみて（労金法1条）、一種の協同組合的性格を有する非営利法人と考えられるので（上柳・前掲2頁。ただし、農協法が員外利用を例外的にせよ認めているのに反し、労金法にはその規定はない点で、より厳しく解釈されてよいと思われる。なお、川井・判タ243号84頁、本件判批参照）、従前の判決を一瞥することは無意味ではあるまい。

　下級審判例においては、員外貸付有効とするもの（津地裁松阪支部判昭和28年3月12日下民集4巻3号384頁）と無効とするものとに分かれている。後者に属するものには、福岡高判昭和33年1月31日高民集11巻1号44頁（喜多川・ジュリスト236号員外貸付は法律上無効であるとしたが、ただし不当利得返還請求権は容認した）、鳥取地裁米子支部判昭和35年9月29日下民集11巻9号2012頁（谷川・ジュリスト273号88頁貸金請求棄却、予備的に不当利得返還請求はなされていない）などがある。

　一方大審院判決では、昭和八年七月一九日民集12巻22号2229頁（内田・判民一五二事件。産業組合法に基づいて設立された信用組合の組合員の子に対する貸付）が、員外貸付を一般的に無効としたのみならず、そのうえに員外者が設定した組合の抵当権をも無効であるとした。ところが、戦後最高裁は昭和33年9月18日判決（民集12巻13号2027

頁）において、農協が、その経済的基礎を確立するため、リンゴ輸出業者たる非組合員の集荷したリンゴの委託販売を引き受け、手数料を受け取る代わりに、その集荷に要する資金を貸付けた場合に、これも組合の附帯事業にあたるとして有効とし（村橋・民商40巻634頁）、動揺を示した。しかし、本件判旨の引用する最判昭和41年4月26日（民集20巻4号849頁、宮崎・民商5巻6号166頁、星野・法協84巻4号570頁）は、農協Xの理事長 Y_2 が、自分の関係している非組合員の土建業者（Y_1）に対して人夫賃支払資金を貸付け、Y_1 の債務につき Y_2・Y_3 が保証人となり、Y_2 がさらにこの保証債務を担保するために自己の不動産に抵当権を設定した（登記はなされていない）という事案に関して、農協の員外貸付は無効であり、したがってその債権を担保するための保証契約およびその保証債務のためになされた抵当権設定契約はともに無効であると判示するに至った。前記の最判昭和33年が、貸付の効力というよりは、むしろ員外者からの委託販売行為が組合の附帯事業の範囲外か否かに関わるものであることにかんがみれば（喜多川・ジュリスト315号110頁）、本件判旨1が、従来の判例の基本的な流れにそって員外貸付の一般的な無効を確認したものと評しうる。そうして、より細かく考察するならば、農業協同組合の員外貸付については最判昭和四一年の判旨を再確認し、労働金庫のそれについては新判断を示し、さらに、労働金庫と農協とを実質的に同一視することから非営利法人の員外貸付一般を無効とする見解を示唆したものと評しうる。

　思うに、農業協同組合法が、当該事業年度における組合員の事業利用分量の額の5分の1を超えない員外貸付を許容し（農協10条3項）、しかも組合の定款が員外利用の許容を規定している場合に、その定款の利用限度額を超過したにすぎない員外貸付は有効と解すべきであると思う（同旨、谷川・前掲89頁）けれども、労金法にはかかる定めがなされていないことからみても、労働金庫のなす員外貸付は原則として無効であると解すべきである。したがって判旨1に賛成したい。

　しかし、さらに一歩をすすめて、員外貸付を無効とするのみならず、非営利法人のなす不当利得返還請求をも否定することが、事情によってはありうるのではなかろうか。というのは、法が一定の非営利法人に対してその「目的の範囲」を法定し、その範囲外の行為を禁ずる実際の意味は、法人財産が本来達成されるべき目的以外のものに流用されるのを防止すること、いわば組合財産の確保による組合員の利益の保存を図ることにあり、そのため税法上・独禁法上および金融上、営利法人よりも一層有利に扱われるのであるが、しかし同時にそのような保護が附与される反面として、「銀行法によって規制されない者が銀行等と同じように一般金融機関的な事業をすることが許されない（喜多川・ジュリスト315号109〜110頁）ということ、すなわち「営利団体への転化防止」（村橋『協同組合法の研究』284頁）という政策的な考慮をも働いていると解されるからである。かかる政策的見地からは、員外貸付を単に無効とするのみでは実効をおさめえない（無効とすることが必ずしも制裁的意味をもちえないことについては、星野・前掲139頁参照）。したがって、この非営利法人における2つの要請、すなわち「相互扶助性」と「営利団体への転化防止」を比較衡量し、具体的な取引の事情を勘案して、後者

の要請が特に強調されるべき事情がある場合には、法人の不当利得返還請求をも否定すべきである（広島高判昭和30・9・16参照）。本件のＡ金庫は会員である組合員への貸付と誤信していた場合であるから、Ｘに対する返還請求が是認されるのはいうまでもない。

3　Ａ金庫が虚無の従業員組合となした消費貸借上の債権を担保するために、Ｘが物上保証人として自己所有の本件物件に抵当権を設定したのが本件の事案であるが、この消費貸借が客観的にみてＡ・Ｘ間の契約であり、しかもこれが員外貸付で無効とされる場合、はたして抵当権の効力はどんな影響を受けるか、この問題に答えたのが判旨第2であり、Ｘによる抵当権無効の主張を禁じ、その根拠を信義則に求めた。そこでこのようにＸからの無効主張を封ずるためには、判旨の理由づけのほかにいかなる法的構成があるか。

　第1に、員外貸付有効とすればよい。学説ではこの見解もかなり有力であって、このうちでも、一般的に有効とするもの（我妻『新訂民法総則』159頁、福地・民商44巻3号516頁）と「目的の範囲」外＝無効（ないし有効）とは単純に考えず、法禁行為が履行済か否かの角度で処理する見解もある。これによれば、未履行の場合は無効として請求を拒否し、本件のごとく、当事者の一方の給付が履行済のときには、私法上、当事者双方の公平を図る必要上、行為を有効とすることになる（川井・前掲85頁、谷川・前掲89頁）。これらの見解では被担保債権が有効とされるから、本件の結論は当然抵当権有効となる。

　第2に、員外貸付を本件判旨と同じ無効と解しつつ、なお抵当権を有効とする立場がある。前記最判昭和41年の評釈において、星野教授は、被担保債権が無効とされる場合に、担保権を「附従性の原則」のゆえに無効とするのは妥当ではない、「附従性の原則」は、金員の授受がないため被担保債権が成立しない場合についての議論であって、金員が授受されたが無効である場合には、別個の考慮を要する、経済的な実態に即するならば、いったん金員が授受された後の返還請求権は消費貸借に基づくといおうが、不当利得に基づくといおうが、両当事者にとって同じ経済的意味を有する。したがって法律上の名目の違いによって担保権の効力を決するのは過度の形式論であると論じて、抵当権はその被担保債権が不当利得返還請求債権であると解すべきである、と主張される（法協84巻4号577頁）。

　本件判決は、この星野理論に強く魅かれながら（ことに経済的云々に注目されたい）、結局これにも立脚せず、Ｘが債務を弁済しないままで「抵当権ないしその実行手続の無効を主張することは、信義則上許されない」としている。そうして信義則上許されないことの実体的内容を、Ｘが架空の従業員組合を勝手に結成し、貸付を受けた金員を自己の事業資金として利用していたという点、すなわちＸの主観的態様に求めた。結果において抵当権の効力を認めた点において、前記大判昭和8年および最判昭和41年とは結論が逆になっているのであるから、実際上、重要な判断であるといえよう。大判昭

和8年は、員外者の不動産について先順位抵当権者たる組合と後順位抵当権者との争いで、組合の抵当権は無効であるとして後順位者の抹消登記請求を容れたものである。最判昭和41年は組合と保証人およびその保証債務を担保するための抵当権設定者との争いで、保証契約も抵当権も無効であるとして組合の請求を棄却している。これに対し本件では、第三者たる競落人と債務者（兼抵当権設定者）との争いであり、各判決はそれぞれ紛争当事者を異にしている。だがこの紛争当事者の相違が結論を異ならしめたとは思われない。なぜならばXの反信義的な主観的態様が存在する場合に、債務を弁済せずに貸付の無効を理由に、抵当権ないしその実行手続の無効を主張することは「信義則上」許されない、というのであるから、本件の紛争当事者をA金庫とXとしても、Xの請求は棄却されるはずのものであるからである。ところが本件では「ことに、本件のように」と断り書を附して、抵当権が実行されて、競落人が所有権を取得した場合に、これを否定しうるとすることは、「善意の第三者の権利を自己の非を理由に否定する結果を容認するに等しく、信義則に反する」といって、ここでも信義則を用いている。しかしここでの信義則の活用は、いわば「ダメ押し」の判断を示したにすぎず、悪意の競落人やA金庫が競落人の場合でも、Xは無効を主張できないことに変りはない。したがって「蛇足であるのみならず、有害とすらいえる」（川井・前掲86頁）との評価は正鵠を射ている。

4　思うに、従来の通説判例の基本的な見解に従う限りにおいては、本件の事案の解決には信義則を用いる以外に方法がなかったように思われる。消費貸借が無効であるが、金員が授受されている場合には、常に抵当権の被担保債権が不当利得返還請求債権に転化するとの星野教授の見解には賛成できない。千種調査官の前記本件解説では、貸付債務と不当利得返還債務とは額の点においても異なることがあり、債権の同一性の点では星野理論には難点がある（同364頁）とされるが、星野教授は、同一性を論ずること自体に対する反論として被担保債権の転化を説いていると解されうるので、この議論は、星野理論に対する決定的な反論の根拠にはならないように思われる。それよりも、星野理論を貫徹すれば、員外貸付の債務者にとって酷な場合がある点に欠点を有する。すなわち、員外貸付が適法かつ有効なものと信じて組合と取引をした債務者が長期的な分割弁済の約束のもとに抵当権を設定した場合、員外貸付であるゆえに不当利得返還請求がなされることはまだしも、貸付が無効であるからといって、抵当権をただちに実行されたのではたまったものではない。星野理論では、かかる債務者を救済しえないのではあるまいか。消費貸借契約が無効であるが、不当利得返還請求権が認められる場合の担保権の効力一般の問題としては、やはりこれを無効とすべきであろう。本件のように虚無人の代理人として借金し、金員を受領したうえで、保証人ないし物上保証人となった場合は保証債務はないけれども、不当利得返還義務は負う。ただ物上保証人となって質権・抵当権を設定した場合、これらが無効となることに変わりはないが、本件のように、虚無の組合をそうと知らず貸付けた金庫と信反義的な主観的態様にあるXとの立場

を比較するならば、Xの根抵当権無効の主張は信義則上許されないと考えるべきであろう。

　ともあれ、本件の紛争当事者、その他の具体的事情を顧慮するとき、抵当権無効とのXの主張を許すならば、われわれの健全な法感覚に著るしく反するであろう。それゆえ判旨の結論は正当である。

　　　　初出：「労働金庫の員外貸付の効力とその債務を担保するために設定された抵当権の
　　　　　　　実行による所有権の取得を否定することが信義則上許されないとされた事例」
　　　　　　　　　　　　　　　　　名古屋大学法政論集51号125〜132頁（1971年3月）

② 代理権限の濫用

　　　　最高裁昭和42年4月20日判決、棄却
　　　　昭和39年（オ）第1025号売掛代金請求事件
　　　　民集21巻3号697頁

　　　　　代理人が自己または第三者の利益を図るため権限内の行為をしたときに、相手方がこの
　　　　代理人の背任的意図を知りまたは知りうべきであった場合にも、本人はその行為について
　　　　の責任を負うか。この場合に民法第九三条ただし書の規定を類推適用することは可能か。

【事　　実】

　食料品等の販売業を営むY会社（被告・被控訴人・被上告人）は、その営業部門を菓子道具店、洋食器店、糧食器店および製菓原料店の4部門に分かち、製菓原料店では乳製品その他の製菓原料の仕入れおよび販売を業としていた。Aはその「主任」として商品の仕入れ・販売の権限を有していた。Aは、昭和33（1958）年6月以降5回にわたり、Y会社製菓原料店名義で、煉乳等の販売業を営むX₁会社（原告・控訴人・上告人）から煉乳合計430罐を、昭和33（1958）年5月以降2回にわたりX₂会社から100罐を購入した。しかしこの両取引はいずれも、Aが、以前に製菓原料店の主任であったBに誘われ、同人らの利益を図る目的で主任の権限を濫用して行ったもので、その一部（30罐）はY会社の店頭で引渡しを受けたが、他はX₁およびX₂会社の店で引き取り、そのまま訴外C会社に搬入して、仕入値で転売し、C会社よりさしあたり200罐分の金額を先日付小切手の振出交付を受け、残金は別に清算する約束をした。小切手はY会社の会計係（事務局）を経由せずに、Y会社名義で、Aが保管中のゴム印を用いて裏書交付されたが不渡りとなった。

　Aと取引したX₁会社の支配人Dは、AがBとともに同人らの利益を図るために権限を濫用したものであることを知っていた。X₂会社はAの右背任的意図を知らなかった。

　X₁およびX₂は不渡りとなった小切手分を含め未払代金と利息を請求し、予備的請求として、右の請求が認められないとしても、Y会社は、その使用人たるAの行為につき、民法715条の使用者責任に任ずるべきだと主張した。

　第一審（東京地裁）は、Aは3万円以上の仕入れを単独でなす権限を有していないと認定し、Aの仕入行為は代理権を超えた無権限の行為であり、Aは商法43条にいわゆる特定事項につき委任を受けた使用人であるから、Y会社はその代理権に加えた制限をもって善意の第三者に対抗できない。X₁会社支配人DはAの行為が代理権限外の行為であることを知っていたとみるのが相当であり、YはAに加えた代理権の制限をもって対抗できる（したがって使用者責任も問題にならない）。しかしX₂会社は善意であるから、YはX₂に対してAのなした売買についてその責に任じなければならない。以上のように判断して、X₁会社の請求棄却、X₂会社の請求認容。

　X₁はYに対し、YはX₂の請求認容を不満として、各々控訴した。

　控訴審（東京高裁）は、Aが3万円を超える仕入権限を有していなかったという一審の認定を否定したが、Aの背任的意図をX₁会社（D）は知っていた。X₂会社はそれにつき善意であることを認定して次のように判示した。「代理人が自己又は第三者の利益を図るため権限内の行為をなしたときは、相手方が代理人の意図を知り、又は知りうべかりしときに限り、本人はその行為の責に任じないものと解するのを相当とする」。X₁とY会社の控訴をいずれも棄却。

　使用者責任を問うX₁の予備的請求に対しては、Dは、AがBと相談のうえ同人らの利益を図る目的をもって主任の権限を悪用したことを知りつつ、同人と取引を結んだのであり、Aの職務の執行としてなすものでないことを知りながら売買契約を結んだのであるから、これによる損害は、AがY会社の事業の執行につき加えた損害に該らないとして、X₁会社の請求を棄却した。X₁会社上告。

【判決理由（棄却）】

　(1)　「代理人が自己または第三者の利益を図るため権限内の行為をしたときは、相手方が代理人の右意図を知りまた知ることをうべかりし場合に限り、民法93条但書の規定を類推して、本人はその行為につき責に任じないと解するを相当とするから（最判昭和38・9・5民集17巻8号909頁参照）、原判決が確定した前記事実関係のもとにおいては、Y会社に本件売買取引による代金支払義務がないとした原判示は、正当として是認すべきである。」

　(2)　予備的請求については、判旨は、「民法715条にいわゆる「事業ノ執行ニ付キ」とは、被用者の職務の執行行為そのものには属しないが、その行為の外形から観察して、あたかも被用者の職務の範囲内の行為に属するものとみられる場合をも包含するものと解すべきであることは、当裁判所の判例とするところである（最判37・11・8民集16巻11号2255頁。同40・11・30民集19巻8号2049頁、なお大審院大正15・10・13民刑連合部判決民集5巻785頁参照）。したがって、「被用者がその権限を濫用して自己または他人の利益をはかったような場合においても、その被用者の行為は業務の執行につきなされたものと認められ、使用者はこれにより第三者の蒙った損害につき賠償の責を免れることをえないわけであるが、しかし、その行為の相手方たる第三者が当該行為が被用者の

権限濫用に出るものであることを知っていた場合には、使用者は右の責任を負わないものと解しなければならない。」として、X₁会社の主張を排斥した。

なお上記判旨(1)について、大隅裁判官は多数意見の結論には賛成しつつも、その理由付けに反対して、意見を述べている。すなわち、多数意見が93条ただし書を類推適用するのを批判して、「心裡留保は表示上の効果意思と内心的効果意思とが一致しない場合において認められる。しかるに代理行為が成立するために必要な代理意思としては、直接本人について行為の効果を生じさせようとする意思が存在すれば足り、本人の利益のためにする意思の存することは必要でない。したがって、代理人が自己または第三者の利益を図ることを心裡に留保したとしても、その代理行為が心裡留保になるとすることはできない。おそらく多数意見も、代理人の権限濫用行為が心裡留保になると解するのではなくして、相手方が代理人の権限濫用の意図を『知りまたは知ることをうべかりしときは、その代理行為は無効である』、という一般理論を民法93条但書に仮託しようとするにとどまるのであろう。すでにして一般理論にその論拠を求めるのであるならば、権利濫用の理論または信義則にこれを求めるのが適当ではないかと考える」と述べ、両説の差異として、多数意見によれば、相手方が代理人の権限濫用の意図を知らなかったが、知ることをうべかりし場合は、本人についてその効力は生じない、しかし大隅説では、この場合も効力を生じ、権利濫用が法人の代表者や商業使用人について多く問題となることを考えると、自説の方がいっそう取引の安全に資することとなって適当であると説いている。

【研 究】

1　本判決は、2つの論点について、重要な判断を示している。すなわち、第1に、代理人が自己または第三者の利益を図る意図で、客観的にみれば、その権限内に属する行為をしたとき（権限濫用行為）、この代理人の背任的意図を知っていた取引の相手方に対しては、本人はその行為より生ずる責に任じないとする点である。第2は、被用者がその職務を執行するについて、その権限を濫用していることを被用者と取引した相手方が知っているとき、被用者の行為は、その外形から観察するとその者の業務の執行範囲内に属するものとみられるとしても、715条の「事業の執行について」なされたものとは認められないとする点である。

第1は契約法の領域の問題、第2は不法行為法の領域の問題であるが、問われている行為が取引行為であるがゆえに、本ケースは契約法と不法行為法との関わりを検討する素材として興味ある問題を提起している。第2の問題についてもリーディング・ケースではないかと思われるが、予備的請求に対する判示でもあり、ここでは表題のテーマとの関連で第1の問題にのみ焦点をしぼることにしたい。

本件判決が引用する昭和38（1963）年の最高裁判決は、株式会社の代表取締役が、辞任後、その未登記の間に、私利を図る目的で、会社所有の不動産を売却し、相手方がこの取締役の底意を知りまたは知りうべきものであったときは、93条ただし書の類推適用

によって売却行為は効力を生じない旨を判示したものであった。ところで代理人または代表者の権限濫用行為一般については、古く大判明治38年6月10日（民録11輯919頁。Yの支配人AがYの代理名義で手形をXに裏書譲渡し、これによりXより金銭を取得して費消した場合）をはじめとして多数の判例が（詳しくは三和一博「代理人の権限濫用」演習民法〔総則物権〕177頁）、有効な代理行為として直接本人に効力を生ずる旨を判示していた。代理人の背任的意図を相手方が知らない以上、客観的にみて権限内の行為である限り、取引の相手方を犠牲にするわけにはいかず、本人に効力が生じるのは当然である（これまでの判例では、権限濫用者は、支配人、銀行の取締役、村総代、信用組合の理事など包括的な代理権ないし代表権を有する者であった）。しかし、相手方が代表者の真意を知りまたは知りうべき場合にも本人に責任が生ずるかは、問題である。

　判例はこれまで、傍論として右の場合には、本人がそれ（相手方の悪意・過失）を立証したときに、本人の責任が否定されうる可能性を示し（大判大正4・6・16民録21輯953頁。清算人のケース）、相手方の悪意が認定されていないことを付加したうえで本人の責任を肯定した判決（大判大正9・7・3民録26輯1042頁。信用組合の理事のケース）を経て、大判昭和16年5月1日新聞4721号14頁は、この問題が正面から取り上げられ、原審が会社の取締役の権限濫用行為を心裡留保の法理に準拠して無効としたのを正当として是認した（ただし訴訟自体は、本人の敗訴となっている）。この事件は、相手方が代理人の権限濫用行為であることを知りうべかりし場合に関わるものであったことが注意されてよい。

　このような代理人の権限濫用行為に関する先例の積み重ねのうえに、前記38年最高裁判決が出されたわけである（ただし相手方の悪意を認定しつつ、本人の責任を肯定した大判昭和9年5月15日民集13巻5号1123頁もあった）。最判のケースは、原審が辞任登記がない以上、他人に対して代表権の喪失を主張できないこと、自己の利を図るとの代表者の真意の如何は会社本人の責任に影響がないことを理由に相手方または第三者たる転得者の善意・悪意を考慮することなく本人の責任を肯定したのを破棄差戻したものであり、その理由づけを93条ただし書の類推適用に求めたのであった。したがって、相手方が代表者の真意を知っていたか否か、また知りうべき場合か否かなど、事案としては不明であり、解決の筋道を原審のために示したにすぎなかった。

　本判決は、包括的な代理権を有する会社代表ではなく、特定の事項の委任を受けた商業使用人（商43条）の代理のケースに対して右最判昭和38年の法理を適用し、それを確認したものであり、相手方が代表者の権限濫用行為を知っていたと認定された事案であるという点で、リーディング・ケースとしての価値を有すると評価してよい。しかし、本問題に対するアプローチの仕方としては、前記大判昭和16年および最判昭和38年の延長線上に位置づけられるべきであろう。本判決のレイシオ・デシデンダイ（ratio decidendi）にあたる部分は、「代理人が自己または第三者の利益をはかるため権限内の行為をしたときは、相手方が代理人の右意図を知りまたは知ることをうべかりし場合に限り、民法93条但書の規定を類推して、本人はその行為につき責に任じないと解するを相

当とする」(判決要旨でもある)ということになる(ただし厳密にいえば、「知ることをうべかりし」を削除すべきであろう)。

2 論点について再言すれば、⑴代理人の権限濫用行為を知って取引した相手方に対しても、本人はこの取引から生ずる責に任ずべきか否か、任じないとすればその法理的根拠は何か、⑵その法律構成はどうか、である。

⑴については、結局のところ、本人の利益と相手方の利益との比較衡量に帰せられる。本件の代理人Aは、大隅裁判官のいうとおり、商法43条にいわゆる、番頭・手代などの商業使用人にあたり、委任を受けた事項に関し裁判外の一切の行為を為す権限を有しており、その代理権に加えた制限は善意の第三者には対抗できない(商43条2項・38条3項)。権限濫用のケースは、少なくとも定説的理解によれば、代理権自体は制限されておらず、代理権限内の背任的意図に問題がある。したがって、代理権自体が制限されている場合よりも権限濫用の場合の方が相手方は保護されてよいともいえる。しかし代理権の内部的制限も、権限濫用ケースも内部的関係において権限が制限されている、すなわち代理人は本人のためにするとともに本人の利益を図るべく行為しなければならないのであって、これは内部的な委任等から生ずる代理人の一般的本質的義務なのである、と考えるならば、商法43条第2項と権限濫用ケースを異なって扱う必要はなく、両者とも代理人が内部的制限に反して行為したことを取引の相手方が知っている場合には、本人はその行為から生ずる責に任じなくてよいとの価値判断が妥当するのである。

本件事案から離れて、民事上の代理人の権限濫用の場合には、取引の相手方は、商事上の代理に比して保護が薄くなるのが普通であり、110条の表見代理人の権限踰越行為についても相手方は権限ありと信ずべき「正当理由」(通説によれば善意・無過失)がなければならないので、それとの比較衡量上、相手方の善意無過失を要求するとの考えもありうる(このような考えを示唆する見解として高橋三知雄「代理権の濫用について」関大法学論集23巻4・5・6号176頁以下)。

本件判決は、代理人の背任的意図を知っていた、または「知りうべき」場合も本人の責任を排除しているが、より立ち入った細かな検討が必要であろうと思われる。私見としては、相手方保護の要件として善意のみで足り無(軽)過失まで要求すべきではないと思う。代理人に背任的意図があっても、ともあれ、権限内の行為なのだから代理権自体が制限されている場合より相手方は保護されてよいとの前述の衡量による(星野・法協82巻543頁は、「知りうべき」の意味を特に何もしなくても代表者が私利を図ろうとの真意が通常人なら当然わかるような場合と解して、保護要件としているが、この規定ならもはや重過失に近いのではなかろうか)。

⑵の法律構成をどうするか。本判決は、93条ただし書類推適用をとり、大隅裁判官は、商法学者らしく権利濫用ないし信義則的構成を主張している。いずれが妥当かは、他の構成と関連づけて、学説の対応の項で述べよう。

本件判決のもつ射程距離について一言しよう(淡路・法協85巻4号649頁参照)。第1

に、紛争当事者が本人と相手方であって、相手方からの権利譲受人などの第三者との紛争ではないということである。前記最判昭和38年は実は本人と第三者との争いを含むものであったが、破棄差戻しだったのでふれられなかった（於保・民商50巻4号56頁はこれを批判する）。判例上この問題は未解決である。第2に、本件は相手方の悪意（X₁）・善意（X₂）が認定されたケースで、善意有過失のケースではないということである。したがって、判旨のこの部分は厳密にいえば先例拘束力を有しない。しかし最高裁は、最判昭和38年ともども、93条ただし書を類推して、「知ることをうべかりし」場合を明言したので、積極的に判例指導性を発揮したのであろう。第3に、代理人は商業使用人（番頭・手代など）であって、民事上の代理人ではないということである。これまでの権限濫用ケースも法人の代表者か支配人などであった。本件は商業使用人につき一事例を付加したものである。第4に、最判昭和38年は、代表者の辞任後未登記中の代理行為のケースだった。辞任しているならば、内部的にはまったくの無権代理人であって、表見代理が問題とされえた。退任は登記事項で善意の第三者に対抗しえないので、相手方にこの善意が認められ、この者との間において代表者が有権代理人として扱われてのち、初めて権限内のその濫用につき相手方の知・不知が問われる（二重構造）。本件は、代理人Aは、製菓原料仕入主任として仕入れについて一切の権限を有している間に仕入れをした場合で、単にその背任的意図だけがあったにすぎず、真に権限内の行為の濫用が問題となった。

3　本件に対して、学説はほとんどその結論に賛成している。ただ争われているのは、法律構成の点である。第1説は、本件の多数意見と同じく93条ただし書を類推適用する見解である（末弘・判民大正10年度4事件、我妻・講義 I 161、345頁、幾代・総則311頁、星野・前掲、淡路・前掲など）。末弘博士の提唱したもので、末弘博士自身は代理人の真意を意思主義・表示主義の問題に関連づけている。他説は、代理人は本人に法律行為の効果を帰属せしめる効果意思をもっており、単に私利を図るとの背任の意図を有するにすぎないから、類推適用する基礎を欠くと批判する（大隅意見）。

　第2説は、代理行為は有効であるとしつつ、相手方が代理人の権限濫用につき悪意（重過失）の場合は、本人に対して行為の有効性を主張するのは信義則違反ないし権利濫用となる、と説く。権限濫用が会社代表や商事代理に多いところから、商法学者に支持者が多い。民法学者においても有力である（竹田・民商7巻2号、実方・民商9巻1号、米沢・法と政治15巻2号、菅原・法学28巻4号、山中・総則286頁、4宮・総則249頁、高橋〔三〕・前掲など）。第1説との実質上の差異として、相手方軽過失でも取引安全のため同人を保護する点が指摘されているが、決してそれだけではない。第三者との関係も第1説が94条2項の類推によって処理する（類推のうえに類推する）のに対し、権利濫用ないし信義則の趣旨に照らしてきめ細かく善意者を保護しうる（高橋・前掲166頁以下に適切な指摘がある）。この説に対しては、意思表示そのものに対してすら心裡留保の場合、相手方の無過失を要求しているのに比し有過失者をも保護するのは行き

すぎとの批判がある（幾代・前掲312頁。93条は意思欠缺の認識ないし認識可能性を問題としており、諧ぎゃく表示など考えれば、善意無過失を要求するのは当然で、本件の問題とは比較の次元が異なるのではないか。むしろ幾代・前掲の指摘どおり、表見代理との比較が有意味である）。

第3説は、代理権限の濫用は、その濫用である範囲においては無権代理となり、あとは相手方は表見代理の法理によって保護される余地があるだけだと説く（川島・総則380頁、舟橋・総則132頁、下森・民法判例百選Ⅰ73頁）。また相手方が悪意または有過失のときは、代理行為の独自性と無因性はその限定を受け、その限りで無権代理となるとも説明される（浜上・注釈民法(4)20頁、同・民法の判例〔2版〕27頁）。この説に対しては、相手方の悪意有過失の有無で本来客観的に画定されるべき代理権の範囲が定まるとするのはおかしいとか、表見代理の成否が直接の相手方との間で決まってしまうとの従来の解釈論を前提とする限り、相手方よりの善意の第三者を保護しえなくなって妥当性を欠くともいわれる（幾代・前掲312頁。第2説の立場からの決定的批判として、高橋・前掲168頁以下）。

以上各説はいまなお対立しているので、各説の立場から本件判決は結論においてはともかく、法律構成の点では種々に評価されるわけである。私は、第2説が最も妥当と考える。

＊　「代理権の濫用」の問題については、本判例研究で論じられていた問題を踏まえて平成29年の改正法に第107条が追加されて解決が図られた。

初出：「代理権限の濫用」法学セミナー267号98〜101頁（1977年6月）

❸ 民法第94条2項と第177条

最高裁昭和44年5月27日判決、棄却
昭42（オ）第99、100号土地所有権移転登記手続請求事件
民集23巻6号998頁

> 甲が乙の承諾を受けて乙名義で不動産を競落し、丙が善意で乙からこれを譲り受け、未だ乙から移転登記を経由していない場合に、甲は丙に対して、登記の欠缺を主張して、右不動産の所有権の取得を否定することができるか。この問題について先例とされるべき判例はないようである。学説は一般に、甲は否定できないとして丙を保護するが、対抗問題と理解して、第177条を適用し、登記の有無によって決する見解もある。本判決は、第94条2項を類推適用し、物権変動について、登記が第三者に対する対抗要件とされるときでも、甲は丙の登記の欠缺を主張して、該物権変動の効果を否定することはできないと判示して、第177条の適用を排斥した。

【事　実】

　原審の認定した事実関係はおおよそ以下のとおりである。原・被告らは、相続人であるため、前者は 6 名、後者は 5 名であるが、以下においては、単に X・Y で表記したい。本件土地はもと原告（控訴人・上告人）岡本シズエほか 5 名（X）の先々代たる A の所有であったが、大正12（1923）年 2 月 2 日、A は他から金 1 万円を借受け、この債務を担保するため抵当権を設定したところ、債務を弁済しえず抵当権の実行として競売に付されるに至った。そこで A は実弟たる訴外 B、息子で X の先代にあたる A′などと協議の結果、B の妻の実母であって、被告（被控訴人・被上告人）岡本ヨシエほか 4 名（Y）の先々代たる D の承諾を受けて、同女名義で、大正15（1926）年 2 月18日、本件土地を競落した。この競落代金調達のため、B・A′・D 3 名が連帯借用主となり訴外三津浜銀行から金 1 万6000円を借受け、担保として、本件土地その他につき抵当権を設定した。

　B・A・D 等は、昭和 2（1927）年11月22日、訴外大分県農工銀行から連帯して金 4 万8000円を借用し、その借用金のうちから前期三津浜銀行に対する債務を弁済し抵当権を消滅させた後に、さらに前記農工銀行のため、D 所有名義の本件土地その他に抵当権を設定した。ところが、この銀行は、のちに日本勧業銀行に合併せられ、昭和16（1941）年 8 月20日、同勧業銀行は、B・A・D 等に対する貸金債権および抵当権をともに訴外土予銀行に譲渡し、即日、参加人（被控訴人・被上告人）山泉真也（Z）は、B・D の相続人 D′・B の妻の 3 名から抵当物件全部を買受け、土予銀行に対する 3 名の債務を引き受けて肩代わりをなし、代金の支払いに代えたのであった。

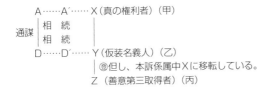

　X は D′の相続人たる Y に対し、Y の先代 D′および先々代 D は単に登記簿上の所有名義人にすぎず、真の所有権者は A′の相続人たる X に存する、したがって、本件土地の所有権移転登記を求める、と主張。Z は D が競落し、その所有に属していたものと信じ、その相続人 D′から買受けたのであるから、本件物件の取得について善意であり、たとえ真の所有権者が A であっても、A・D 間の虚偽表示の無効を Z に対しては主張しえない、と主張して、Y には、所有権移転登記、本訴係属中 Y から所有権移転登記手続を了した X には、その抹消登記手続を求めた。

　第 1 次一審は X の請求を認容したが、Y のうち 1 名を脱落したため、二審で破棄差戻しされ、審理し直した。第 2 次一、二審ともに X の請求を棄却し、本件土地は Z の所有であることを確認した。

　X 上告。X は「本件土地の実体上の所有者としてその所有権にもとづき、本件土地の

登記名義移転の請求をなす正当な利益を有する」。しかるに原判決は、正当な利益を有しないと判断しているがゆえに、理由に不備齟齬がある、と主張した。

【判決理由（棄却）】

94条2項の趣旨は、通謀虚偽表示において「善意の第三者がその外形を信頼して取引関係に入った場合においては、その取引から生ずる物権変動について、登記が対抗要件とされているときでも、右仮装行為者としては、右第三者の登記の欠缺を主張して、該物権変動の効果を否定することはできないものと解すべきである。」この理は、本件のごとく、民法94条2項を類推適用すべき場合においても異ならない。原判決は正当であって論旨は採用できない（飯村義美・田中二郎・下村三郎・松本正雄・関根小郷）。

【研　究】

1　真の競落人X（の先々代A）が他人Y（の先々代D）の承諾のもとに、同人名義で不動産を競落し、Y（D）がさらに、善意の第三者にその競落物件を譲渡した、というのが本件の事案であるが、かかる場合に、第94条2項を類推適用することは、判例・学説において一般に承認されているところである（最判昭和29・8・20民集8巻8号1505頁、同37・9・1民集16巻9号1935頁、同41・3・18民集20巻3号451頁、柚木・民商32巻1号30頁、我妻『新訂民法総則』292頁以下、舟橋・民商48巻6号928頁、高津・法協84巻2号120頁、青山・法協85巻10号105頁）。

最判昭和29年によれば、真の買受人甲が名義人を乙とすることに承諾を与えた場合は、いったん自己に登記を経由した後、甲乙間の通謀虚偽表示によって、乙に仮装の所有権移転登記をした場合と何ら選ぶところはないから「民法第94条2項を類推して、乙が実体上所有権を取得しなかったことを以て善意の第三者に対抗し得ない」と解する。しかし本件の事案は、これらの判例とは異なり、いまだ善意の第三取得者は登記を受けておらず、本訴係属中ではあるが、仮装行為者Xに移転登記が経由されているので、はたして、第三取得者Zは登記なくしてXに対抗しうるか、という形で第94条2項の第三者と第177条の第三者との関係を正面から論じなければならないものであった。ここに事案としての特殊性があり、前記諸判例がいずれも本件事案に対する先例とはなりえない理由があったのである。

2　本件事案に94条2項が類推されるとして、仮装行為者Xと第三取得者Zとの優劣関係をいかに考えるか。これについての直接の先例は存しない（川島・民法(1)170頁は、大判昭和10・5・31を引用するが適切ではない）。そこで学説ではいかに理解されているか。これはまずX・Z間の関係をYを頂点とする二重譲渡の関係とみる見解がある。X・Zの関係についても登記の先後によって決しようとする、川井教授の説である（判例評論102号13頁）。川井教授によれば、善意の第三取得者が登記を具えていないときにまで第94条2項の保護を与えることには疑問をもつとして、たしかにZは保護に値する

としても、他方Xも名義を自らに復帰せしめるにつき利益を有するのであり、Zが未登記であるにかかわらず一方的にZを勝たせるのはXの立場を無視しすぎることになる、と主張される（本件上告理由参照）。

　これに反し、X・Zの関係を仮装譲受人Yを頂点とする二重譲渡の関係とは考えず、したがってZはXに対して、その第三取得者の実質的な権利取得を登記なくして対抗しうることを肯定する学説があり、これは、さらに、その理由づけを異にする２つの考え方に分かれる。１つは、川島教授の説であって、端的にXは虚偽表示者であることに求めるものである（民法総則280頁）。２つは、ZがXに登記なくして対抗しうるのは、Xが虚偽表示者であるからではなく、Xが従来の学説（舟橋・物権法201頁、川島・民法1172頁）および判例（大判明治43・7・6民録16輯537頁、大判明治44・6・20民録17輯411頁）により、登記なくして対抗しうる第三者の一例とされている、不動産の転輾移転した場合の前主にあたるからにすぎない、と考える立場である（青山・法協85巻10号112頁）。この説はいわば、虚偽表示者Xは善意の第三者Zに虚偽表示の無効をもって対抗しえない結果、Zよりみれば、X・Y・Z間の順次移転行為が有効とみなされることになり、結局、X・Z間は、前主・後主の関係となる、と論ずるものにほかならない。本件判決の立場が川井説に反するのは明らかであるが、川島説・青山説のいずれに属するかは必ずしも明白ではない。本件判旨が、外観を作出して第三者に信頼を与えた仮装行為者Xの外観作出行為の責任を重視する点をかんがみれば、若干川島説に近いとみられえようか。

　ところで第94条２項と同じく「第三者保護」規定と目されるべきものに、詐欺による取消の場合の第96条３項ならびに解除における545条１項ただし書とがあり、これら三者を比較すると、判例は、おのおのについて異なった態度をとっていることがわかる。詐欺の場合、取消し後の第三取得者と取消権者とは、取消し前の場合とは異なり、対抗要件の問題として捉えられているし、解除の場合は、解除権者と第三者の関係を、必ずしも解除の前後によって区別せず、解除前の第三取得者に対しても対抗要件を要求する判例がある（詐欺について、大判昭和17・9・30民集３巻17号911頁。解除について、大判大正10・5・17民録27輯929頁、大判昭和7・1・26法学10巻上648頁、最判昭和33・6・14民集12巻９号1449頁）。これらによれば、第三者は登記・引渡しなくして取消権者・解除権者に対抗しえないとされている。第三者保護の観点からみれば、第94条２項・第96条３項・第545条１項ただし書の順序でより保護が薄くなっている（ただし善意を要件としない点では解除の場合の方が保護は厚い）。

　このように３規定がともに「第三者保護」の規定でありながら（ただし545条１項ただし書については異論あり。原島・注釈民法〔6〕290頁）、判例が異なった態度をとる実質的根拠は、虚偽表示者、詐欺による意思表示の取消権者および法定解除権者と各第三者との間にはいずれを優先させるべきかの利益衡量においておのおの異なるところあり、との考えに基礎づけられているものとみられうる（同旨、千種・法曹時報21巻９号204頁、本件解説）。前記川井教授の見解は、これら三者の間の保護利益に差を認めず、

虚偽表示者も詐欺取消権者や解除権者と同様に、自己に移転登記請求しうる正当な利益を有する者であるとみて、すべて対抗問題として処理しようとするものにほかならない。利益衡量の観点に立つ限り、判例の態度は必ずしも首肯しえないものではない。しかし、かかる取消しや解除に関する判例および学説に対しては、その背景に登記請求についての変動原因無制限説が前提となっており、それは「対抗問題」と「第三者保護」という一般的な問題とを混同するものだとの批判が有力になされている（原島・前掲286頁）。

　それゆえ私見は次のように考える。すなわち、96条3項は、第三者保護の観点から、特に善意の第三者を保護する点において、94条2項と同一の基盤に立っており、詐欺取消者は、善意の第三者に対する限りでは、その取消しをもって対抗しえず、したがって、X・Y・Zの順次移転行為がZとの関係においては有効とみなされるわけであるから、Xの地位は順次譲渡における前主となり、取消しの前後にかかわりなく対抗問題は生じないと解すべきではあるまいか。そしてこの趣旨は545条1項ただし書についてもあてはまるのではないであろうか。ただ解除の場合は、解除前については、第三者の善意・悪意は問題とならず、解除後の第三者についてのみ解除についての悪意が問題となりうる。いずれにせよその遡及効の本質論とも関わる問題でもあり、断定は避けたい。

　なお、英米法の constructive trust の法理を参考にして善意有償の第三者のみを保護すべしとの見解があるが（谷口・民法演習Ⅱ27頁以下、同不当利得の研究445頁以下）、その論理は96条3項のみならず、94条2項にも援用しうるであろうと思われる。

3　前記川井教授が原審の判決を批評された最判昭和42年10月31日（民集21巻8号2232頁）は、通謀虚偽表示者（真の権利者）甲から取得した丁と仮装譲受人（名義人）乙から善意取得した丙との優劣が問題となった事案で、丙は登記を具備しなくては、丁に対抗しえない旨を判示している。原審判決が、判例（大判大正9・7・23民録26輯1151頁）と学説（末弘・物権法（上）163頁、川島・民法総則280・281頁）に従って、丙に登記を要求せずに丁に優先せしめたのを最高裁は破棄差戻している。本件判決では177条を排したのに反し、昭和42年判決は対抗問題として捉えていると解されうる（青山・法協85巻10号108頁、松浦・民商58巻6号908頁）ので、一見すると両者は牴触しているかにみえるが、前者は甲と丙、後者は丙と丁との争いという点で異なっているから、理論的には牴触していないとみたい（同旨、千種・前掲204頁）。しかし昭和42年判決がその結論において妥当であるか否かについては疑いなしとはしない。ことに、大正9年判決を不当とし、昭和42年判決を是認する、前記学説（青山・前掲）のごとく、丙が登記なくして丁に対抗しえると認めると、真の権利者からその権利を取得した場合よりもより以上の効力が認められることになる、と論じて、両者の優劣を登記の先後によって決し、あたかも二重譲受人の間の関係にあるというが、はたしてそういえるであろうか。この見解は、登記が仮装譲渡人甲にあるときと仮装譲受人乙にあるときとを混同しているのではあるまいか。甲・乙・丙と順次移転した場合、乙が真の権利者であって、現に

登記を有しているとすれば、その後に、さらに、甲から譲り受けた丁はもはや無権利者からの承継人にすぎず、乙とは対抗関係にない結果、したがって丙にも対抗しえないものと解すべきである。乙が虚偽表示における仮装譲受人であって、真の権利者ではないからこそ、甲よりの承継人丁は、甲乙間の譲渡行為の無効を主張して乙に対抗できるのである。しかし善意の第三者丙に対する関係では、この無効を主張しえないのであるから、丙に対抗するためには、乙丙間の譲渡行為がいまだなされていない時点に、乙から移転登記ないしは処分禁止の仮処分登記などを経由しなければならない。換言すれば、甲に代わって権利の外観を除去しなければならないものと解すべきである。丙が登記なくして丁に対抗しうるとすることは、真の権利者から取得した場合と同一の効力を認められるにすぎず、けっしてそれ以上の効力が認められているわけではない。民法94条2項は、善意の第三取得者に真の権利者よりの承継人たる地位を与えることをその本来の趣旨としているものと思われる。ただしこの考え方は、甲が乙より登記を取り戻したうえで丁に譲渡した場合に、丙・丁間が対抗関係に立ち、登記取得の前後で優劣が決まることを否定するものではない。

　本件判批としてなお田中・民商62巻3号455頁、加藤・法協88巻5・6号634頁がある。

初出：「民法第94条2項と第177条」法律時報42巻6号123〜126頁（1970年5月）

❹ 債権一部放棄の意思表示と動機の錯誤

福岡地裁昭和47年2月28日判決、請求認容
昭42（ワ）第1531号売掛代金請求事件
判例時報668号69頁

　　債権者は、債権者集会において、債務者に対して自己の債権の72％を放棄する意思表示をなした。この意思表示は、全債権者の平等な取扱いおよび債務者の資産状況の適正な報告を前提としてなされた。この前提が事実に反していたので意思表示の動機に錯誤があり、この動機は表示されて意思表示の内容になっていた。したがって、95条の要素の錯誤となり意思表示は無効となる。以上が本判決の要旨である。債権の一部放棄という、いわば一方的な意思表示における動機錯誤を要素の錯誤とした点に事案の特殊性があるのみならず、一定事情を意思表示の「前提」とした場合と「表示された動機」との関連性という観点からも検討する価値ある事例と思われる。

【事　実】

　被告会社Ｙは、昭和42（1967）年6月の決算期において欠損を生じ、経営不振に陥ったまま営業を続行したが、銀行融資が杜絶したため、同年10月下旬の支払期日における支払手形の決算ができなくなった。そこで商品仕入先である買掛代金債務の各債権者より、債権の弁済方法等につき援助を得て、経営を建直すべく計画し、同年10月23日、原

告Xを含むこれらの各債権者を招いて第1回の債権者会議を開催した。この席上、被告
Y側より経営の実状報告とともに、各債権者平等の割合で債権額の50％を一時棚上げし
て、その処理を翌年協議のうえ定めるようにしてほしい旨の申出がなされ、結局、各債
権者はこれを了承した。その後、大口債権者数名による営業譲受の申入れが競合した
が、結局、訴外Aが被告より営業の譲受を受け、資産・負債を引継いだ。その間、Aの
顧問税理士をして、Yの資産再評価をなさしめたところ、事実に反しことさら著しく過
小評価された。そして、同年11月9日、第2回債権者集会が開催され、この再評価に基
づいて作成された財産目録ならびに付属細明書が各債権者に配布された。この債権者会
議においては、Yより、前記財産目録ならびに付属証明書は実際に調査した結果による
正確なものであること、かつ72％の債権放棄がなされたならば残28％の債権額について
はすぐに支払いがなされる旨の説明がなされた。討議の結果、各債権者は、不満を残し
つつも結局、全債権者一致の議決で前記債権放棄の合意がなされた。この合意は、出席
債権者はすべて平等の28％の割合で債権の満足を受ける趣旨でなされたものであった。
ところが大口債権者の一部が、すでにこの集会以前の昭和42（1967）年7月11日に被告
Yに対するその債権の担保のために被告代表者所有の原野に元本極度額800万円の抵当
権を設定するなど、債権者間は必ずしも平等ではないことが判明した。
　そこで原告は被告に対し売掛代金金額97万8000円を請求した。被告が抗弁として原告
の債権放棄の意思表示を援用したのに対して、原告Xは再抗弁として前記債権一部放棄
の意思表示には要素の錯誤があると主張した。

【判決理由（請求認容）】

　「原告が前記債権一部放棄の意思表示をなすに至ったのは、それが、第2回債権者集
会で報告された被告の積極財産（特に在庫商品）の価値が正当の評価額によるものであ
ること及び右債権者集会に出席し全員一致の議決に参加した債権者の全部が平等に同じ
28％の割合でのみ各自の債権の満足を得て残余債権を放棄するものであって債権者相互
間に不平等のないことを前提とするものであり、原告は右前提の存在を信じて意思表示
をなしたものであるが、」実際は、右前提は事実に反していることが判明したのである
から、原告Xに錯誤が存したものと認めることができる。
　「そして、右錯誤は前記債権一部放棄の意思表示をなすについての動機に存する錯誤
であるが、右動機は、債権放棄という表意者の一方的な不利益を生ずる単純な意思表示
の性質自体からしても、また前認定の事情からしても、決定的に重大なものであり、か
つ、債権者集会の席上で意思表示をなすに当り同時に表示された動機ということができ
るから、その錯誤は、これをもって民法95条所定の法律行為の要素に存する錯誤に該る
ものと解すべきである。」

【研　究】

　1　本件における錯誤は、債権一部放棄の意思表示の内容に関する錯誤ではなく、当事

者が意思表示の「前提」とした事情についての錯誤であるから、いわゆる動機の錯誤であることは疑いない。このような債権の一部放棄または債務免除における動機錯誤が問題となった判例は本件以前には存在しないように思われる。本件のような意思表示は——単独行為か契約かのいずれとみるべきかも１つの問題となろうが——我妻博士に従えば、債務免除契約と解されうるので（『新訂債権総論』367頁）、そうであれば、広く、契約当事者が「前提」とした事情に関して錯誤した事例も参考に値しよう。それには次のような判例が存する。

　①　大判昭和10年９月３日（民集14巻1886頁）は、立替金の求償債権が存することを前提として、その存否や範囲については何ら争いもなく、単に弁済方法について和解が成立したが、現実にはこの求償権が存在しなかった事案につき、「斯ク斯クノ事柄有リ若クハ無シトノコトヲ前提（或ハ条件）ト定メテ一ノ契約ヲ締結シタル場合ニ、此ノ事柄カ所定ニ反シ無ク若クハ有リタルトキハ、其ノ依ッテ立ツトコロノ基礎ヲ失ヒタル契約ハ当然無効ニ帰セサルヲ得ス。」と判示した。前提と条件を同一視している点が注目されるが、事案としてはいわゆる「和解の基礎に関する錯誤」（ドイツ民法779条に規定）であって、本研究判決との関連性は乏しい。

　②　大判明治32年２月13日（民録５輯２号46頁）は、株券の贈与契約に関するものであって、「特定物タル本訴ノ株券ヲ目的トシテ贈与契約ヲ為スノ当時、当事者双方其物件ガＡ（贈与者の娘）ノ手裏ニ現存セザリシ事実ヲ知ラズ現ニ同人ノ手ニ存スルモノト確信シ之ヲ契約ノ目的ニ供セシモノトスレバ、当時当事者ガ現存セサル事実ヲ知リタランニハ贈与契約ヲ為サザリシモノト推定セラルベキモノニシテ、即チ契約ノ要素ニ錯誤アルモノトス」とした。この判例は、無償の贈与契約であり、当事者双方とも贈与者の娘のところに目的たる株券が存すると確信していたというのであるから、この事情を前提として贈与契約を締結したとみてよいと考える。

　③　最判昭和33年６月14日（民集12巻９号1492頁）は、特選金菊印苺ジャムであることを「前提」として、被告所有のジャムを代物弁済する裁判上の和解が成立したが、右ジャムがリンゴなどのまじった粗悪品であることが判明した場合に、「本件ジャムは、原判示のごとき粗悪品であったから、本件和解に関与した原告の訴訟代理人の意思表示にはその重要な部分に錯誤があったというのであるから……」要素の錯誤になる、とした。

　④　最判昭和37年11月27日（判時321号17頁）は、造材事業に供するための山林売買において、北側山麓に道路が開通して造材事業上有利であるとの売主の説明を信じて、当初の買受希望額を大幅に上回る代金で買受けたが、道路は存在しなかった場合に、「道路が存在しないことを知っていたならば、本件売買をする意思がなかったということは取引上至当であり……」道路を存在するものと誤信した買受人に要素の錯誤ありとした。道路の存在につき売主が説明していること、この動機が決定的に重要であること、およびその動機が誤りであることを売主が認識しているとの事情の下では、道路の存在を前提としての山林売買と考えてよいと思う。

　以上の各判決は、厳密にいえば、いずれも本判決とは事案を異にしている。特に①
は、和解の基礎に関する錯誤であって、契約の内容上確定したるものとして基礎におか
れた事情に関する錯誤にほかならず、それ以下の判例とは類型的に異なっている（それ
ゆえ、判旨は正当にも、錯誤の問題としてではなく、基礎の喪失といっている。なお和
解の基礎の錯誤については、拙稿「和解の基礎に関する錯誤について」民商65巻6号
903頁以下参照。のち『法律行為論の研究』所収）。②・③・④の各判決は、一定事情を
当事者が特に前提として意思表示をなしたとみることができ、このような観点から、債
権放棄に関わるものでなくとも、本研究判決にとって先例性ありと考えてよいと思う。

2　ところで、動機錯誤に関する指導的判例たる大判大正3（1914）年12月15日（民録
20輯1101頁）によれば、要素の錯誤は意思表示の内容に存しなければならないが、「通
常意思表示ノ縁由ニ属スベキ事実ト雖モ表意者ガ之ヲ以テ意思表示ノ内容ニ加フル意思
ヲ明示又ハ黙示シタルトキハ意思表示ノ内容ヲ組成スル」、そして、それが主観的・客
観的に重要であれば、初めて要素の錯誤となる、と判示しており、学説も「動機が表示
され、相手方がこれを知っているときは、その範囲内における錯誤は、法律行為の内容
の錯誤となる。」（我妻・新訂民法総則297頁）との見解をとっているのに、前記②・
③・④の各判決は、動機が相手方に表示されたか否かを問わず、単にそれに錯誤がなけ
れば意思表示をなさなかったであろうほど重要であることだけで要素の錯誤としている
（もっとも②は明治32年の判決であり、大正3年および我妻説に影響されていないのは
当然であるが）。そのために、意思欠缺錯誤と動機錯誤の峻別論を批判し、動機の表示
の有無を問わず、信義則的基準によって錯誤を処理する舟橋説の立場から④の判決をこ
の説に接近するものと評する向きもある（谷田貝「動機の錯誤」ジュリスト〔不動産取引
判例百選〕17頁）。本研究判決は、前提の存在を誤信したことに錯誤を認め、これが動
機錯誤でありながら、動機が決定的に重大であることかつ同時に表示されていることを
も認定して、要素の錯誤と判断しており、前記大正3年判決ならびに通説の動機錯誤論
の定式を忠実に履践したものと評することができよう。
　私は前記諸判例および本判決も、それらの事案をよくみれば、表示された動機が問題
になっているとみることができると解しつつ、なお、単に動機が表示された場合という
よりは、動機が合意の対象にまで高められているとみたい。つまり、それらにおいて
は、当事者が動機たる一定の事実に関する観念をその意思表示の「前提」とした。換言
すれば、両当事者が共同して契約を一定の事情のうえに築いた場合（Titze, Vom soge-
nannten Motivirrtum, in Fest.für E. Heyman, Bd. Ⅱ, S. 90）か（②・③）または一方当
事者が一定の前提においてのみ意欲したいと表示したということを他方当事者が認識し
ているのに、それに異議を述べないことによって、それを自らも採用したとみなされる
場合（④および本件判決）にほかならないと考える。かように当事者がそのうえにのみ
意思表示を形成した「前提」が事実に反して誤っていれば、条件（未来の事実に関する
とき、または不明確な場合）と同じく附款としての前提（過去・現在の事実に関すると

き、または確実と思念された場合）の欠如によって意思表示はその効力を失うのである（三宅「売主の担保責任と錯誤」契約法大系Ⅱ124頁）。それゆえ、これは附款の問題であるからして95条の適用問題には関わりがないのである。動機は、たとえそれが表示されて相手方に認識可能になっても意思表示の内容に受容されることはない（柚木・売主瑕疵担保責任の研究275頁）。したがって表示された動機が、その誤りであることを知っていれば、表意者のみならず通常人もその意思表示をなさなかったであろうほど重大なもの、すなわち主観的・客観的な重要性を有するものであっても、それのみでは法的顧慮に値するものではない（レーネルの設例にかかる「嫁入支度購入錯誤ケース」はこの典型。もともと動機の誤りは常に錯誤なければ、意思表示をなさなかったであろうほど重大なものであろう）。動機の錯誤は、動機が条件・前提・保証などの形で合意された場合にのみ顧慮される。なぜならば、法律行為をなす者は、常に一定の事情の有無に関する自己の判断に基づいているのであるが、この判断が正当か否かの危険は自ら負担しなければならず、この危険を負いたくない者は、それを合意の対象にまで高めることによって、初めて相手方に転嫁しうるものだからである（Flume, Das Rechtsgeschäft, S. 425f. 高橋・法時42巻13号141頁）。

3　日本の動機錯誤判例の検討に際し注意しなければならないのは、私のみるところでは、動機錯誤を要素の錯誤としたほとんど大部分の判例において、条件・前提等の合意が存在しているとみることができる事例がきわめて多数存在していることである。これは契約解釈の問題として、「一見当事者の一方が単に動機を表示した場合でも、条件・前提あるいは品質保証の合意ありと、解釈すべき場合があり」、「表示された動機が事実とくいちがうことが、表意者の主観においてのみならず、合理的客観的に判断しても、『其錯誤ナカリセバ表意者ガ其意思表示ヲ為サザルベカリシモノ』と認められるほど重要であれば、これは単なる動機の表示ではなく、条件・前提等の合意があったと解釈する」（三宅・前掲130頁）ことができる場合が多いという事情によるものである。しかしながら、上記の合理的客観的判断による錯誤の重要性があれば、ただちに条件等の合意があると判断すべきものではない。あくまでもこれは上記の合意ありや否やの法律行為解釈の「一資料」たりうるにすぎない。錯誤の重要性を表示された動機にあてはめるという操作は、客観的にいえば、一見単なる動機の表示にとどまるにもかかわらず、条件・前提の合意がなされたとみるべきかどうかの、法律行為の解釈に接近することである（三宅「瑕疵担保責任と錯誤」ジュリスト売買（動産）判例百選117頁）。

　判例が錯誤と認めるものの中には、結局条件等の合意にまで至らず、主観的客観的に重要であっても動機を単に表示したにすぎない場合、また、時には表示もなされていない場合も含まれる（例えば、大判昭10・1・9民集14巻186頁）。このような場合は、たとえ動機がいかに重要であっても法的保護は認められるべきでない。動機が前提ないし条件にまで高められているならば、いったん有効に成立した契約が附款としての前提（条件）合意の効果として、その効力を否定されうるにとどまる。

4 本件判決は、一定の事情を「前提」として意思表示したと正しく事実認定しながらも、通説および大正 3 年判決に影響されて、その正しい法的構成の表出を妨げられているのである。しかし意思表示無効の結論自体は正当である。

＊ 本件の事案は平成29年改正法95条 1 項 2 号の「表意者が法律行為の基礎（前提－髙森）とした事情についてのその認識が真実に反する錯誤」にあたり、しかも同条 2 項の「基礎（前提－髙森）とされていることが表示されていた」と解釈されて、同条 1 項「……重要なものであるとき」であるから、取り消すことができると判示されるであろう。

初出：「債権一部放棄の意思表示と動機の錯誤」

法律時報44巻14号187〜189頁（1972年12月）。

5 絵画の真筆性に関する錯誤

モロー「ガニメデスの略奪」事件
東京地裁平成14年 3 月 8 日判決、請求認容
平成11年(ワ)第24039号損害賠償請求事件
判例時報1800号64頁

　絵画の真筆性に関する錯誤は、特定の目的物の性質に関する錯誤であって、これは、典型的な動機の錯誤である。性質錯誤一般は、ローマ法源においても、サヴィニー以来の錯誤論においても、いずれも動機の錯誤として顧慮に値しないものと解されている。ローマ法源における error in substantia がサヴィニーによって「取引本質的性質錯誤」として「取引通念による異種物」理論によって、表示錯誤と等置され、それが、ドイツ民法119条 2 項となって規定化されたことは周知のとおりである。しかし絵画の真筆性の錯誤は、たとえそれが表意者にとって重要なものであっても、動機錯誤たる性質錯誤と解すべきであり、したがっていかなる要件が具備されたなら、法的顧慮を受けうるかを検討しなければならない。絵画の真筆性に関する錯誤判例のみでも、本件を含め五件を数えうるので、目的物の性質の錯誤一般との関係も視野に入れて検討するに値するであろう。

【事　実】

　本件は画商 Y 社が同じく画商である X 社にモロー作の絵画を売却（売買代金3050万円）したところ、その後、右絵画が贋作であることが判明したため、当該売買契約は要素の錯誤により無効であると主張して、X が Y に対して、売買代金のうち Y が X に任意に返還した350万円を除く2700万円の返還を求めた事案である。本件のモロー作「ガニメデスの略奪」が売買されたいきさつは次のとおりである。原告 X は、美術工芸品等の輸出入販売等を行っている会社であり、被告 Y も同様の業種を行っている。X は Y からフランス19世紀の画家であるギュスターブ・モロー（以下モローという）が描い

たとされる「ガニメデスの略奪」と題する絵画（以下本件絵画という）を3050万円で買い受け（本件売買契約という）、同月17日、Yに対して右代金を全額支払った。その後、本件絵画は贋作であり、モロー作の真性の絵画は、英国において、オークションにかけられ、第三者に売却されたことが判明した。

【判決理由】

請求認容。

「本件売買契約において、本件絵画が真作であることが、契約の要素であるかどうかについて検討する。

本件においては、本件売買契約の締結の際に、被告代表者（Y）が本件絵画が真作であることは間違いないとまでいったと認めるに足る証拠はないが、前記一に説示したとおり、被告代表者は、本件絵画について、カタログレゾネに出ているといって、コピーの該当箇所を示したこと、同カタログレゾネには、本件絵画の来歴について、1971年にオークションで落札されたことまでしか記載がないが、被告代表者は、本件絵画は、数年前に日本人がオークションで落札したものであると来歴について補足して説明していること、原告（X）は、鑑定書の有無を確認したこと、売買契約書には、本件絵画の特定方法として、作者、題名、制作年等カタログレゾネのデータと同じ記載がされていることを総合すると、被告代表者は、本件売買契約の目的物である本件絵画について、モローの「ガニメデスの略奪」という題名の絵画の真作であると表示したものとみるのが相当であり、原告は、本件絵画がモローの真作である旨の表示があることを認識していたとみるのが相当である。

そして、前記一に説示したとおり、本件絵画の売買代金額は、当初被告が3600万円を提示し、これに対して、原告が30万ドル位で購入すると申入れをし、結局3050万円に決まったこと、実際に、平成10年にロンドンのクリスティーズで落札された真作の絵画の落札価格は、18万8500ポンド（約3700万円）であったことに加えて、原告および被告代表者は、双方ともに仮に本件絵画がよくできた模造品だとして買う場合の価格について、ゼロに近いと思う旨の供述をしていることに鑑みると、3050万円という本件売買契約の代金額は、本件絵画が真作である場合の価格の範囲内であり、このような高額の価格は本件絵画が真作であることを前提としていると考えられる（傍点—引用者）。

これらの事実に、原告も被告も画商であり、原告がフランスの顧客に売却することを前提として本件絵画を購入することは、被告も認識していたこと、双方の代表者とも20年近くにわたって美術品の販売等に携わってきた経験を有すること等の事実を総合すると、本件売買契約においては、売主である被告は、本件絵画が真作であることを表示し、原告は、本件絵画が真作である旨の表示があると認識したうえで、本件絵画が真作であると信じたからこそ契約締結に及んだものというべきであり、本件絵画が真作であることは、本件売買契約の重要な要素であるというべきである。

そうすると、原告には、本件売買契約の要素について錯誤（民法95条）があったとい

うのが相当である」。

【研　究】

1　本件は、モロー作と表示のある「ガニメデスの略奪」と題する絵画の売買契約において、売主・買主とも美術品の輸出入などを業とする画商間の取引に際する、先行ないし随伴する諸事情を総合的に観察し、本件絵画が真作であるとの売主方（相手方）の表示により、買主（表意者）が右真作であると信じて本件絵画を真作の価格相当額の代金にて買い受け、同額を支払っている場合には、右真作であることが本件売買契約の重要な要素であるとして、本件売買契約の要素の錯誤があったと判示したものである。

2　目的物の性質の錯誤判例としては、有名な「受胎馬錯誤事件」がある（大判大正 6 年 2 月24日　民禄23輯284頁。売買無効確認及代金返還損害賠償請求事件）。雌馬の売買において、売主 Y が買主 X に対して「この馬は年齢13歳で現に受胎しており、その来歴上良馬を産出すべし」と言明したので、買主 X はそのような性状がこの馬に具わっていると固く信じてそれなりの価格で購入したが、この馬は受胎もしていない、駄馬であったという事案である。判旨は、売主 Y の「言ニ依リ売買馬匹カ年齢十三歳ニシテ且現ニ受胎シ居リ其来歴上良馬ヲ産スヘシト思惟シ、該馬四カ右ノ性状ヲ有スルカ為メニ売買契約ヲ締結スルニ至リタルノミナラス尚明示ヲ以テ其性状ヲ有スルコトヲ意思表示ノ内容ト為シタルモノ」なるときは、目的馬匹に右性状の具備することは「法律行為ノ要素」であり、それが具有していなければ、すなわち要素の錯誤となり、売買契約は無効となると判示している。私見によれば、本事案は、売主による一定の性質の「保証」があった場合と解すべきだと思うが、まずは売主による性質についての言明のあった事案であることを確認しておきたい。

3　次に本件判決と事案を同じくする、すなわち、絵画の真筆性の錯誤について判示した先行判例を挙げることとする。
　(1)　呉春・應挙事件（大判大正 2 年 3 月 8 日法律新聞853号27頁）
　(2)　安田靫彦「朝顔」事件（最判昭和37年 9 月25日判時320号14頁。損害賠償請求事件）
　(3)　藤島武二・古賀春江事件（最判昭和45年 3 月26日民集24巻 3 号151頁。判時589号44頁・油絵代金返還請求事件）
　(4)　堂本印象事件（東京高判平成10年 9 月28日判タ1024号234頁。損害賠償請求事件）
　以上の先行の判例に続いて、
(5)　モロー「ガニメデスの略奪」事件（損害賠償請求事件）が公にされたわけである。
　右の判例のうち、(1)は次のような判例であった。買主 X が売主 Y から、呉春・應挙の落款のある古画幅 2 点を、真筆と信じて1800円で買い受け、Y も呉春・應挙筆と記載した代金受領証を X に交付していた。ところが、後になって実はまったくの偽筆で実

値150円に過ぎないものであることが判明した。Ｘが要素の錯誤無効を主張した。大審院は「自己ノ鑑識ヲ度外ニ措キ筆者ノ真実ナルヲ以テ売買ノ要件ト為シタルニ非ス」「是唯上告人カ鑑識ヲ誤リタルニ過キスシテ売買行為ノ要素ニ錯誤アリト謂フ可カラ」ずと判示した。本件は、骨董店における骨董品の売買であり、その真贋の判定は難しく、自己（買主）の鑑識によって購入したものであると判定している。真筆性をもって「売買の要件となしたものではない」と判示して錯誤無効を認めなかった。事実認定を是認する限り買主の錯誤が顧慮されないとされたのは妥当であろう。

　(2)は、買主Ｘは骨董商を営むＹ1方でＹ2が所有する安田靫彦作「朝顔」を代金10万円でＹ1から購入した。この「朝顔」は真筆相当額の代金だったのに偽物であることが後に判明した。事実審の認定によれば、Ｙ1は真作であると告げたことはなく、ただ、Ｙ1Ｙ2ともに真筆であると信じていた。Ｘは、債務不履行による契約の解除を主張した。一審は「本件画幅の売買は無条件無保証でなされた特定物売買」であったとし、原審は、「目的物の真贋は買主自身が責任を負う」べきものとした。最高裁は「本件売買は特定物の現実売買と認められるから、売主は債務不履行の生ずる余地はない」と判示してＸの上告を棄却した。しかし一審、原審とも錯誤無効となる可能性は暗示しており、また保証するなどして、売買の要素とする旨の特約があれば、別だとする言辞も散見される。Ｙ2が本物として８万5000円で購入したものを画商Ｙ1に託し、Ｙ1Ｙ2とも真筆と確信して、そのうえで買主Ｘに見せて、Ｘも真筆と信じて他に転売すべく10万円で購入（贋作なら5000円という）した、新作（作者が現存中で、作者自身に鑑定してもらった）の絵画だったというのだから、真作であることは両当事者間で「当然の前提」となっていた、ないし暗に保証されていたと判定すべきだったと思う。

　(3)は、藤島武二と古賀春江の作者の署名のある油絵を画商Ｙから、真作相当額の価格28万円と10万円合計38万円でＸが購入し、これをかねてから頼まれていた知人Ｚ（まったくの素人）に各々38万円、17万円合計55万円で転売した。その後この油絵は２点とも贋作であることが判明。Ｙ・Ｘ間では、ＹがＸに「暗に真作であることを保証し、そうでなければ引取る」と約束していたので、Ｘは真作と固く信じていたし、本物としてＺに転売し、ＺもＸの言を信じて購入したと認定されている。原審は、Ｙ―Ｘ間も本件油絵が真作であることを売買契約の要素とした、Ｘ―Ｚ間もＸの間違いないとの言明を信じて真作と思って買ったので、この動機は売買契約の内容となり、重要な要素であったとして錯誤無効を認め、最高裁もこれを是認している。本件は、明らかに、Ｙ―Ｘ、Ｘ―Ｚ間ともに売主が真筆であると言明ないし説明したうえで真作であることを保証した事案だったと思うし、そのような認定もあるのに、錯誤無効を認めている。

　(4)は、当事者間で堂本印象作の、掛軸に描かれた花鳥の画幅が150万円で売買された事案である。売主Ｙ、買主Ｘとも美術商であるが、Ｙが真筆らしきものであったが汚れのある横山大観の絵と同じ家から出たもので間違いないと言明し、本件画幅も二重の箱に入れられ、軸は象牙製で表装も立派であったので、Ｘは真作と信じて買ったもので

194

あった。後に贋作と判明。原審は、本件画幅が真作であることは（Yの言辞から）明示・黙示に本件売買契約の要素であったと認めた。控訴審たる本判決は、Yが真作相当額と見られる、当初売値として200万円を申し出たこと、大観と同じ家から出たとの説明は本件画幅も堂本印象の真作である旨の別の表現と見られることなどから、真作であることを黙示的に表示したもので、Xは右のYの言を信じ真作と思い、それを前提にして買受の意思表示をしたから、本件画幅が真作であることは、本件売買契約の要素となっていたとして、錯誤無効を認めている。

4 以上の先行判例のうち、錯誤無効を否定した(1)(2)は、いずれも自己の鑑識によって、自分の責任において購入したと事実認定しており、それを是認する限り、錯誤無効、その他の法理によっても買主の真作であるとの動機の錯誤を法的に顧慮する余地はない。ただ前述のとおり、(2)は保証の合意を認定すべきであったと思う。(3)(4)(5)は、表現上の微妙なニュアンスの相違はあるが、契約締結に際する、先行的・随伴的諸事情により、絵画の真筆性についての売主による明示の説明・言明ないしは黙示的表示のあったことを認めており、いずれも両当事者間において真筆であることが「当然の前提」とされ、または「暗に保証」されており、買主において真筆でなければ買受の意思表示をしなかったであろうから「売買契約の内容となり要素の錯誤となる」旨の論旨を展開している。(3)などは保証のあったことを認定しつつ、要素の錯誤を認めている。

　私見は、「前提」合意ないし「保証」の合意があれば、前者なら附款たる前提の欠如で無効となり、保証合意なら品質保証違反として契約の解除と損害賠償請求権を買主に付与すべきと考える。契約の内容になったからといっても、いかなる意味で契約の内容なのか、すなわち、契約条項（履行時期・履行場所・履行方法などの合意）なのか付随的合意（保証・手付・管轄の合意）なのか附款合意（条件・前提・負担・期限など）なのかを吟味検討し、それに応じた法律効果を発見するよう努めなければならないと考える。著名な絵画の売買においては、絵画の真筆性については、売買当事者にとって最も重要な関心事であり、「骨董店における、骨董品の取引で、買主の鑑識に委ねられた投機的取引であった」という場合を除き、一般的には、売主の真筆であるとの明示・黙示の説明・陳述・言明がある場合はもちろん、それがない場合でも、真作の時価相当額で取引されている以上、真筆であることが売主によって保証された取引であると推定すべきである。絵画の真筆性の錯誤に関するこれまでの一連の判例は、要素の錯誤で無効であるという法的構成を採用しているが、これは理論的にみて問題があるといわざるをえない。さりながら買主の真筆であるとの動機たる表象を結論としては法的に顧慮しているわけで、この点において評価されてよいと思う。

初出：「民事判例研究：絵画の真筆性に関する錯誤」法律時報941号97～100頁（2004年3月）

●ローマ法における意思の内容の分析

要　素 （essentialia negotii）	合意ないし行為の構成部分のうちで、行為の性質を決定する本質的に重要な内容、絶対に合意しなければならない。
偶　素 （accidentalia negotii）	当事者が特に付加するときにだけその内容となるもの。主要な内容以外で当事者が特に合意した内容。合意してもしなくても構わない。 　　例：手付約束、性質保証約束など
常　素 （naturalia negotii）	当事者が排斥しなければ、通常その内容となるもの。特に合意しなくても契約の内容となるもの。 　　例：売買、交換など有償契約における担保責任
条件（conditio） 約款（clausula）	essentialia negoti の効果の発生を制限するために附加される約款 　　例：条件（conditio）・前提（modus）、期限（dies;tempus）

●意思表示の構造的内容

①本質的効果意思	・法律行為の内容の核となる部分であって、法律行為の各々の種類によって内容が確定される。特定物の給付合意の場合、〔法律行為の性質ないし種類（売買、贈与、交換、賃貸借など）、当事者の同一性、目的物の同一性、対価の有無ないし額〕・種類物の場合、種類と数量が本質的効果意思の内容に附加される。 ・この部分にしか、民法95条の要素の錯誤＝意思欠缺錯誤は生じない。 ※サヴィニーは、本質的性質の錯誤（error in substantia）を意思欠缺錯誤に含めて考えている。
②非本質的効果意思 （本質的効果意思がなければ存在しえない部分） （動機は表示を介して合意されることによって、非本質的効果意思の内容となりうる） （動機も当事者によって合意に達すれば、保護される。すなわち、保証であれば、付随的合意としての保証合意、不確実な事実にかからしめた場合であれば、附款としての条件、当事者が確実に当然存在すると思念した事実にかからしめた場合であれば、同じく附款としての前提として顧慮される。）	ⅰ）契約条項（例・履行期、履行場所、履行方法） ・原則として、①に付加されるものである。 ・①を補充する意思内容であって、①に付従する。 ・当事者の合意がなくても、民法の規定によって補充される。 　履行期（412条3項）、履行場所（484条）、履行方法（特定物：483条、種類物：401条、損害賠償義務：417条） ⅱ）付随的合意（例：手付、品質保証、損害担保約定、違約金、裁判管轄など） ⅲ）附　款 例：条件（conditio 将来発生することが不確実な事実に①の効力をかからしめること　将来における一定の事実に係わらせることが多い） 　　前提（modus　当事者が一定事実の存在不存在を当然確実であると思念していた場合に、その事実に①の効力をかからしめること。過去・現在における一定の事実に係わらせることが多い） 　cf. ヴィントシャイトの前提理論…意思の自己制限としての動機が相手方に認識可能になった場合に単なる動機が前提に転化する。 　前提が事実と一致しなければ、契約の解消を認める。 　既履行の場合→不当利得による返還請求、未履行の場合→履行拒絶の抗弁 　レーネル　ヴィントシャイトの前提理論を否定、「動機と条件の中間物はない。」 　三宅初期、髙森 　　合意による前提。前提が欠ければ、前提欠如ないし基礎の崩壊による契約の無効。 　三宅後期 　　合意による前提のほか解除権留保の一歩手前にある推定的前提を肯定 　→瑕疵担保責任 　　期限（将来確実に到来する事実に①の効力をかからしめること） 　　負担（負担付贈与、負担付遺贈） 　　・①の効力の発生・不発生に影響を与える独立の合意 　　・①に付従する。

補　遺

「一般社団法人及び一般財団法人に関する法律」について

1　はじめに

　一般社団法人及び一般財団法人に関する法律（本稿では、一般社団・財団法人法と呼ぶ）が、平成18〔2006〕年 5 月26日、第164回通常国会において成立した（平18・6・2法律48号）。同時に、公益社団法人および公益財団法人の認定等に関する法律（以下、公益認定法と呼ぶ。法律49号）、さらに公益法人の認定等に関する法律の施行に伴う関係法律の整備等に関する法律（以下、整備等法と呼ぶ。法律50号）も成立した。この 3 法は、全体として、これまでの民法（第 1 編総則第 3 章法人）の定める社団法人と財団法人の制度を一新し、かつ中間法人法の定める中間法人の制度を廃止し、新たに、一般社団法人と一般財団法人の制度ならびに公益社団法人と公益財団法人の制度を創設するものである。一言でいえば、旧来の民法が公益法人の制度を定めるものであったものを、法人法の総則ともいうべき部分のみを残し、中間法人を含む一般社団・財団法人を一般社団・財団法人法によって規律し、公益法人を社団法人・財団法人とも公益認定法によって規律しようとするものである。整備等法は、民法の規定その他の法律の規定を削除したり、若干の修正を施したりしたものである。

2　営利を目的としない法人の制度

　営利を目的としない法人の制度として、これまで、民法（明治29〔1896〕年）上の公益社団・財団法人があり、主務官庁の許可を得て法人化することができた（2008年改正前民法33条・34条）。この民法の社団法人・財団法人の特徴は、①公益を目的とし、営利を目的としないものであること（同34条）、②設立には、社団法人において定款、財団法人において寄附行為を作成し、主務官庁の自由裁量に基づく「許可」を得なければならないこと、③業務につき、主務官庁の監督に服すること（同67条）、④社団法人における構成員たる社員は、いわゆる「有限責任」であること（社団法人の債権者は社団法人の財産に対してのみ責任を追及しえ、社員に対しては責任を追及することはできない）等を挙げることができる。

　次に、特定非営利活動法人がある。これは、平成10（1998）年に成立した特定非営利活動促進法（平成10年 3 月25日法律 7 号）によって創設されたものである。これは、ボランティア活動などの社会貢献活動を行う民間の非営利団体であって、法人格を有しないものであっても、民法とは異なり簡易な手続で法人格を取得することができるようにしたものである（例えば、その設立につき、民法の許可主義から認証主義へと変化した）。特定非営利活動法人の特徴は、①特定非営利活動を目的とするものであること

（その具体的内容は、別表に掲げられた、不特定・多数の者の利益の増進を図る17の活動のこと）（特定非営利活動促進法2条）、②設立につき、所轄庁の認証を受けること（同10条）（認証は裁量の余地がなく、法定の要件に適合すると認められたならば、認証しなければならない。同12条）、③所轄庁の監督を受けること（同41条以下）（ただし所轄庁の介入を防ぐため、監督は最小程度に止められるものとされている）、④社員は、有限責任であること、⑤高水準の情報公開が求められていること（同28条以下）（所轄庁よりも市民の監督を重要視する）、などが挙げられる。

　さらに、中間法人があった。これは、中間法人法（平成13〔2001〕年6月15日法律49号）によって創設されたものである。これは、公益も営利も目的としない中間的な団体でも法人格を一般的に取得することができるようにしたものであり、これによって、かつては民法その他の法律によって法人格を取得しえなかった同窓会、同好会なども法人化することができるようになった。この中間法人の特徴は、①公益も営利も目的としないものであること、換言すれば、社員に共通する利益（経済的非経済的を問わない、同好の趣味でもよい）を目的とし、剰余金を社員に分配することを目的としないものであること（中間法人法2条1項）、②社員が共同で定款を作成し、設立登記によって成立すること（同6条）、③行政庁による監督がないこと（ただし、濫用したら解散命令を受ける。同9条の2）、④社員が有限責任を負う中間法人（同法第2章）と無限責任を負う中間法人（同法第3章）の2類型があること、等が挙げられる。

　これら3法人類型について、今回の一般社団・財団法人に関する3法は、民法上の公益法人を一新して存置せしめ、中間法人を全廃し、特定非営利法人にはほとんど手をつけず、旧来のまま、存置せしめるものとなっている。

3　三法の概要

(1)　一般社団・財団法人法

　一般社団・財団法人法は、社団形態の法人と財団形態の法人という2つの法人類型を規定している。そして各々を一般社団法人、一般財団法人と呼ぶ。いわゆる公益性がなくても設立が可能である。いずれも準則主義によって設立することができる（22条・163条）。一般社団法人は、「社員に剰余金又は残余財産の分配を受ける権利を与える旨の定款の定めは、その効力を有しない」（同11条2項）とされ、さらに「社員総会は、社員に剰余金を分配する旨の決議をすることができない」（同35条3項）と定められている。一般財団法人は、「設立者に剰余金又は残余財産の分配を受ける権利を与える旨の定款の定めは、その効力を有しない」（153条3項2号）と定められている。つまり両者とも、社員ないし設立者に、剰余金を分配することができないものである（非営利性）。

　一般社団・財団法人法は、非営利法人につき、一般的にその法人格の取得の定めを規定したものである。それゆえ、この法律によって、設立された一般社団法人および一般財団法人のうち、特に公益法人となるものには、公益認定法によって公益認定を受けな

ければならない。法人格取得の仕組みと公益認定の手続とを区別したところが要点である。ついで、非営利目的の法人を許可主義ではなく、準則主義によって設立することができるようにしたこと、および財団法人の設立が寄附行為ではなく社団法人と同じ定款によってなされるようにした点も見逃せない（152条1項）。

(2) 公益認定法

公益認定法は、公益目的事業を行う一般社団法人または一般財団法人が、行政庁の認定を受けて、公益社団法人または公益財団法人（あわせて公益法人という）となることができる旨を定めている（4条）。ここでいう「公益目的事業」とは、「学術、技芸、慈善その他の公益に関する別表各号に掲げる種類の事業であって、不特定かつ多数の者の利益の増進に寄与するものをいう。」と定められている（2条4号）。行政庁（内閣総理大臣または都道府県知事〔3条〕）は、公益認定を申請した一般社団法人または一般財団法人が公益認定基準に適合すると認められるときは、当該法人について公益認定をするものとされている（5条）。

その公益認定の基準とは、全部で18あり、主なものを列記すると、公益事業を行うことを主たる目的とするものであること（5条1号）、本人、その配偶者、三親等内の親族で、理事または監事となる者の合計数が、その総数の3分の1を超えないこと（5条10号）、清算に際しては、残余財産を類似の事業を目的とする他の公益法人または国もしくは地方公共団体等に帰属させる旨を定款で定めていること（5条18号）などである。実際に公益認定を行う行政庁は、当該法人が他府県にまたがる場合は内閣府におかれる公益認定等委員会（32条以下）、その他の場合は都道府県におかれる国と同様の合議制の機関（50条以下）の関与の下で行われる。行政庁はまた、公益法人の監督も行う（27条以下）。

公益認定法は、公益認定と監督に関する仕組みを定め、一般社団・財団法人法が定める法人格取得の仕組みと区別したところが要点である。公益認定と監督とは、行政庁が公益認定等委員会または都道府県におかれる同様の合議制の機関の関与の下においたこと、そして公益認定の基準を具体的に法律によって定め、主務官庁の自由裁量から外したことが注目される（したがって、一般社団・財団法人法によって、設立許可制を改めて、設立につき準則主義を採用したのである）。

(3) 整備等法

整備等法の内容としては、①民法の大改正と②中間法人法の廃止が注目されるほか、③非訟事件手続法の一部改正、④その他の関係法律の整備である。ここでは、民法の改正についてのみ、ふれることとしたい。

民法第1編総則に、第3章法人をおく点は、整備等法による民法改正後も変わらない。しかし、改正後民法は、第3章に33条から37条までの五カ条をおくのみとなった。法人に関する民法の規定は、その大部分が削除され、結果的に大改正となった。

⑷　平成18年法改正後の民法の概要

改正後の民法33条は、1項「法人は、この法律その他の法律の規定によらなければ、成立しない。」と定め、自由設立主義を採らず、法人設立法定主義の採用を明らかにしている。新設された2項は、「学術、技芸、慈善、祭祀、宗教その他の公益を目的とする法人、営利事業を営むことを目的とする法人その他の法人の設立、組織、運営及び管理については、この法律その他の法律の定めるところによる。」としている。2項は、法人の3類型——公益法人、営利法人、その他の法人——を明らかにし、各々の法律によって、設立、組織、運営および管理について規律するところに従うべき旨を明示している。

34条は「法人は、法令の規定に従い、定款その他の基本約款で定められた目的の範囲内において、権利を有し、義務を負う。」と定めて、法人の能力について規定する。「定款その他の基本約款」（改正前民法43条は「定款又は寄附行為で……」となっていた）という表現が注目される。社団法人と財団法人という法人類型の規定はなくて、法人一般の能力の規定となったのである。

35条は外国法人について定めている。36条は法人一般の登記につき、「登記をするものとする。」と定め、37条は同じく、外国法人の登記に関する詳細を規定している。1項の登記事項の定めから、外国法人の代表者が法人登記を怠ったときの過料について定める八項までである。

改正前の民法は、公益社団法人と公益財団法人という2大法人類型についての成立の根本原則（法人法定主義）とその設立根拠法であって、かつ、その手続を定めるものであったのに対して、改正後は、法人成立の根本原則のみを維持し、その設立の根拠および設立手続については一般社団・財団法人法、公益認定法に委ねたものとなっている。そして法人の能力については、前述のとおり、法人一般の能力の規定と化した。

ただし、民法951条は、相続財産法人の成立根拠となる法律であることに変わりはない。

4　一般社団・財団法人法

⑴　構　成

一般社団・財団法人法は、全部で344カ条を擁する大法典となった。そして以下の7章から構成されている。

第1章　総　則　（1条〜9条）
第2章　一般社団法人（10条〜151条）
第3章　一般財団法人（152条〜205条）
第4章　清　算　（206条〜241条）
第5章　合　併　（242条〜260条）
第6章　雑　則　　第1節解散命令、第2節訴訟、第3節非訟、第4節登記、第5節公告（261条〜333条）（この雑則の構成は、会社法に倣ったものとのことである〔山田誠一「一般社団法人及び一般財団法人に関する法律について」民事研修590号

11～20頁])。
第7章　罰　則（334条～344条）

(2)　一般社団法人について

1　設　立

一般社団法人を設立するためには、「その社員になろうとする者（以下、「設立時社員という。」）が、共同して定款を作成し、その全員がこれに署名し、又は記名押印しなければならない。」（10条1項）。設立時社員は2人以上でなければならない。一般社団法人は、その主たる事務所の所在地において、設立の登記をすることによって成立する（22条）。設立について、準則主義が採用され、設立登記は法人の成立要件となった。改正前民法が、主務官庁の許可によって成立し（改正前34条）、設立の登記は第三者に対する対抗要件であった（同45条2項）のと大きく異なっている。

定款（電磁的記録によっても作成されうる。10条2項）は、必要的記載・記録事項として、①目的、②名称、③主たる事務所の所在地、④設立時社員の氏名または名称および住所、⑤社員の資格の得喪に関する規定、⑥公告方法、⑦事業年度、の七項目が規定されなければならない。しかも、社員に「剰余金又は残余財産の分配を受ける権利を与える旨」の定款の定めは、その効力を有しない（11条2項）。定款は、公証人の「認証」を受けなければ、「その効力を生じない。」（13条）一般社団法人は、その成立後、社員総会の決議によって定款を変更することができる（146条、49条2項4号〔特別決議〕）。特に11条1項1号の目的および4号の社員の資格の得喪に関する規定をも変更しうる点が重要である。定款の備え置きと閲覧については14条。

2　社　員

社員は、社員総会を構成し、そこにおいて原則として各1個の議決権を有する（48条）。また社員は、定款で定めるところにより、一般社団法人に対して、「経費を支払う義務を負う。」（27条）。特段の出資義務があるわけではない。なお、社員は有限責任を負い、一般社団法人の債権者に対して、責任を負わないと解される。社員はいつでも退社することができ、定款で禁止されていても、止むをえない事由があるときには、いつでも退社することができる（任意退社。28条）。また、一定の事由があるときは、退社しなければならない（法定退社：定款で定めた事由の発生、総社員の同意、死亡または解散および除名。29条）。

一般社団法人成立後、社員が1人となっても法人は存続する。ただし、社員欠亡は解散事由となる（148条4号）。

3　機関（社員総会、理事・理事会、監事、会計監査人）

1　社員総会

一般社団法人には、意思決定機関として社員総会がおかれる（35条1項）。一般社団法人は、定款の定めによって（60条2項）、①理事会設置一般社団法人と②理事会非設置一般社団法人の2種類あり、③の非設置一般社団法人の社員総会は、この法律に定め

た事項および法人の組織、運営、管理その他一切の事項について決議することができる（35条1項）。しかし、①の理事会設置一般社団法人においては、社員総会は、一般社団・財団法人法に規定する事項および定款で定めた事項に限り、決議することができるにすぎない（同条2項）。社員総会は、それにもかかわらず、社員に剰余金を分配する旨の決議をすることはできない（同条3項）し、社員総会の決議を法律上必要とする事項について、理事、理事会その他の社員総会以外の機関によって決定することができる旨の定款の定めは、その効力を有しない（同条4項）。

　社員は、各一個の議決権を有するが、定款で別段の定めをすることは妨げない。しかし、すべての事項について社員が議決権を行使しえない旨の定款の定めは、効力を有しない（48条）。

　社員総会の決議は、定款に別段の定めがある場合を除き、「総社員の議決権の過半数を有する社員が出席」し、出席した「社員の議決権の過半数をもって行う。」（49条1項）。特別決議（同条2項）もある。なお、社員は、代理人によって議決権を行使することができる（50条）。

　社員総会は、役員（理事および監事）および会計監査人を決議によって選任しうる（63条）。一般社団法人と役員および会計監査人の関係は、委任関係である（64条）。

　理事会非設置一般社団法人においては、社員総会は、いわば万能であり、比較的規模の小さい（社員数や経済的規模において）一般社団法人が想定されている。これに対して、理事会設置一般社団法人は、監事をおかなければならず（61条）、理事会に広範な権限が付託されている（90条2項）ので、社員総会と理事会とに権限が分配されていて、規模において比較的大きい一般社団法人が想定されている。しかし、いずれにせよ、一般社団法人の組織、運営、管理の権限は、直接または間接に、社員総会に由来する。

2　理事・理事会

【理　事】　一般社団法人の業務執行機関として、理事がおかれる（76条）。理事は、「定款に別段の定めがある場合を除き、一般社団法人（理事会設置一般社団法人を除く〔76条に関してのみ〕）の業務を執行する。」（76条1項）。理事が2人以上ある場合には、一般社団法人の業務は、定款に別段の定めがある場合を除き、理事の過半数をもって決定する（76条2項）。理事は、一般社団法人を代表する（ただし他に代表理事を定めた場合はこの限りではない。77条1項）。理事が2人以上いる場合でも、理事は、各自、一般社団法人を代表する（同条2項）。一般社団法人（理事会設置一般社団法人を除き）は、定款、その定めに基づく理事の互選、または社員総会の決議によって、理事の中から代表理事を定めることができ（同条3項）、代表理事は、一般社団法人の業務に関する一切の裁判上または裁判外の行為を行う権限を有する（同条4項）。この権限に制限を加えても、善意の第三者に対抗することができない（同条5項）。

　一般社団法人と理事との関係は委任関係であり（64条）、理事は、「法令および定款ならびに社員総会の決議を遵守し、一般社団法人のため忠実にその職務を行わなければな

らない。」（83条）。また、競業的行為や利益相反的行為をするときは社員総会の承認を受けなければならない（84条）。

【理事会】　理事会設置一般社団法人にあっては、理事は2人以上でなければならず（65条3項）、理事会はすべての理事で組織する（90条1項）。理事会は、その職務として、①理事会設置一般社団法人の業務執行の決定、②理事の職務執行の監督、③代表理事の選任および解職を行い（同条2項）、代表理事等は、理事会設置一般社団法人を代表する（77条1項ただし書）とともに、理事会設置一般社団法人の業務を執行する（91条1項）。理事会の決議は、原則として、理事の過半数が出席し、その過半数をもって行う（95条1項）。理事会招集権者および招集手続については93条・94条に規定されている。また理事会設置一般社団法人は、監事をおかなければならず（61条1項）、定款の定めによって、会計監査人をおくことができる（60条2項）。なお、公益法人認定法は、一般社団法人が公益認定を受けるためには、理事会をおいているものであることとしている（公益法人認定法5条14号）。したがって理事会設置は一般社団法人のような比較的規模の大きい社団法人でなければ、公益認定は受けられない。

　理事会設置一般社団法人と理事会非設置一般社団法人に共通する規定に、以下のものがある。前述のとおり、一般社団法人と、理事、監事、会計監査人（以下、理事等という）との関係は、委任関係の規定に従う（64条）。したがって、理事等は、一般社団法人に対して、民法の規定に従い、「委任の本旨に従い、善良な管理者の注意をもって、委任事務を処理する義務を負う」（民法644条）。また理事は、忠実義務を負い（83条）、理事等が職務を怠ったときは、一般社団法人に対して、これによって生じた損害を賠償する責任を負う（111条1項）。さらに、一般社団法人は、代表理事その他の代表者が、その職務を行うについて第三者に加えた損害を賠償する責任を負う（いわゆる法人の不法行為責任。78条）。他方、理事等がその職務を行うにつき悪意または重大な過失があったときは、当該理事等は、これによって第三者に生じた損害を賠償する責任を負う（117条1項）。また、会計監査人設置一般社団法人は、監事をおかなければならないし（61条）、大規模一般社団法人（負債額200億円以上〔2条2項参照〕）は、会計監査人をおかなければならない（62条）。だから、一般社団法人の規模と各機関設置の相互関係はかなりややこしいものとなっている。

規模と各機関の設置の相互関係（一般社団法人）

規　模	社員総会	理事会	会計監査人	監　事
大規模一般社団法人	設置しなければならない	設置しても、設置しなくてもよい	設置しなければならない	設置しなければならない
大規模でない一般社団法人		設置した場合	設置しても、設置しなくてもよい	
		設置しない場合	設置しない場合	設置しても、設置しなくてもよい

出所：山田・民事研集590号23頁を参考に作成

3　監　事

大規模一般社団法人はもちろん、大規模社団法人でない一般社団法人でも、理事会設置社団法人は監事をおかなければならない（61条、62条）し、その他の一般社団法人は監事をおくことができる（60条2項）（表を参照）。

監事は、理事の職務の執行を監査する（99条1項）ほか、いつでも、理事および使用人に対して事業報告を求め、または監事設置一般社団法人の業務および財産の状況の調査をすることができる（同条2項）。理事が一般社団法人に対し、または一般社団法人が理事に対し訴えを提起する場合には、監事は一般社団法人を代表する権限を有する（104条1項）（その他の代表権のある場合は同条2項参照）。

4　会計監査人

大規模一般社団法人のうち、理事会設置社団法人は、会計監査人をおかなければならないし（62条）、その他の一般社団法人は会計監査人をおくことができる（60条2項）。（表を参照）。

会計監査人は、一般社団法人の計算書類およびその他の付属明細書を監査することができる（107条1項）。会計監査人は、いつでも理事および使用人に、会計に関して報告を求めることができ、かつ、会計帳簿その他の書面の閲覧および謄写する権限を有する（同条2項）とともに、会計監査報告（書）を作成しなければならない（同条1項）。さらに、会計監査人は、理事の職務の執行に関し不正の行為または法令もしくは定款に違反する重大な事実があることを発見したときは、遅滞なく、これを監事に報告しなければならない（108条1項）。

5　基金制度

一般社団法人は、定款で定めるところにより、基金制度を採用することができる（131条以下）。基金とは、一般社団法人に対して、拠出者によって、拠出された金銭その他の財産のことであって、究極的には、拠出者に一定の基準に従い返還されるものをいう（131条参照）。基金制度は、一般社団法人が活動するための財産的基礎をなすものであり、その充実・維持を図るために設けられた任意の制度である。詳細は省略する。

6　代表訴訟制度

社員は、一般社団法人に対して、理事等役員の責任を追及する訴えの提起を請求することができ、一定の場合には、自ら一般社団法人のために、それらの者の責任を追及するための訴えを提起することができる（278条1項・2項）。

⑶　一般財団法人について（第3章）

1　設　立

一般財団法人を設立するには、設立者（設立者が2人以上あるときは、その全員）が「定款」を作成して、これに署名し、または記名押印しなければならず、かつ、300万円以上の財産を拠出しなければならない（152条1項・157条1項・153条2項）。設立者は、1人でも定款を作成することができる。定款には、①目的、②名称、③主たる事務

所の所在地、④設立者の氏名または名称および住所、⑤設立者が拠出する財産およびその価額、⑥設立時評議員、設立時理事、設立時監事の選任に関する事項、⑦設立しようとする一般財団法人が会計監査人設置一般財団法人であるときは、設立時会計監査人の選任に関する規定、⑧評議員の選任および解任の方法、⑨公告方法、⑩事業年度、を記載・記録しなければならない（153条1項）。しかも、評議員の選任、解任方法に関して、理事または理事会が行う旨の定款の定め、および設立者に剰余金または残余財産の分配を受ける権利を与える旨の定款の定めは、その効力を有しない（153条3項）。そして定款は、公証人の認証を受けなければ、その効力を生じないものとされている（155条）。一般財団法人は、成立後、定款の変更をすることができる（200条）。

　一般財団法人は、その主たる事業所の所在地において設立の登記をすることによって、成立する（163条）。すなわち、一般社団法人と同じく、準則主義で設立され、登記によって成立する。設立の登記が成立要件になっている。民法の財団法人が、主務官庁の許可によって成立し（改正前民法34条）、設立の登記が第三者に対する対抗要件であることと大きく異なっている。設立のための根本規則が、改正前民法39条では「寄附行為」なのに対して、社団法人と同じく「定款」として統一したことは大いに注目される（152条1項）。なお、設立者は、遺言によって、設立の意思を表示し、遺言執行者が定款を作成することによって、一般財団法人を設立することもできる（152条2項、158条2項）。

　一般財団法人の組織、運営、管理の権限は、直接または間接に、一部は定款自体に、一部は評議員会に由来しているというべきである。

2　機　関

　一般財団法人には、評議員、評議員会、理事、理事会、および監事をおかなければならない（170条1項）。評議員会は、すべての評議員によって組織され、「この法律によって規定する事項及び定款で定めた事項に限り、決議をすることができる」（178条1項）意思決定機関である。評議員は3人以上でなければならない（173条3項）し、設立時評議員も3人以上でなければならない（160条1項）。そして、評議員は、評議員会を構成し、理事に対して、評議員会の招集を請求することができる（180条1項）。評議員会の決議は、原則として、議決に加わることのできる評議員の過半数が出席し、その過半数をもって決する（189条1項）。評議員会は、特別決議（189条2項）によって、一般財団法人成立後、定款を変更することができる（同条同項4号参照）。ただし、定款でその旨の定めがない限り、目的ならびに評議員の選任および解任の方法を変更することはできない（200条1項・2項）。そして、この点が一般社団法人との重大な相違である。

　理事会は、一般財団法人の業務執行の決定、理事の職務執行の監督、および代表理事の選定および解職を行い（197条・90条2項）、代表理事等は、一般財団法人を代表するとともに（197条・77条1項ただし書）、一般財団法人の業務を執行する（197条・91条1項）。代表理事等は、一般財団法人の業務に関する一切の裁判上または裁判外の行為

をする権限を有する（197条・77条4項）。この代表理事等の権限に加えた制限は、善意の第三者に対抗することができない（197条・77条5項）。一般財団法人は、定款の定めによって、会計監査人をおくことができる（170条2項）が、大規模一般財団法人（負債額200億円以上（2条3号参照））は、会計監査人をおかなければならない（171条）。

　一般財団法人と評議員、理事、監事または会計監査人との関係は、委任に関する規定に従う（172条1項）から、評議員等は民法644条が適用され、一般財団法人に対して、債務の本旨に従い、善管注意義務をもって、委任事務を処理しなければならない。理事は、また、一般社団法人の場合と同様に、「法令及び定款を遵守し、一般財団法人のために忠実にその職務を行わなければならない」（197条・83条）。そして、理事、監事、会計監査人または評議員は一般財団法人に対して、これによって生じた損害を賠償する責任を負う（198条・111条1項）。また理事が競業的行為や利益相反行為をするときは理事会の承認を受けなければならない（197条・84条）。

　一般財団法人は、代表理事その他の代表者がその職務を行うについて第三者に加えた損害を賠償する責任を負う（197条・78条）。そして、理事、監事、会計監査人または評議員が、その職務を行うについて悪意または重大な過失があったときは、当該理事等は、これによって第三者に生じた損害を賠償する責任を負わなければならない（198条・117条1項）。

【参考文献】

① 　山田誠一「一般社団法人及び一般財団法人に関する法律について」民事研修590号、2006年、11頁以下

② 　山田誠一「これからの法人制度」（第1回）法学教室321号1頁、（第2回）同322号16頁、（第3回）同323号6頁

③ 　宇賀克也・野口宣大『Ｑ＆Ａ　新しい社団・財団法人制度のポイント』新日本法規出版、2006年

判例索引

大審院

最高裁判所

210

高等裁判所

地方裁判所

事項索引

212

214

〈著者略歴〉

髙森 八四郎（たかもり　はちしろう）

1966年　名城大学法商学部卒業
1971年　名古屋大学大学院法学研究科博士課程修了
1982年　関西大学博士（法学）
　　　　関西大学法学部教授、甲南大学法科大学院教授、
　　　　東海大学法科大学院教授、朝日大学法学部教授をへて
現　在　関西大学名誉教授、弁護士
著　書　『表見代理理論の再構成』（法律文化社）
　　　　『法律行為論上の基本的諸問題』（関西大学出版部）
　　　　『法律行為論の研究』（同上）
　　　　『示談と損害賠償』（同上）
　　　　『物権法講義』（同上）
論　文　「瑕疵担保責任と製造物責任」（『現代契約法大系Ⅱ』）
　　　　「契約の解除と第三者」（関西大学法学論集26巻1号・2号）
　　　　「取引行為と不法行為」（『不法行為法の現代的課題と展開』）
　　　　「民法94条2項と民法110条」（関西大学法学論集45巻2・3合併号）
　　　　「絵画の真筆性に関する錯誤」（名古屋大学法政論集201号）

Horitsu Bunka Sha

民法総則〔改題補訂版〕

1996年4月25日　初　版第1刷発行
2001年6月20日　補訂版第1刷発行
2006年4月30日　補訂第2版第1刷発行
2020年5月20日　改題補訂版第1刷発行

著　者　　髙森八四郎

発行者　　田靡純子

発行所　　株式会社 法律文化社

〒603-8053
京都市北区上賀茂岩ヶ垣内町71
電話 075(791)7131　FAX 075(721)8400
https://www.hou-bun.com/

印刷：中村印刷㈱／製本：㈱藤沢製本

ISBN 978-4-589-04088-6